한국어의 표준어와 구어口語

한국어의 표준어와 구어口語

초판 1쇄 발행 2025년 8월 20일

지은이 | 유필재

펴낸곳 | (주)태학사
등록 | 제406-2020-000008호
주소 | 경기도 파주시 광인사길 217
전화 | 031-955-7580
전송 | 031-955-0910
전자우편 | thspub@daum.net
홈페이지 | www.thaehaksa.com

편집 | 조윤형 여미숙 김태훈
마케팅 | 김민선
경영지원 | 김영지

ⓒ 유필재, 2025. Printed in Korea.

값 24,000원
ISBN 979-11-6810-377-1 (93710)

책임편집 | 조윤형
디자인 | 임경선

한국어의 표준어와 구어口語

유필재 지음

태학사

서문

개별 언어에 대한 기술과 설명은 일차적으로 글로 쓰여진 것을 대상으로 하게 됩니다. '문법(文法)'이라는 단어도 이러한 사실에 유래했습니다. 한편 같은 언어라도 말로 하는 경우도 있습니다.

한국어의 경우는 규범으로 정한 표준어가 있기 때문에 글로 쓰는 한국어는 표준어로 쓰게 됩니다. 그러나 말을 할 때는 그렇게 되지 않습니다. 자신의 방언을 쓰는 경우도 있고 상대방을 고려해 공통어(서울말)를 쓰는 경우도 있습니다.

이 책은 그동안 단편적으로 다루어져 왔던, 말할 때 쓰는 한국어(공통어)의 양상을 정리한 것입니다. 보통은 '구어(口語)'라고 부르는 경우가 많기 때문에 이 책에서도 그렇게 했습니다. 구어의 양상은 역설적이게도 글로 쓰는 표준어의 모습을 알아야 더 분명히 이해됩니다. 구어의 양상이 표준어와 다르지 않은 경우도 많습니다. 이 때문에 표준어의 양상을 먼저 제시하고 뒤이어 구어의 모습을 보이는 방식으로 썼습니다.

본문의 내용은 용언의 활용형, 체언과 조사 결합, 단어형성, 음운, 어휘에 관한 다섯 부분으로 나누어 제시하였습니다. 용언의 활용형은 어간에 관한 부분(2~16장)과 어미에 관한 부분(17~22장)으로 나누었습니다. 체언과 조사 결합은 명사, 대명사 어간에 관한 부분(23~26장)과 조사에 관한 부분

(27~29장)으로 되어 있습니다. 단어형성에 관해서는 '사이시옷, 부사, 이중 피동'에 대해서만 간략히 다루었습니다. 음운에 관한 내용은 구어에서 문제가 되는 주제만 골라 제시했습니다(33~38장). 구어에서 쓰이는 개별 어미의 형태 그리고 단어들은 별도의 장(39~40장)에서 예를 중심으로 제시했습니다. 해당 부분을 이해하기 위해 일반 언어학의 개념이 필요한 경우에는 가장 전통적이고 널리 알려진 개념 정의를 간략히 소개했습니다.

표준어의 설명은 관련 규정 혹은 사전 기술을 이용하고 구어에 대한 설명은 예문을 제시함으로써 대신하려 했습니다. 이 책의 구어 예문들은 드라마 대본, 영화 시나리오 등 구어 자료에서 발췌한 것입니다. '이민 준구어 말뭉치, 21세기 세종계획 말뭉치' 등을 이용했습니다. 간결한 설명을 위해 '40. 어휘' 부분 외에는 출전은 밝히지 않았습니다. 본문에서는 중요한 예와 이를 위한 간단한 설명만을 제시하였습니다. 더 많은 예와 자세한 설명이 필요할 때는 각 장 본문 마지막에 '참조'를 두어 필요한 논저를 알려 두었습니다.

이 책의 초고(草稿)는 주로 2020년 1월에서 3월 사이에 쓰여졌습니다. 그 후 2020년부터 2023년 사이에 울산대학교 대학원 한국어교육학과에서 이 초고를 이용해 강의하면서 내용을 추가하고 다듬었습니다. 또한 이 책의 '40. 어휘' 부분에는 울산대학교 대학원 강의 때 학생들이 모아서 제공해 준 부분이 많습니다. 강의에서 필자가 놓친 부분을 가르쳐 주고 성의를 다해 용례 수집을 도와준 학생들에게 감사의 뜻을 전합니다.

또한 무미건조한 원고를 멋진 책의 형태로 만들어 준 태학사 관계자분들께도 감사의 말씀을 드립니다.

2025년 7월
저자

차례

서문 ··· 4

1. 용어(用語) 해설 ·· 9
2. 활용, 어미의 분류 ··· 13
3. ㄷ불규칙용언 ··· 19
4. ㅂ불규칙용언 ··· 25
5. ㅅ불규칙용언 ··· 33
6. '르'불규칙용언, '러'불규칙용언 ·· 39
7. '하다' 용언의 활용('여'불규칙) ·· 47
8. '하다' 축약 ··· 51
9. ㄹ 어간 ·· 59
10. '있다, 없다, 계시다, 있으시다'의 활용 ····························· 66
11. 모음 'ㅗ, ㅜ'로 끝나는 용언 어간과 모음어미 '-아/-어' 결합 ··· 76
12. 모음 'ㅚ'로 끝나는 용언 어간과 모음어미 '-아/-어' 결합 ····· 81
13. 모음 'ㅐ, ㅔ'로 끝나는 용언 어간과 모음어미 '-아/-어' 결합 ··· 86
14. 모음 'ㅡ'로 끝나는 용언 어간과 모음어미 '-아/-어' 결합 ····· 90
15. 모음 'ㅏ, ㅓ'로 끝나는 용언 어간과 모음어미 '-아/-어' 결합 ··· 97
16. 모음 'ㅣ, ㅟ'로 끝나는 용언 어간과 모음어미 '-아/-어' 결합 ··· 106
17. 종결어미 '-느냐/-으냐, -냐' ·· 116
18. 종결어미 '-니?, -으니?' ··· 121

19. 종결어미 '-는가/-은가, -나' ———————————— 126
20. 종결어미 '-네' ———————————————————— 133
21. 종결어미 '-으오, -오, -소, -으우, -우' ——————— 138
22. 간접화법 ——————————————————————— 147
23. 명사 어간 말음 - ㅌ, ㅈ, ㅊ ——————————————— 167
24. 명사 어간 말음 - ㅍ, ㅋ ———————————————— 174
25. 명사 어간 말음 - 자음군 ———————————————— 179
26. 대명사 ———————————————————————— 183
27. 격조사, 보조사, 의존명사 ——————————————— 192
28. 조사 '-요, -이요' ——————————————————— 205
29. 조사 '-밖에, -뿐이' —————————————————— 212
30. 사이시옷 —————————————————————— 218
31. '-이, -히' 부사 ——————————————————— 225
32. 이중피동 —————————————————————— 232
33. 모음체계 —————————————————————— 243
34. 문자 '의'의 발음 ——————————————————— 248
35. 음장 ———————————————————————— 252
36. 모음조화 —————————————————————— 259
37. 자음군단순화 ———————————————————— 268
38. 외래어의 발음 ———————————————————— 279
39. 개별 어미의 형태 ——————————————————— 290
40. 어휘 ———————————————————————— 303

참고문헌 ———————————————————————— 319

1. 용어(用語) 해설

앞으로 이 책에서 반복해서 사용하게 될 용어 몇 가지에 대해서 간단히 설명해 둔다.

구어체(口語體, colloquial style), **문어체**(文語體, formal style)
이 책의 제목에 쓰인 '구어'는 원래는 '구어체'의 준말이며 문체의 한 종류를 가리킨다. 언어를 실제로 사용함에 있어 여러 가지 '문체(文體, style)'가 있을 수 있다. 이 중 가장 대표적인 예가 '구어체'와 '문어체'이다.

문어체는 대체로 문자언어를 사용할 때 쓰는 문체이다. 문자언어를 쓸 때는 '선거 운동은 선거법에 저촉되지 않는 범위 내에서만 인정된다.'처럼 쓴다. 영어의 'formal'이라는 단어에서 알 수 있듯이 격식을 갖춰 표현하고 싶을 때 쓴다.

구어체는 대체로 음성언어를 사용할 때 쓰는 문체이다. 위의 예문을 다른 사람과 이야기할 때는 '선거 운동 할 땐 선거법 어기면 안 되지.'라고 말할 것이다. 영어의 'colloquial'이라는 단어에서 알 수 있듯이 격식을 차리지 않는, 일상 대화에서 쓰인다.

이런 사정 때문에 문어체는 문자언어와, 구어체는 음성언어와 같은 뜻으로 쓰이는 경우도 많다. 그러나 엄격하게는 둘은 같은 의미로 쓸 수 없다. 문자연어를 사용하면서도 구어체를 쓰는 경우도 있다. 휴대전화의 문자메시지가 그렇다. 음성언어에서도 문어체를 쓸 수 있다. 뉴스에서 정부 담화문을 발표하는 것이 그 예이다.

음성언어(音聲言語, spoken language), 문자언어(文字言語, written language)

'언어(言語, language)'는 그 매체(媒體, media)에 따라 크게 '음성언어'와 '문자언어'로 나눌 수 있다. 전달 매체가 말소리, 다시 말해서 '음성'인 언어를 음성언어라고 한다. 이에 비해 전달 매체가 '문자'인 언어를 문자언어라고 한다.

일반적으로 '언어'는 '음성언어'를 가리킨다. 음성언어가 있어도 이에 해당되는 문자언어는 없는 경우도 많다. 현재도 아프리카나 남미의 부족 중에는 음성언어는 있어도 문자언어는 없는 경우가 있다. 반대로 라틴어는 음성언어로는 존재하지 않는다. 과거의 문자언어만이 남아 있다.

공통어(共通語, common language)

이 책에서 '구어'라고 지칭한 대상은 실은 '공통어(共通語, common language)'를 의미한다. 어떤 책이나 논문에서는 공통어를 '중앙어'라고 부르기도 한다.

'공통어'란 사전에 의하면 (1) 여러 다른 종족이나 민족 사이에서 두루 쓰는 말 혹은 (2) 한 나라에서 두루 쓰는 언어를 가리킨다. 사전의 정의와 같이 '공통어'란 실제로는 언어가 다른 두 사람이 의사소통을 하기 위해 쓰는 언어이다. 이럴 경우 자연스럽게 공통으로 알고 있는 말을 쓰게 된다. 예를 들어 프랑스어를 말하는 사람과 독일어를 말하는 사람이 만나면 아마도 자연스럽게 영어로 의사소통을 하게 될 것이다. 이때 '영어'가 공통어가 된다.

인도나 중국처럼 서로 다른 언어를 말하는 여러 민족으로 이루어진 나라에서도 자연스럽게 '공통어'가 생긴다. 이때는 국가에서 공통어를 공식화 해서 '공용어(公用語, official language)'로 지정하는 경우가 많다. 참고로 인도의 지폐에는 15개의 공용어로 금액이 적혀 있다.

그런데 하나의 언어를 말하는 민족의 경우에도 방언 차이가 심하면 공통어가 생긴다. 현재 한국은 서울말이 공통어로 쓰인다. 이때 '공통어'에 상대되는 개념은 '방언(方言, dialect)' 혹은 '사투리'이다. 진주방언, 전라도 사투리 등처럼 쓰인다.

'공통어(서울말)'를 이 책에서는 '구어(口語)'라고 쓰기로 한다. 다시 말해서 이 책에서 '구어(口語)에서는 …'이라고 할 때는 특정 방언이 아닌 공통어(서울말)를 가리킨다. 현재 텔레비전, 라디오 등에서 들을 수 있는 말이라고 생각하면 받아들이기 쉽다. 특히 '삼가하다, (라면이) 뿔다'처럼 공통어이면서도 표준어로는 채택되지 못한 예들을 주로 다루었다.

그러므로 이 책에서의 '구어'는 실제로는 '공통어'를 말한 것이다. 구어와 공통어는 전혀 다른 개념이기 때문에 이는 학술적으로는 용납될 수 없다. 그러나 '공통어'라는 개념이 아직 널리 일반화되지 않았고 공통어는 주로 구어에서 쓰인다는 점에서 이렇게 했다. 독자들의 양해를 바란다.

표준어(標準語, standard language)

실제로 사용되는 공통어에 '규범(規範, norm)'을 더하여 정리한 것이 '표준어'이다. '규범'은 약속으로 정한 것이기 때문에 실제 사용과 다르기도 하고 필요하면 약속을 바꿀 수도 있다. 실제로는 '한 웅큼'으로 쓰지만 규범(표준어)으로는 '한 움큼'이 맞다. '빛이 많아서'의 '빛이'를 보통 [비시]로 발음하는데 이는 표준어가 아니다. 표준어라면 [비지]로 발음해야 한다. 전에는

'예쁘다'는 규범에 맞고 '이쁘다'는 규범에 어긋났지만 2024년 현재는 '이쁘다'도 규범에 맞다. 약속이 바뀐 것이다.

자신이 쓰는 말이 표준어인 경우도 있다. 자신은 '(라면) 붇는데'라고 쓴다면 이는 규범에 맞다. 다시 말해서 표준어이다. '뿔는데'라고 쓰는 사람의 경우는 규범에 어긋나는 말을 쓰고 있는 것이다. 그런데 자신이 쓰는 말 중에는 규범과 다른 것도 있을 수 있다. 서울말을 쓰는 사람이라도 그렇다. '(라면) 뿔는데'라고 말하고 주위 사람도 그렇다고 해서 이것이 규범에 맞는 것은 아니다. 규범으로는 '붇는데'가 맞다. 규범은 '규범(規範)'이란 말 그대로 따르고 지키기를 권장한 약속이지 자연스럽게 생긴 것이 아니기 때문이다. 대체로 '표준어'는 '표준어 규범'으로 생각하는 편이 오해의 소지가 적다.

참조

공통어의 개념, 공통어와 표준어의 관계에 대해서는 이기문, 「국어의 현실과 이상」(『국어의 현실과 이상』, 1997, 문학과지성사)에 자세하고 명쾌하게 설명되어 있다. 특히 'IV. 표준어와 방언' 부분을 읽으면 된다.

2. 활용, 어미의 분류

그땐 참 좋으셨겠네요.

2.1. 표준어 규범과 설명

'표준국어대사전'을 보면 '-다'로 끝난 단어들이 많이 있다. 이들은 '동사, 형용사' 등인데 묶어서 '용언(用言)'이라고 부르기도 한다.

예를 들어 '먹다, 가다, 살다'는 동사이다. '작다, 크다, 멀다'는 형용사이다. '있다, 없다, -이다, 아니다'도 표준국어대사전에 각각 품사가 표시되어 있다. '있다'는 동사인 경우와 형용사인 경우가 있다고 되어 있다.('크다'도 동사인 것이 있다.) '없다, 아니다'는 형용사로 되어 있다. '-이다'의 품사는 '표준국어대사전'에는 '조사(助詞)'로 되어 있다. 다만 '-이/-가, -도' 등 다른 조사와 달리 형태가 변한다는 점이 다르다. '책'이라는 명사에 붙은 '-이다'는 '책입니다, 책인데, 책인 (것), (사야할 것은) 책임'처럼 형태가 바뀐다. 이는 '-이다' 뒤에 '-ㅂ니다, -ㄴ데, -ㄴ, -ㅁ' 같은 어미가 결합했기 때문이다. 다른 조사들에는 어미가 결합되지 않는다.

'-다'로 끝난 위의 단어들은 대체로 동작이나 상태를 나타낸다. 전부가 그런 것은 아니지만 대개 동작을 나타내는 단어를 '동사(動詞)', 상태를 나타내는 단어를 '형용사(形容詞)'라고 부른다. 위의 예를 보아도 '먹다, 가다, 살다'는 동작을, '작다, 크다, 멀다'는 상태를 나타낸다.

'품사(品詞, part of speech)'는 문법을 연구하는 연구자가 문법 설명을 하기 위해 '단어(單語, word)'를 분류해 놓은 것이다. 연구자, 문법서마다 품사 분류가 다른 경우가 있는 것은 이 때문이다. '표준국어대사전'에서 제시한 품사도 이 사전을 만든 연구자들의 설명이다.

이희승의『국어학개설』(1955, 민중서관)과 최현배의『우리 말본』(1971, 정음문화사)에는 '있다, 없다'와 '-이다, 아니다'의 품사를 '표준국어대사전'과는 달리 분류했다. '있다, 없다'는 '존재사(存在詞)'로(이희승 1955), '-이다, 아니다'는 '지정사(指定詞)'로(최현배 1971) 설명했다. 연구자에 따라서는 '-이다'를 '계사(繫辭, copula)'로 설명하기도 한다. '계사(繫辭)'의 한자를 보면 알 수 있듯이 품사의 한 종류는 아니다. 품사의 종류는 모두 '사(詞)'로 끝난다. 그리고 단어만이 품사를 받을 수 있다.

한국어를 기술하거나 한국어를 가르치기 위해서는 '있다, 없다'와 '-이다, 아니다'를 별도로 분류하여 설명하는 편이 편리한 경우가 많다. 이 때문에 이 책에서는 '있다, 없다'와 '-이다, 아니다'는 동사, 형용사와 별도로 설명한다. 이들의 품사가 무엇인지는 특별한 주장을 내세우지 않는다.

그런데 이상에서 설명한 용언은 문장 안에서의 문법적 기능에 따라 모양(형태)이 바뀐다. '표준국어대사전'의 표제항 '작다'를 보면 '활용'이라는 부분이 있고 '작아, 작으니'가 있다. '표준국어대사전'에는 '작다'의 활용형 중 대표적인 두 가지만 예로 들어 놓은 것이다. 실은 훨씬 많다.

활용한 형태를 줄여서 '활용형(活用形)'이라고 부른다. 활용형은 크게 두 부분으로 나누어 설명하는 경우가 많다. 하나는 동작이나 상태의 어휘적(실질적) 의미를 가지고 변하지 않는 부분이다. 다른 하나는 시제, 존대, 문장 안에서의 의미 등 문법적 의미를 가지고 변하는 부분이다. 전자를 어간(語幹,

stem) 후자를 어미(語尾, ending)라고 한다. 각각 '(단)어의 (어)간이 되는 부분, (단)어의 끝 부분'이라는 뜻이다. '작아, 작으니'를 예로 들면 {small}이라는 상태의 의미를 가지며 변하지 않는 '작-'이 어간이고 나머지 '-아, -으니'가 어미이다. 사전에서 용언의 '-다' 앞 부분이 어간이다.

한국어에는 어미가 매우 많다. 한국어교육을 위해 조사한 '문법평정목록(文法評定目錄)'에 실린 것만 해도 140여 개에 달한다. 한국어를 기술하고 설명하기 위해서는 어미를 다시 분류하는 편이 여러 모로 편리하다.

어미는 발음(음운 조건)에 따라 자음어미, 모음어미, 매개모음어미로 분류된다. 한국어의 어미는 매우 많지만 발음으로 보면 자음으로 시작하는 어미, 모음 '아, 어'로 시작하는 어미, 매개모음 '으'로 시작하는 어미, 세 종류로 나눌 수 있다. '-겠-, -고, -지만, -습니다, -는'은 자음으로 시작하는 어미이다. '-었-, -어서, -어요'는 모음 '어'로 시작하는 어미이다. 이들은 '-았-, -아서, -아요'로 쓰이기도 한다. '-으시-, -으니까, -으십시오, -은, -음'은 '으'로 시작하는 어미이다. '으'를 '매개모음'이라고 부르는 경우가 많다. 이들은 모음 뒤에서 '-시-, -니까, -십시오, -ㄴ, -ㅁ'으로 쓰이기도 한다. 활용형을 기술하거나 설명할 때 어미를 자음어미, 모음어미, 매개모음어미처럼 발음으로 분류하면 편리한 경우가 많다.

어미는 또한 분포에 따라 선어말어미(先語末語尾)와 어말어미(語末語尾)로 분류된다. '문법평정목록'에 실린 어미가 140여 개가 되는 이유도 어미를 선어말어미와 어말어미로 나눈 덕분이다. 둘을 구분하지 않았으면 실어야 할 어미는 더 많았을 것이다.

예를 들어 '문법평정목록'에는 1급 학습자에게 필요한 어미로 '-고, -으니까, -으러, -어서, -지만, -으려고, -습니까, -습니다, -읍시다, -으세요, -으십시오, -을까, -어' 등이 제시되어 있다. '먹다'를 예로 들면 다음과 같은 활용형을 만들 수 있을 것이다.

먹고, 먹으니까, 먹으러, 먹어서, 먹지만, 먹으려고, 먹습니까, 먹습니다, 먹읍시다, 먹으세요, 먹으십시오, 먹을까, 먹어

그러나 실제로는 이들 어미가 포함된 활용형은 훨씬 더 많다. 어미 '-고'를 예로 들어 보면 '먹고' 외에 '먹으시고, 먹었고, 먹겠고, 먹으셨고, 먹으시겠고, 먹었겠고, 먹으셨겠고'가 있다. 앞에서 1급 학습자에게 필요한 어미로 13개의 어미를 제시했다. 그러나 '-고'의 예에서 보듯이 실제로 이 어미들이 나타나는 형태는 훨씬 많을 것으로 예상된다.

이 문제를 해결하기 위해 한국어 연구자들은 어미를 해당 어미로 단어가 끝나는 '어말어미(語末語尾)'와 어말어미 앞에 나타나면서 어간에 직접 결합되는 '선어말어미(先語末語尾)'로 다시 분류하는 방법을 생각해 냈다.

연구지에 따라 설명에 차이가 있지만 한국어의 선어말어미는 '-으시-, -었-, -겠-', 세 가지가 있다. 나머지는 모두 어말어미이다. '문법평정목록'에도 '선어말어미'는 따로 제시되어 있다.

어말어미는 다시 종결어미, 연결어미, 관형형어미, 명사형어미로 분류된다. 앞에서 발음에 따른 어미 분류에서 제시한 어미 중 어말어미만 다시 가져 오면 다음과 같다.

-고, -지만, -습니다, -는, -어서, -어요, -으니까, -으십시오, -은, -음

이 어미들로 '먹다'의 활용형을 만들어 보면 다음과 같다.

먹고, 먹지만, 먹습니다, 먹는, 먹어서, 먹어요, 먹으니까, 먹으십시오, 먹은, 먹음

그런데 이 활용형들은 넷으로 분류할 수 있다. 우선 '먹습니다, 먹어요, 먹으십시오'는 이 활용형으로 문장이 끝난다. '먹고, 먹지만, 먹어서, 먹으니까'는 이 활용형으로 문장이 끝나지 않고 뒤에 다른 말이 온다. 문장이 끝나는 활용형을 '종결형', 문장이 끝나지 않고 뒤에 다른 말이 오는 활용형을 '연결형'이라고 한다.('접속형'이라고도 한다.) '먹는, 먹은'은 항상 뒤에 명사가 오고, 명사를 수식하는 관형사처럼 쓰이기 때문에 '관형형'이라고 하고('관형사형'이라고도 한다.) '먹음'은 명사처럼 쓰이기 때문에 '명사형'이라고 한다.

앞에서 어말 어미를 종결어미, 연결어미, 관형형어미, 명사형어미로 분류한 것은 활용형들에 따른 것이다. 종결형에 쓰인 어미는 '종결어미', 연결형에 쓰인 어미는 '연결어미', 관형형에 쓰인 어미는 '관형형어미', 명사형에 쓰인 어미는 '명사형어미'라고 부른다.

종결어미는 그 수가 많다. 상대경어법 등급, 문장 종류에 따라 다시 분류할 수 있다. 연결어미가 가장 많다. 주로 의미에 따라 하위 분류한다. 관형형 어미는 '-는, -은, -을, -던'이 있다. 명사형 어미는 '-음, -기'가 있다.

한편 책에 따라서는 관형형 어미와 명사형 어미를 아울러 '전성어미'라고 부르는 경우도 있다. 동사나 형용사가 관형사나 명사의 기능을 하게 되는 공통점을 강조한 용어이다.

2.2. 구어(口語) 기술과 설명

그런데 구어에서는 어미의 형태가 다른 경우가 있다. 예를 들어 종결어

미 '-습니다/-ㅂ니다'는 실제 구어에서는 '[슴미다, ㅁ미다]'로 발음된다. 다른 사람에게 '먹습니다, 갑니다, 삽니다 (아파트에~)'를 자연스럽게 발음하도록 하고 입 모양을 보면 이를 확인할 수 있다.

종결어미 '-네(요)'는 자음 'ㄴ'으로 시작하는 어미이다. 구어에서는 일부 형용사(특히 '좋다' 뒤에서) '-으네(요)'로 나타나는 경우가 많다.

- 제주 공기 너무 좋<u>으네요</u>.

연결어미 '-으려고'는 구어에서 '-을려고, -을려구, -을라고, -을라구'로 나타나는 경우가 많다.

- 삼촌이랑 먹<u>을려고</u> 주머니 다 털어서 사온 거란 말야.
- 너 찾<u>을려구</u> 내가 얼마나 애썼는지 알아?
- 순진한 노인네들한테 돈 뜯<u>을라고</u> 사기 치는 거에요!
- 내 돈 갚<u>을라구</u> 그러는 거면, 안 갚아도 돼.

구어에서 나타나는 어미의 개별 형태에 대해서는 각각의 어미 부분과 '39. 개별어미의 형태'에서 설명한다.

참조

본문에서 언급한 '문법평정목록'은 2017년에 간행된 보고서 「국제 통용 한국어 표준 교육과정 적용 연구」에 '어휘, 문법등급 목록'이라는 이름으로 실려 있다. 국립국어원 홈페이지에서 구할 수 있다.

3. ㄷ불규칙용언

> 라면 다 불겠다.

3.1. 표준어 규범과 설명

이 장에서 다룰 'ㄷ불규칙용언'과 관련된 어문규정은 한글맞춤법 제18항에 있다.

한글맞춤법 제18항

제18항 다음과 같은 용언들은 어미가 바뀔 경우, 그 어간이나 어미가 원칙에 벗어나면 벗어나는 대로 적는다.

5. 어간의 끝 'ㄷ'이 'ㄹ'로 바뀔 적

걷다[步]:	걸어	걸으니	걸었다
듣다[聽]:	들어	들으니	들었다
묻다[問]:	물어	물으니	물었다
싣다[載]:	실어	실으니	실었다

한국어에서 어간('-다'로 끝난 단어의 앞 부분) 끝에 'ㄷ' 받침을 가진 용언에는 두 가지 부류가 있다. 하나는 '(회비를) 걷다'처럼 뒤에 모음이 와도 'ㄷ' 받침이 유지되는 부류이다. '(회비를) 걷다, 걷어서, 걷으면'에서 보는 것처럼 'ㄷ' 받침이 바뀌지 않는다. 다른 하나는 '(1시간을) 걷다'처럼 뒤에 모음이 오면 'ㄷ' 받침이 'ㄹ'로 바뀌어 나타나는 부류이다. '(1시간을) 걷다, 걸어서, 걸으면'처럼 'ㄷ' 받침이 'ㄹ'로 바뀌어 나타난다. '(1시간을) 걸어서'를 예로 들어 보면 '걷다'에서는 '걷-'이던 것이 '-어서' 앞에서 '걸-'로 바뀌어 나타난 사실을 알 수 있다.

'(1시간을) 걷다'처럼 'ㄷ' 받침이 모음 앞에서 'ㄹ'로 바뀌어 나타나는 부류를 'ㄷ불규칙용언'이라고 부른다. '걷다(1시간을~), 긷다, 깨닫다, 눋다, 내닫다, 듣다(음악을~, 약이~), 묻다(모르는 것을~), 붇다, 싣다, 일컫다' 등의 단어가 'ㄷ불규칙용언'에 해당된다. 모두 동사이다.

'ㄷ' 받침이 그대로 유지되는 부류는 'ㄷ불규칙용언'에 대비해서 부를 때만 '규칙용언'이라고 부르기도 한다. 예를 들어 "'걷다'는 '(1시간을) 걷다'일 때는 'ㄷ불규칙'이지만 '(회비를) 걷다'일 때는 규칙입니다."처럼 말할 수 있다.

'걷다(회비를~), 곧다, 굳다, 닫다, 돋다, 뜯다, 묻다(땅에~), 믿다, 받다, 뻗다, 쏟다, 얻다' 등의 단어들이 규칙용언에 해당된다. '곧다, 묻다(땅에~)'의 대표적인 활용형을 예로 들어 보인다.

곧다, 곧아서, 곧으면
(땅에) 묻다, 묻어서, 묻으면

ㄷ불규칙용언의 활용형 중 '으'로 시작하는 어미 앞에서는 특이한 점이

있다. '살다'에 '-으면'이 결합되면 '살면'처럼 '으'가 없는 형태가 나타나는데 '(1시간을) 걷다'에 '-으면'이 결합되면 '걸으면'처럼 '으'가 있는 형태가 나타난다. 이 경우는 'ㄹ' 뒤에서도 '으'가 탈락하지 않는다.

표준어의 ㄷ불규칙용언은 다음과 같다.

걷다(1시간을~), 긷다(물을~), 눋다(밥이~), 듣다(음악을~, 약이~), 묻다(모르는 것을~), 싣다(짐을~), 붇다(라면이~, 체중이~), 깨닫다, 일컫다, 알아듣다 겯다(바구니를~), 듣다(빗방울이~), 닫다(달리다), 겯다(기름에~), 겯다(알겯다)

이 중 '한국어 학습용 어휘'에 포함된 ㄷ불규칙용언은 다음과 같다.

A 등급 : 걷다, 듣다(음악을~), 묻다(모르는 것을~)
B 등급 : 싣다, 알아듣다
C 등급 : 깨닫다

3.2. 구어(口語) 기술과 설명

앞에서 본 것처럼 표준어의 ㄷ불규칙용언은 다음과 같다.

걷다(1시간을~), 긷다(물을~), 눋다(밥이~), 듣다(음악을~, 약이~), 묻다(모르는 것을~), 싣다(짐을~), 붇다(라면이~, 체중이~), 깨닫다, 일컫다, 알아듣다 겯다(바구니를~), 듣다(빗방울이~), 닫다(달리다), 겯다(기름에~), 겯다(알겯다)

그런데 구어에서는 '싣다'는 ㄷ불규칙용언이 아닌 경우가 많다.

- [바리바리 실코 어딜 가는 거지?]
- [감정 실치 마, 너]

예문은 원래 대본에는 '바리바리 실고 어딜 가는 거지?, 감정 실지 마 너'로 쓰여 있다. 그러나 실제 드라마에서는 배우가 [실코, 실치]처럼 발음한다.
예문에서 '실코, 실치'는 '싫다'의 활용형이다. 다시 말해서 구어에서 '(짐을) 싣다'는 ㄷ불규칙용언이 아니라 '싫다'로 발음된다.
이 외에도 표준어의 ㄷ불규칙용언은 구어에서는 ㄷ불규칙용언이 아닌 경우가 많다. '(밥이) 눋다'는 구어에서는 '눌다'이다.

- 수저로 눌지 않도록 살살 저어주다가, 한 수저 떠서 맛을 보는 승완
- 눌거나 틴 냄비 베이킹 소다로 세척하기
- 일반 냄비는 바닥이 잘 눌던데 컬러냄비, 모네타 정글피버는 눌지 않아 넘 좋아요.

'(라면이) 붇다'는 구어에서는 '불다' 혹은 '뿔다'이다. '뿔다'가 더 흔히 쓰인다.

- 라면 불기 전에 먹어야겠다

- 아~ 뿔겠다!
- 세상에 못 먹을 게 라면 뿔은 거다.

- 아, 라면 뿔른다니까!

'뿔은, 뿔른다니까'를 보면 이때의 '뿔다'는 어간 말음이 'ㄹ'인 다른 용언과는 활용 양상이 다르다는 사실도 알 수 있다. '(바람이) 불다'의 활용형은 '바람이 분 거다, 바람이 분다니까'에서 보듯이 '분, 분다니까'이다. '뿔다'는 '뿔은, 뿔른다니까(뿔는다니까)'이다. 이러한 차이에 대해서는 '9. ㄹ 어간'에서 다시 설명한다.

'(물을) 긷다'도 '길러 오다, 길러 가다'처럼 쓰이는데 이때의 '길러'는 ㄷ불규칙용언의 활용형이 아니다.

- 물 길러 왔어요!

ㄷ불규칙용언이라면 '길으러 오다, 길으러 가다'처럼 나타난다. '(음악을) 들으러 오다, 들으러 가다'와 비교해 보면 이 사실을 알 수 있다.

'길러 오다, 길러 가다'의 '길러'는 어간 말음이 '르'인 어간의 활용형이다. '살러 오다, 살러 가다'로 나타나는 '살다'와 비교해 보면 이를 확인할 수 있다.

ㄷ불규칙용언, 'ㄹ'로 끝난 어간, '르'로 끝난 어간은 자음으로 시작하는 어미, 모음 '아, 어'로 시작하는 어미, 매개모음 '으'로 시작하는 어미가 결합된 활용형이 서로 다르다.

	자음어미	모음어미	매개모음어미
걷다(돈을~)	걷고	걷어서	걷으면
걷다(1시간을~)	걷고	걸어서	걸으면
걸다(벽에~)	걸고	걸어서	걸면
거르다(불순물을~)	거르고	걸러서	거르면

규칙용언인 '걷다'와 ㄷ불규칙용언인 '걷다'는 모음어미, 매개모음어미가 결합될 때의 활용형이 다르다. 규칙용언인 '걷다'는 '걷어서, 걷으면'이지만 ㄷ불규칙용언은 '걸어서, 걸으면'이다.

ㄷ불규칙용언인 '걷다'와 어간 말음이 'ㄹ'인 '걸다'는 모음어미와 결합될 때의 활용형은 '걸어서'로 같지만 매개모음어미와 결합될 때의 활용형이 다르다. ㄷ불규칙용언은 '걸으면'이지만 '걸다'는 '걸면'이다.

ㄷ불규칙용언인 '걷다'와 'ㄹ'불규칙용언인 '거르다'는 매개모음어미와 결합될 때의 활용형이 다르다. 발음은 같지만 표기가 다르다. ㄷ불규칙용언은 '걸으면'이라고 쓰지만 '거르다'는 '거르면'이라고 쓴다. 발음은 둘 다 [거르면]이다.

ㄷ불규칙용언은 15세기 한국어에서도 이미 확인된다. 현대에 이르는 동안 여러 변화가 있었던 것으로 생각된다. 표준어 '다다르다'는 이전에는 ㄷ불규칙용언인 '다돋다'였다. 어간의 모습이 변했다. 표준어 '절다(소금에 ~)'는 이전에는 ㄷ불규칙용언인 '젇다'였던 것으로 추정된다. 이 단어 역시 어간의 모습이 변했다.

표준어 ㄷ불규칙용언에 해당되는 구어의 양상은 현재도 이러한 ㄷ불규칙용언의 변화가 계속 진행 중인 사실을 말해 준다. 변화는 ㄷ불규칙용언을 없애는 방향으로 진행하고 있다.

참조

본문에서 언급한 ㄷ불규칙용언의 역사적인 변화를 더 알아보고 싶으면 유필재, 「ㄷ不規則動詞의 歷史的 變化」(『어학연구』 45-1(서울대), 2009, pp. 157-175)를 참조할 수 있다.

4. ㅂ불규칙용언

나는 자랑스런 태극기 앞에

4.1. 표준어 규범과 설명

이 장에서 다룰 'ㅂ불규칙용언'과 관련된 어문규정은 한글맞춤법 제18항에 있다.

한글맞춤법 제18항

제18항 다음과 같은 용언들은 어미가 바뀔 경우, 그 어간이나 어미가 원칙에 벗어나면 벗어나는 대로 적는다.

6. 어간의 끝 'ㅂ'이 'ㅜ'로 바뀔 적

깁다:	기워	기우니	기웠다
굽다[炙]:	구워	구우니	구웠다
가깝다:	가까워	가까우니	가까웠다
괴롭다:	괴로워	괴로우니	괴로웠다
맵다:	매워	매우니	매웠다
무겁다:	무거워	무거우니	무거웠다
밉다:	미워	미우니	미웠다
쉽다:	쉬워	쉬우니	쉬웠다

> 다만, '돕-, 곱-'과 같은 단음절 어간에 어미 '-아'가 결합되어 '와'로 소리
> 나는 것은 '와'로 적는다.
>
> 돕다[助]:　도와　　도와서　　도와도　　도왔다
> 곱다[麗]:　고와　　고와서　　고와도　　고왔다

한국어에서 어간('-다'로 끝난 단어의 앞 부분) 끝에 'ㅂ' 받침을 가진 용언에는 두 가지 부류가 있다. 하나는 '(등이) 굽다'처럼 뒤에 모음이 와도 'ㅂ' 받침이 유지되는 부류이다. '(등이) 굽다, 굽어서, 굽으면'에서 보는 것처럼 'ㅂ' 받침이 바뀌지 않는다. 다른 하나는 '빵을 굽다'처럼 뒤에 모음이 오면 'ㅂ' 받침이 'ㅜ' 또는 'ㅗ'로 바뀌어 나타나는 부류이다. '(빵을) 굽다, 구워서, 구우면'에서 보는 것처럼 '굽다'에서는 '굽-'이던 것이 '-어서' 앞에서는 '구우-'로 바뀌어 나타났다. '구우- + -어서 → 구워서'가 된 것이다.

'(빵을) 굽다'처럼 'ㅂ' 받침이 'ㅜ, ㅗ'로 바뀌어 나타나는 부류를 'ㅂ불규칙용언'이라고 부른다. '가깝다, 가볍다, 덥다, 뜨겁다, 맵다, 무겁다, 반갑다, 쉽다, 어렵다, 즐겁다, 춥다, 돕다, 곱다' 등과 '아름답다, 외롭다, 자랑스럽다'처럼 접미사 '-답-, -롭-, -스럽-'이 결합된 단어들이 'ㅂ불규칙용언'에 해당된다.

이 중 '돕다, 곱다'만이 'ㅂ' 받침이 '-아' 앞에서 'ㅗ'로 바뀌어 나타난다.

돕다, 도와
곱다, 고와

그러나 '돕다, 곱다'도 다른 모음 앞에서는 그렇지 않다. 예를 들어 '-으

면'이 결합되면 '도우면, 고우면'이 되지 '도오면, 고오면'으로 발음되지 않는다.

'돕다, 곱다' 이외의 ㅂ불규칙용언은 모두 'ㅂ' 받침이 'ㅜ'로 바뀌어 나타난다.

괴롭다, 괴로워, 괴로우면
가깝다, 가까워, 가까우면

'ㅂ' 받침이 그대로 유지되는 부류는 'ㅂ불규칙용언'에 대비해서 부를 때만 규칙용언이라고 부르기도 한다. 예를 들어 "'수줍다'는 'ㅂ불규칙'인가요 아니면 규칙인가요?"처럼 물어 볼 수 있다.

'입다, 뽑다, 씹다, 업다, 좁다, 수줍다' 등의 단어들이 규칙용언에 해당된다. '좁다, 수줍다'의 대표적인 활용형을 예로 들어 보인다.

좁다, 좁아서, 좁으면
수줍다, 수줍어서, 수줍으면

4.2. 구어(口語) 기술과 설명

그런데 구어에서는 'ㅂ' 받침이 'ㅜ, ㅗ'로 바뀌는 것이 아니라 완전히 없어지는 것처럼 보이는 경우가 있다.

시끄러

'시끄러'는 표준어로는 '시끄러워'이다. '시끄럽다'의 'ㅂ' 받침이 'ㅜ'로 바뀐 '시끄러우-'에 '-어'를 결합하면 '시끄러워'가 된다. '시끄러'는 '시끄러워'에서 'ㅜ'가 탈락하여 '시끄러어 → 시끄러'가 된 것으로 설명할 수 있다. 결과적으로는 '시끄러'는 받침 'ㅂ'이 완전히 떨어진 것으로 보인다.

실제 구어에서는 이런 예들이 매우 많이 쓰인다. 이러한 예들은 주로 '-스럽다, -럽다'가 결합된 단어들에서 나타난다. 몇 가지 예를 들어 보인다.

자랑스럽다
- 형처럼 잘난 사람이 내 형이라는게 정말 <u>자랑스러</u>.
- 난 너한테나 너희 부모님한테 더 <u>자랑스런</u> 남자가 되고 싶어.

만족스럽다
- 난 그저 이정도의 나한테 <u>만족스러</u>.
- 이제 <u>만족스런</u> 대답 해줬으니까, 간다~.

걱정스럽다
- 뭘 그렇게 <u>걱정스런</u> 눈으로 봐?

부끄럽다
- 니가 조건 좋은 남자 잡겠다고 나한테 했던 그 짓들 생각하면 날 대면하는 것조차 미안하고 <u>부끄러</u> 해야 하는 거 아냐?
- 남 <u>부끄런</u> 것도 모르고 이런 거나 찍고 돌아다녔어?

미끄럽다
- 왜 이렇게 미끄러.

뜨겁다
- 앗, 뜨거!
- 앗, 뜨거라!

'ㅂ' 받침이 완전히 없어지는 현상은 관형형 어미 '-은', 종결어미 '-어'에서 주로 나타난다. 빈도상으로만 보면 관형형 어미 '-은'의 경우가 압도적으로 많다.

- 장난스런 키스 (영화 제목)

그런데 'ㅂ' 받침이 완전히 없어지는 현상은 표준어 어미 '-으옵-'에서도 나타난다. '-으옵-'은 예스러운 표현으로 문어에서만 쓰인다. 시에서도 쓰인다. 유명한 '진달래꽃'의 한 부분 '아름 따다 가실 길에 뿌리오리다'에서 '뿌리오리다'의 '오'가 이 '-으옵-'이다.
'-으옵-'은 다음과 같이 나타난다.

읽으옵고, 읽으오니
사옵고(← 살다), 사오니(← 살다)
가옵고, 가오니

즉 어간이 자음으로 끝나면 '-으옵-'이, 모음이나 'ㄹ'로 끝나면 '-옵-'

이 결합된다. 이 때문에 '읽-, 가-, 살-'에 '-으옵-'이 결합되면 '읽으옵고, 가옵고, 사옵고'처럼 된다.('살-'의 'ㄹ'은 '-옵-' 앞에서 탈락한다.) '읽으옵고, 가옵고'에서 보듯이 '-으옵-, -옵-' 뒤에 자음으로 시작하는 어미가 오면 각각 '-으옵-, -옵-'으로 나타난다. 그러나 '-으니'처럼 '으'로 시작하는 매개모음어미가 오면 '읽으오니, 가오니'처럼 '-으오-, -오-'로 나타난다. 이때 어미 '-으니'의 '으'는 탈락한 것으로 설명한다. 다시 말해서 '-으니' 앞에서 '-으옵-, -옵-'의 'ㅂ' 받침이 완전히 없어진다. '뿌리오리다'의 어미 '-오리다'도 '읽으오리다'처럼 자음 뒤에서는 '-으오리다'로 나타난다. 그러므로 '진달래꽃'의 '뿌리오리다'의 '오'는 이 '-으옵-'에서 온 것이다.

　이런 사실을 토대로 동사 '뵙다'의 활용도 'ㅂ' 받침이 완전히 없어지는 현상으로 설명할 수 있다. 2022년 현재 '표준국어대사전'에서는 '뵙다'는 자음으로 시작하는 어미와만 결합하는 것으로 설명되어 있다.

> **뵙다**
> 「동사」
> 【…을】((자음 어미와 결합하여))
> 웃어른을 대하여 보다. '뵈다'보다 더 겸양의 뜻을 나타낸다.
>
> 말씀으로만 듣던 분을 뵙게 되어 영광입니다. 막음례라는 여자가 진사 댁 마님을 뵙고자 찾아왔노라고 통기를 넣으라 일렀다. 〈문순태, 타오르는 강〉 나도 죽음의 그림자가 드리운 할아버지를 뵙는 게 무서웠기 때문에 얼른 그 자리를 피했다. 〈박완서, 그 많던 싱아는 누가 다 먹었을까〉

　그러면 '오늘도 뵙고 내일도 또 뵈어요.'에서 '뵈어요'는 어디에서 온 것일까? '표준국어대사전'에서는 '뵈어요'는 동사 '뵈다'의 활용형으로 설명한다.

> **뵈다**
> 「동사」
> 【…을】
> 웃어른을 대하여 보다.
>
> 그분을 뵈면 돌아가신 아버님이 생각난다.
> 저희가 일을 제대로 못 해서 사장님 뵐 낯이 없습니다.
> 그럼 저 이외에 같은 임무를 가지고 장군을 뵈러 온 사람이 있었단 말입니까?〈유현종, 들불〉

'표준국어대사전'에서는 '뵙다'가 '뵈다'보다 더 겸양의 뜻을 나타내는 별개의 단어로 설명한다. 그런데 '뵈다'의 예문에서 보듯이 '뵈다'는 자음으로 시작하는 어미와 결합한 형태가 잘 나타나지 않는다. '뵈고, 뵈겠습니다, 뵈지 못하고' 등은 현대한국어에서 거의 쓰이지 않는 듯하다.

'표준국어대사전'만 보면 '웃어른을 대하여 보다'라는 단어를 쓸 때 자음으로 시작하는 어미가 오면 '뵙다'를 쓰고 모음이나 '으'로 시작하는 매개모음어미가 오면 '뵈다'를 쓴다고 설명하게 된다.

미영: 오늘은 시간이 안 되는데 그럼 언제 뵙죠?(뵙-+-죠) 내일 뵈면(뵈-+-으면) 될까요?

마이클: 네. 그러죠.

그런데 이렇게 되면 매개모음어미나 모음어미 앞에서는 '뵈다'를 쓰다가 '-죠' 같은 자음어미 앞에서는 "더 겸양을 뜻을 나타내는" '뵙다'를 쓴다는 어색한 설명을 하게 된다. 왜 하필 자음 앞에서만 "더 겸양을 뜻하는" 단어를 쓰는지 설명하기 어렵다.

이런 설명보다는 '뵙다' 역시 '-으옵-'처럼 ㅂ 받침이 완전히 없어지는 현상을 보이는 단어라고 설명하는 편이 낫다. '-으옵-'은 자음 어미 앞에서는 'ㅂ'이 있는 형태로, 매개모음어미나 모음어미 앞에서는 'ㅂ'이 없는 형태로 나타난다. '뵙다'도 그렇다고 설명하는 것이다.

뵙고, 뵈어서~봬서, 뵈면

'여쭙다'와 2022년 현재 표준어로는 인정받지 못한 '졸립다'도 같은 활용을 하는 단어로 생각된다.

참조

'뵈어, 봬'를 '뵙다'에서 ㅂ 받침이 완전히 없어지는 현상으로 설명하는 이유에 대해서는 유필재, 「뵙다류 동사의 형태음운론」(『韓國文化』 29 (서울大), 2002), pp.43-63에 더 자세히 나와 있다.

5. ㅅ불규칙용언

(고기판에) 물이 닫지 않게 조심하세요 (식당에 있던 안내문)

5.1. 표준어 규범과 설명

이 장에서 다룰 'ㅅ불규칙용언'과 관련된 어문규정은 한글맞춤법 제18항에 있다.

한글맞춤법 제18항
제18항 다음과 같은 용언들은 어미가 바뀔 경우, 그 어간이나 어미가 원칙에 벗어나면 벗어나는 대로 적는다.

2. 어간의 끝 'ㅅ'이 줄어질 적

긋다:	그어	그으니	그었다
낫다:	나아	나으니	나았다
잇다:	이어	이으니	이었다
짓다:	지어	지으니	지었다

한국어에서 어간('-다'로 끝난 단어의 앞 부분) 끝에 'ㅅ' 받침을 가진 용언에는 두 가지 부류가 있다. 하나는 '웃다'처럼 뒤에 모음이 와도 'ㅅ' 받침

이 유지되는 부류이다. '웃다, 웃어서, 웃으면'에서 보는 것처럼 'ㅅ' 받침이 바뀌지 않는다. 다른 하나는 '(병이) 낫다'처럼 뒤에 모음이 오면 'ㅅ' 받침이 없어지는 부류이다. '(병이) 낫다, 나아서, 나으면'에서 보는 것처럼 '낫다'에서는 '낫-'이던 것이 '-아서, -으면' 앞에서 '나-'로 바뀌어 'ㅅ'이 없어진 사실을 알 수 있다.

'(병이) 낫다'처럼 모음 앞에서 'ㅅ' 받침이 없어지는 부류를 'ㅅ불규칙용언'이라고 부른다. 한국어학습용어휘 중 B, C 등급에 속하는 ㅅ불규칙용언은 다음과 같다. A 등급은 없다.

B등급 : 낫다(병이~), 낫다(이것이 더~), 짓다, 젓다, 붓다(물을~)
C등급 : 굿다, 붓다(얼굴이~), 잇다, 농사짓다

ㅅ불규칙용언들은 모두 모음 앞에서 'ㅅ' 받침이 없어진다. 위 단어들의 활용형은 다음과 같다.

(병이) 낫다 : 나아서, 나으면
짓다 : 지어서, 지으면
젓다 : 저어서, 저으면
(물을) 붓다 : 부어서, 부으면
굿다 : 그어서, 그으면
(얼굴이) 붓다 : 부어서, 부으면
잇다 : 이어서, 이으면

한편 'ㅅ' 받침이 없어지지 않는, 이른바 규칙용언은 다음과 같다.

A등급 : 웃다, 씻다, 벗다

C등급 : 뺏다, 빼앗다, 비웃다, 솟다

규칙용언들은 모음 앞에서도 'ㅅ' 받침이 없어지지 않는다.

웃다 : 웃어서, 웃으면

씻다 : 씻어서, 씻으면

벗다 : 벗어서, 벗으면

덧붙여 '(얼굴이) 붓다'는 ㅅ불규칙용언이고 '(라면이) 붇다'는 ㄷ불규칙용언이다. 자주 혼동된다.

- 라면을 먹고 잤더니 얼굴이 <u>부었어요.</u>
- 김치를 준비하는 동안 라면이 다 <u>불었어요.</u>

5.2. 구어(口語) 기술과 설명

ㅅ불규칙용언은 'ㅅ' 받침이 없어지면서 모음과 모음이 이어지는 발음을 만들게 되는데 구어에서는 모음과 모음이 연결된 부분의 발음이 표준어와 다르게 나타나는 경우가 많다. 표준어에서도 '주다'의 활용형 '주어서'는 '줘서 [줘:서]'로 발음되기도 한다. ㅅ불규칙용언인 '(물을) 붓다, (얼굴이) 붓다'의 '부어서' 역시 구어에서는 '붜:서'로 발음된다. '부으면' 역시 '부:면'처럼 발음되는 경우가 많다.

- 국이 짜면 물이라도 붜서 다시 끓여주든가.
- 발목이 뚱뚱 붜서 무지 아팠을텐데도 인상 한번 안 쓰고 끝까지 날 따라다니며 나무를 심었었지.
- 이렇게 손을 담그고 세 번째 마디까지 물을 부면 되는거야

'(병이) 낫다, 젓다'의 '나아서, 저어서'는 구어에서는 '나:서, 저:서'로, '나으면, 저으면'은 '나:면, 저:면'으로 발음되는 경우가 많다.

- 그러니까 빨리 나서 퇴원해라 자식아. 기다리고 있을 테니까.
- 난 아저씨 다 나면 그때 갈라 그러는데, (장난스레) 아저씨 혹시 나 보기 싫어?

'짓다'의 '지어서'는 구어에서는 '져서 [저:서]'로 발음되는 경우가 많다. 매개모음 어미도 '으'가 없는 형태로 나타나는 경우가 많다.

- 호명이 되면 나와서 두세명씩 짝을 져서 연기를 한다든지 그런 식으루 연기를 하구 그러는데
- 논은 왜 사시겠다는 건데요? 대체? 누구보고 농사지라고요?

'긋다'의 '그어서, 그으면'은 구어에서는 '거:서, 그:면'으로 발음되는 경우가 많다. 한글맞춤법과 너무 달라져서 실제 표기된 예는 거의 없다.
한편 표준어의 ㅂ불규칙용언 '줍다'는 구어에서는 ㅅ받침을 가진 '줏다'로 쓰인다. 규칙 용언이다.

- 재수야, 엄마랑 나가자, 정보진가 뭔가 줏는다메?
- 현식이 밥풀 줏어라.
- 홍여사가 신문을 줏으러 나오다가 놀라서 본다.

이 단어는 이전 시기에도 ㅅ 받침을 가진 '줏다'였다. 표준어의 '주섬주섬'에도 '줏다'가 남아 있다.

표준어에서 'ㅎ' 받침을 가진 '닿다'는 구어에서는 ㅅ불규칙용언인 '닷다'이다. '(손이 천장에) 닿고, 닿지'는 구어에서는 [다꼬, 다찌]로 발음되지 [다코, 다치]로 발음되지 않는다. 그렇다면 이 단어는 다음과 같이 발음된다고 정리할 수 있다.

(손이 천장에) [다꼬, 다찌, 단는다, 다아서, 다으면]

[다꼬, 다찌]를 [닫꼬, 닫찌]에서 온 것이라고 보면 이 단어는 다음과 같이 발음된다고 정리할 수 있다.

(손이 천장에) [닫꼬, 닫찌, 단는다, 다아서, 다으면]

이러한 발음은 ㅅ불규칙용언의 그것과 완전히 같다.

(병이) [낟꼬, 낟찌, 난는다, 나아서, 나으면]
      낫고, 낫지, 낫는다, 나아서, 나으면

결국 표준어 '닿다'는 실제 구어에서는 ㅅ불규칙용언 '닷다'로 사용된다는 사실을 알 수 있다. 어느 포털 사이트에 올라온 다음 질문은 표준어 '닿다'가 구어에서 ㅅ불규칙용언 '닷다'로 쓰이는 사정을 잘 말해 준다.

- 고기집에 갔는데 고기판 불 조절하는 곳에 이런 스티커가 붙어 있었어요. '물이 닫지 않게 조심하세요.' 나는 '물이 닿지 않게 조심하세요'가 맞는 것 같은데 친구들은 그 문구가 맞다고 하네요. '닿다'와 '닫다' 어떤 게 맞나요?

참조

표준어 '닿다'가 구어에서 ㅅ불규칙용언 '닷다'로 발음되는 사실에 대해서는 유필재, 『음운론 연구와 음성전사』(울산대학교출판부, 2005, pp.53-54)에 더 자세히 설명되어 있다.

6. '르'불규칙용언, '러'불규칙용언

뭐가 달라도 달르네.

6.1. 표준어 규범과 설명

이 장에서 다룰 '르'불규칙용언, '러'불규칙용언과 관련된 어문규정은 한글맞춤법 제18항에 있다.

한글맞춤법 제18항

제18항 다음과 같은 용언들은 어미가 바뀔 경우, 그 어간이나 어미가 원칙에 벗어나면 벗어나는 대로 적는다.

9. 어간의 끝음절 '르'의 'ㅡ'가 줄고, 그 뒤에 오는 어미 '-아/-어'가 '-라/-러'로 바뀔 적

가르다:	갈라	갈랐다
부르다:	불러	불렀다
거르다:	걸러	걸렀다
오르다:	올라	올랐다
구르다:	굴러	굴렀다
이르다:	일러	일렀다

> 벼르다: 별러   별렀다
> 지르다: 질러   질렀다
>
> 8. 어간의 끝음절 '르' 뒤에 오는 어미 '-어'가 '-러'로 바뀔 적
>
> 이르다[至]:   이르러   이르렀다
> 노르다: 노르러   노르렀다
> 누르다: 누르러   누르렀다
> 푸르다: 푸르러   푸르렀다

한국어에서 어간('-다'로 끝난 단어의 앞 부분)이 '르'로 끝난 용언은 어미 '-아, -어'와 결합할 때 어간 모음 'ㅡ'가 없어져 'ㄹ'이 앞으로 옮겨가고 어미 부분은 '라, 러'로 나타나는 것처럼 보이는 경우가 대부분이다.

다르다, 달라
흐르다, 흘러

'다르다'의 경우를 보면 자음 앞에서는 '다르-'이지만 모음어미 '-아' 앞에서는 '달ㄹ-'로 나타난다고 설명할 수 있다. '흐르다' 역시 모음어미 '-어' 앞에서는 '흘ㄹ-'가 된다. 한글맞춤법 규정은 어미를 '-라/-러'로 설명하고 있지만 어간 부분이 '달ㄹ-'이라고 하게 되면 '달ㄹ- + -아'가 되어 어미를 이미 알고 있던 '-아/-어'로 설명할 수 있어서 간단하다.

'다르다, 달라, 흐르다, 흘러'처럼 모음어미 앞에서 어간 모음 'ㅡ'가 없어지면서 어간 부분에 'ㄹ'이 겹쳐 나는 부류를 '르'불규칙용언이라고 부른다.

어간이 '르'로 끝난 용언은 거의 다 '르'불규칙용언이다.
한국어학습용어휘 중 A, B 등급에 속하는 '르'불규칙용언은 다음과 같다.

A 등급 : 다르다, 모르다, 배부르다, 부르다(이름을~), 빠르다, 오르다
B 등급 : 고르다(물건을~), 고르다(치아가~), 기르다, 누르다(버튼을~), 떠오르다, 마르다, 머무르다, 바르다(벽지를~), 바르다(자세가~), 부르다(배가~), 서두르다, 서투르다, 이르다(시간이~), 자르다, 지르다(소리를~), 찌르다, 흐르다

어간이 '르'로 끝난 용언 중 '르' 불규칙이 아닌 단어는 '따르다, 치르다, 들르다, 다다르다, 우러르다' 정도뿐이다. 이 외에 사전에는 '잦추르다, 푸르다'도 규칙으로 되어 있다.

'따르다'의 어간 '따르-'에 어미 '-아'를 결합시키면 '르'의 'ㅡ'가 없어져 '따ㄹ'가 될 뿐이다. 여기에 어미 '-아'가 결합되면 '따라'가 된다. 현대한국어 문법에서 'ㅡ' 탈락은 대체로 불규칙으로 설명하지 않는다. '쓰다, 써'에서 보듯이 용언 어간의 'ㅡ'는 모음 앞에서 언제나 탈락하기 때문이다. 이점을 고려하여 '따르다, 치르다, 들르다, 다다르다, 우러르다'가 '따라, 치러, 들러, 다다라, 우러러'로 활용하는 것은 규칙으로 설명한다.

(술을) 따르다, 따라
(잔금을) 치르다, 치러
(집에) 들르다, 들러
(목표에) 다다르다, 다다라
(하늘을) 우러르다, 우러러

결국 어간이 '르'로 끝난 용언 중 규칙인 단어는 위의 다섯(혹은 일곱) 단어뿐이고 나머지는 모두 불규칙인 셈이 된다.

한편 이 외에 어간이 '르'로 끝난 용언 중 '이르다(목적지에~), 푸르다, 누르다(황금이~), 노르다(달걀 노른자가~)'는 어간 모음 'ㅡ'가 없어지지 않으면서 어미 부분이 '러'로 나타난다.

이르다, 이르러
푸르다, 푸르러

이러한 부류를 '러'불규칙용언이라고 한다. '푸르다'의 경우를 보면 자음 앞에서는 '푸르-'로 모음 앞에서는 '푸르ㄹ-'가 된다. 한글맞춤법 규정은 어미를 '-라/-러'로 설명하고 있지만 어간 부분이 '푸르르-'라고 하게 되면 '푸르르- + -어'가 되어 어미를 이미 알고 있던 '-아/-어'로 설명할 수 있어 간단하다.

'(시간이) 이르다, (선생님께 친구 잘못을) 이르다'는 '르'불규칙용언이지만 '(목적지에) 이르다'는 '러'불규칙용언이다.

- 출발하기에 아직 <u>일러</u>.

- 너, 계속 그러면 선생님한테 <u>일러</u>.

- 1시간만 더 걸으면 목표 지점에 <u>이르러</u>.

6.2. 구어(口語) 기술과 설명

그런데 구어에서는 표준어 '르'불규칙용언의 활용 양상이 다른 경우가 많다. '르' 앞의 음절에 'ㄹ'이 덧난 형태로 쓰이는 경우가 많은 것이다. 예를 들어 '다르다'는 '달르다'로 쓰이는 경우가 많다.

- 잘난 사람이라 그런가 뭐가 달라도 달르네.

'달르네'는 표준어로는 '다르네'가 맞다.

'르' 앞의 음절에 'ㄹ'이 덧난 형태가 되면 더 이상 '르'불규칙용언이 아니게 된다. '들르다'처럼 규칙 용언이 된다. 구어의 '달르다'를 '들르다'의 활용형과 비교해 보면 이 사실을 확인할 수 있다. 활용 양상이 꼭같다.

들르다, 들러, 들르면
달르다, 달라, 달르면 (구어)

실제 구어에서는 '르' 앞의 음절에 'ㄹ'이 덧난 형태가 많이 쓰인다.

올르다 (표준어: 오르다)
- 목구멍까지 기어 올르는 말을 눌러 참느라 혼났다.
- 은주 약 올르라고 일부러

빨르다 (표준어: 빠르다)
- 너를 만나는게 조금 빨르거나 … 아니 조금 더 늦더라도 …

몰르다 (표준어: 모르다)

- 내가 몰르는 녀석이랑 그딴 델 왜 가?
- 이선영두 몰르세요?

달르다 (표준어: 다르다)

- 뭐가 달라도 달르네
- 지금 제 머리 색이랑 달르면 너무 티가 나지 않을지 걱정되어서 여쭤봤는데 …

불르다 (표준어: 부르다)

- 아이 씨 … 왜 불르는데 …!
- 재결합 시키기로 합의를 했으믄, 사돈으로 다시 불르셔야지.

눌르다 (표준어: 누르다)

- 여기 눌르면 되지?

흘르다 (표준어: 흐르다)

- 어으 드러, 침 흘르잖어~
- 세월이 흘르면 흐를수록 더 깊어지는 이 외로움과 그리움 …

골르다 (표준어: 고르다)

- 댁에서 걱정할 일 아니니까 빨리 골르기나 하라구요
- 본인한테 제일 잘 어울리 것으로 골르셨어 …

형용사인 '(치아가) 고르다, (자세가) 바르다'는 모음어미 '-아/-어'가 결합된 활용형으로는 잘 쓰이지 않는다. 형태가 같은 동사 '(물건을) 고르다, (벽지를) 바르다'는 그렇지 않다.

'러'불규칙용언은 구어에서는 거의 쓰이지 않는다. '(목적지에) 이르다, 푸르다, (황금이) 누르다, (달걀 노른자가) 노르다' 중 실제 사용되는 것은 '푸르다' 정도이다. '이르다'는 문어로는 사용되지만 구어에서는 '도착하다'를 쓴다. '누르다'도 구어에서는 '누렇다'로 쓰인다. '노르다'는 현재는 단독으로는 거의 쓰이지 않는다. '노른자'에는 남아 있다.

구어에서 '르' 앞의 음절에 'ㄹ'이 덧난 형태가 많이 쓰이는 이유는 이형태(異形態)의 수를 줄이려는 언어 변화의 기제가 작동한 것으로 생각된다. 이러한 언어 변화의 기제를 '유추(類推, analogy)'라고 부른다.

언어에서 의미를 가진 최소의 단위를 '형태소(形態素, morpheme)'라고 한다. '손, 하늘, 잡다, 가늘다' 등이 '手, 天, 執, 細'의 의미를 가진 형태소이다.

형태소는 추상적인 단위이다. 실제 언어에서 쓰일 때는 모양(형태)이 달리 나타나는 경우가 많다. 예를 들어 '잡다'는 '-고' 앞에서는 '잡-'이지만 (예: [잡꼬]) '-는' 앞에서는 '잠-'으로 나타난다.(예: [잠는]). 원형을 밝혀 적는 한글맞춤법의 원칙 때문에 쓸 때는 '잡고, 잡는'으로 둘 다 같다.

'잡-, 잠-'처럼 하나의 형태소이면서 환경에 따라 모양(형태)이 달리 나타나는 것을 '이형태(異形態, allomorph)'라고 부른다. '다르다'는 '異'라는 의미를 가진 형태소이다. '다르고, 달라, 다르면'은 '다르+고, 달르+아, 다르+면'으로 분석할 수 있으므로 이들에서 확인되는 어간 부분의 형태는 '다르-, 달르-, 다르-'이다. 결국 '다르-, 달르-'이 이형태라고 할 수 있다.

구어에서처럼 '달르다'로 쓰게 되면 '달르고, 달라, 달르면'이 되어 '달르

+고, 달르+아, 달르+면'으로 분석된다. 이들에서 확인되는 이형태는 '달르-, 달르-, 달르-'이다. '달르-'와 '달르-'은 마지막 부분에 'ㅡ'가 있느냐 없느냐의 차이만 있을 뿐이다. '다르-, 달르-'와 비교해 보면 두 형태 사이의 모양이 한층 비슷해졌음을 알 수 있다.

역사적으로는 '異'를 뜻하는 단어는 '다르고, 달아, 다르면'처럼 활용하다가 '달아'가 '달라'로 바뀐 것이다. 새로운 형태 '달라'를 기준으로 '다르고, 다르면'도 '달르고, 달르면'으로 바뀌기 시작한 것이다. 이형태 중 새롭게 생긴 형태(이를 '개신형(改新形)'이라고 한다.)를 기준으로 언어가 변화하는 현상은 매우 흔하다.

참조

'르'불규칙용언이 생겨난 변화 과정에 대해서는 유필재, 『서울방언의 음운론』(月印, 2006, pp.192-195)을 참조할 수 있다.

7. '하다' 용언의 활용('여'불규칙)

> 좋을 거 같애.

7.1. 표준어 규범과 설명

이 장에서 다룰 '하다' 용언과 관련된 어문규정은 한글맞춤법 제18항에 있다.

한글맞춤법 제18항

제18항 다음과 같은 용언들은 어미가 바뀔 경우, 그 어간이나 어미가 원칙에 벗어나면 벗어나는 대로 적는다.

7. '하다'의 활용에서 어미 '-아'가 '-여'로 바뀔 적

하다: 하여 하여서 하여도 하여라 하였다

한국어에서 어간이 'ㅏ'로 끝난 용언에 어미 '-아, -았-'이 결합할 때는 준 대로 적게 되어 있다. 이는 '한글맞춤법 제34항'에 제시되어 있다.

> **한글맞춤법 제34항**
>
> 제34항 모음 'ㅏ, ㅓ'로 끝난 어간에 '-아/-어, -았-/-었-'이 어울릴 적에는 준 대로 적는다.
>
> | (본말) | (준말) | (본말) | (준말) |
> |---|---|---|---|
> | 가아 | 가 | 가았다 | 갔다 |
> | 나아 | 나 | 나았다 | 났다 |
> | 타아 | 타 | 타았다 | 탔다 |
> | 서어 | 서 | 서었다 | 섰다 |
> | 켜어 | 켜 | 켜었다 | 켰다 |
> | 펴어 | 펴 | 펴었다 | 폈다 |

'켜어, 펴어'의 어간 '켜- kʰjə-, 펴- pʰjə-'는 반모음 j가 결합되었다는 차이가 있지만 '서- sə'와 똑같이 'ㅓ'로 끝난 어간이다.

한글맞춤법 규정은 다소 모호한 표현으로 되어 있지만 본말이 아니라 반드시 준말로 써야만 한다. 다시 말해서 '가-'에 '-아'가 결합된 형태는 '가'로만 쓰는 것이다.

'하다' 역시 모음 'ㅏ'로 끝난 어간이므로 규칙에 따른다면 '-아, -았-'과 어울릴 때는 준 대로 발음되고 또 적어야 할 것이다. 그러나 실제로는 그렇지 않다. '하다'만은 '하여, 하였다'처럼 '-여, -였-'이 결합된다. 학교문법에서는 이를 '여'불규칙이라고 부른다.

'여'불규칙에는 단일어 '하다'뿐 아니라 '감사하다, 걱정하다, 결혼하다, 공부하다' 같은 '하다'가 포함된 합성어가 모두 포함된다. 그러므로 '여'불규칙 용언의 예는 매우 많다.

'하여, 하였다'는 글을 쓸 때 쓴다. 다시 말해서 '문어(文語, written style)'

에서 쓰인다. 말할 때는(구어에서는) '해, 했다'로 쓴다.

'해, 했다'에 대해서는 '한글맞춤법 34항'의 '붙임 2'에 있다.

[붙임 2] '하여'가 한 음절로 줄어서 '해'로 될 적에는 준 대로 적는다.

(본말)	(준말)	(본말)	(준말)
하여	해	하였다	했다
더하여	더해	더하였다	더했다
흔하여	흔해	흔하였다	흔했다

7.2. 구어(口語) 기술과 설명

'같다'에 어미 '-아, -았-'이 결합될 때는 '같아, 같았다'처럼 쓰는 것이 표준어이다. 같은 환경을 가진 '맡다' 역시 '맡아, 맡았다'처럼 쓴다.

그런데 '같다'는 구어에서 '-아, -았-'이 결합될 때 '같애, 같앴다'처럼 쓰는 경우가 매우 많다.

- 너무 애들이 컴퓨터를 좋아하는 거 <u>같애서</u> 저는 이해가 안 가요.
- 참소리 박물관도 한번 가 보시면은 좋을 거 <u>같애요</u>.
- 여기 들어와 보니까 진짜 봄이 온 것 <u>같앴어요</u>.

'같애'의 '애' 부분은 '해(하여)'의 '애' 부분과 같다. 이 사실에서도 짐작할 수 있는 것처럼 '같아'를 구어에서 '같애'로 말하는 것은 '같다'가 이전 시기에는 '하다'가 포함된 단어였기 때문이다.

현대국어 '같다'는 이전 시기에는 '곧ᄒᆞ다'였다. '곧ᄒᆞ다'는 '곧 + ᄒᆞ다'에서 온 합성어이다. 'ᄒᆞ다'는 현대국어의 '하다'에 해당되며 '곧ᄒᆞ다'는 '곧ᄒᆞ다 > 갇하다 > 같다'가 되었다. '더하다'에 '-아'가 결합하면 '더하여, 더해'가 되듯이 '갇하다'에 '-아'가 결합하면 '갇하여, 갇해'가 된다. 현대국어에서 어간이 '같다'가 된 후에 '-아'가 결합된 형태가 '같아'이고 이전 시기의 활용형 '갇해 [가태]'가 남아 있는 것이 구어의 '같애'이다. 구어의 '같애'는 이전 시기의 형태를 그대로 이어 받아 쓰고 있는 셈이다. 물론 표준어로는 인정받지 못한다.

일부 방언에서는 '많다, 않다'도 '많애, 않애'로 하는 경우가 있는데 이 역시 '많다, 않다'가 이전 시기에는 '만하다, 안하다'였기 때문에 생긴 현상이다.

참조

'같다'의 활용형 '같애'에 대한 더 자세한 설명은 유필재, 「한국어 교육에서의 규범과 실제」(『人文論叢』 25 (울산대 인문과학연구소), 2006, pp. 161-174)를 참조할 수 있다.

8. '하다' 축약

익숙치 않은 맞춤법

8.1. 표준어 규범과 설명

이 장에서 다룰 '하다' 용언과 관련된 어문규정은 한글맞춤법 제40항에 있다.

> **한글맞춤법 제40항**
> 제40항 어간의 끝음절 '하'의 'ㅏ'가 줄고 'ㅎ'이 다음 음절의 첫소리와 어울려 거센소리로 될 적에는 거센소리로 적는다.
>
> | (본말) | (준말) | (본말) | (준말) |
> |---|---|---|---|
> | 간편하게 | 간편케 | 다정하다 | 다정타 |
> | 연구하도록 | 연구토록 | 정결하다 | 정결타 |
> | 가하다 | 가타 | 흔하다 | 흔타 |
>
> [붙임 1] 'ㅎ'이 어간의 끝소리로 굳어진 것은 받침으로 적는다.
>
> | 않다 | 않고 | 않지 | 않든지 |
> |---|---|---|---|
> | 그렇다 | 그렇고 | 그렇지 | 그렇든지 |

아무렇다	아무렇고	아무렇지	아무렇든지
어떻다	어떻고	어떻지	어떻든지
이렇다	이렇고	이렇지	이렇든지
저렇다	저렇고	저렇지	저렇든지

[붙임 2] 어간의 끝음절 '하'가 아주 줄 적에는 준 대로 적는다.

(본말)	(준말)	(본말)	(준말)
거북하지	거북지	넉넉하지 않다	넉넉지 않다
생각하건대	생각건대	못하지 않다	못지 않다
생각하다 못해	생각다 못해	섭섭하지 않다	섭섭지 않다
깨끗하지 않다	깨끗지 않다	익숙하지 않다	익숙지 않다

[붙임 3] 다음과 같은 부사는 소리대로 적는다.

| 결단코 | 결코 | 기필코 | 무심코 | 아무튼 | 요컨대 |
| 정녕코 | 필연코 | 하마터면 | 하여튼 | 한사코 | |

    한국어에서는 '하다'를 이용하여 새로운 동사나 형용사를 만드는 경우가 많다. 고유어 '생각'에 '하다'를 결합시켜 '생각하다'라는 동사를 만들거나 한자어 '설명(說明)'에 '하다'를 결합시켜 '설명하다'라는 동사를 만들기도 한다. 영어 'sexy'에 '하다'를 결합시켜 '섹시하다'라는 형용사를 만들기도 한다.

    이렇게 기존에 있던 단어로 만든 새로운 단어를 '합성어'라고 한다. 연구자에 따라서는 '합성어'를 '복합어'라고 부르기도 한다.

    '하다'에 의한 합성어의 품사는 동사 아니면 형용사이다. 이는 '하다' 앞의 선행 요소에 의해 결정된다. 예를 들어 한자어 '단정(斷定)'에 '하다'를 결합시킨 '단정하다(斷定하다)'는 동사이지만 '단정(端正)'에 '하다'를 결합시킨 '단정하다(端正하다)'는 형용사이다. 이 외에도 '수상(受賞), 유용(流用), 유치(誘致), 정정(訂正), 준수(遵守)'에 '하다'가 결합된 형태는 동사이고, '수상(殊常), 유용(有用), 유치(幼稚), 정정(亭亭), 준수(俊秀)'에 '하다'가 결합된 형태는 형용사인 것도 같은 이유에서이다.

- 그 사람은 늘 자기 기준에 맞추어 원인을 <u>단정한다</u>.
- 그 사람은 늘 옷차림이 <u>단정하다</u>.

'하다'에 의한 합성어는 줄여서 발음하는 경우가 있다. '하-' 뒤에 'ㄷ, ㅈ, ㄱ' 등의 평음으로 시작하는 어미가 올 경우에 그렇다. '간편하지 않고'를 '간편치 않고'라고 한다든지 '익숙하지 않고'를 '익숙지 않고'라고 하는 것이 그 예이다.

'간편치'는 '치'인데 '익숙지'는 '지'인 이유는 줄여서 발음할 때 '하'의 'ㅏ'만 주느냐 아니면 '하' 전체가 주느냐에 달려 있다. '간편하지'에서 '하'의 'ㅏ'만 줄면 '간편ㅎ지 → 간편치'가 되고 '익숙하지'에서 '하' 전체가 줄면 '익숙지'가 된다.

'ㅏ'만 주느냐 혹은 '하' 전체가 주느냐는 '하다' 앞 부분의 조건에 따라 다르다. '하다' 앞 부분('어기(語基)'라고 한다.)의 끝소리가 'ㅂ, ㅅ, ㄱ'으로 끝나면 '하' 전체가 준다.

답답하지 않다 → 답답지 않다
깨끗하지 못하다 → 깨끗지 못하다

익숙하지 못하다 → 익숙지 못하다

'하다' 앞 부분의 끝소리가 'ㅂ, ㅅ, ㄱ'으로 끝나지 않으면, 다시 말해서 'ㅂ, ㅅ, ㄱ' 이외의 받침이거나 받침이 없으면 'ㅏ'만 준다.

무심하지 → 무심치
감탄하게 → 감탄케
달성하게 → 달성케
분발하도록 → 분발토록
필요하지 않음 → 필요치 않음
예기하지 않은 → 예기치 않은

8.2. 구어(口語) 기술과 설명

그런데 구어에서는 '하다' 앞의 마지막 부분이 'ㅂ, ㅅ, ㄱ'으로 끝나도 '하'의 'ㅏ'만을 줄여 발음한다.

- 처음엔 <u>익숙치</u> 않아서 그런데, 하다보면 손에 익어서 나중에는 하루에 열 집씩 하는 분들도 계십니다.
- '런닝맨' 서은수 X 최리, 모두를 <u>당혹케</u> 한 새로운 댄스 공개 '폭소'
- 지방의회 의원이 평소 의정활동이나 민원현장 방문시 착용할 단체복을 <u>구입코자</u> 할 경우 의정운영 공통경비로 사용이 가능한지 문의합니다.
- <u>넉넉치</u> 않았던 어린시절, 눈칫밥 많이 먹고 컸다.

• 여동생 배우자로 절 그닥 <u>탐탁치 않아</u> 하시는 거 알고

   이렇게 '익숙지, 당혹게, 구입고자'로 써야 할 것을 '익숙치, 당혹케, 구입코자'로 쓰는 현상은 '유추(類推, analogy)'로 설명된다. '하다' 앞의 음운론적 조건에 따라 '지, 치', '게, 케', '고자, 코자' 등으로 서로 다른 형태(이형태)가 생기는 현상을 하나의 이형태로 통일하려는 언어 변화로 이해할 수 있다.

   표준어 규범과 구어의 양상이 다르기는 하지만 표준어와 구어 모두 '하다' 합성어를 줄여서 발음하느냐 그렇지 않느냐는 앞에서 설명한 음운 조건 외에도 여러 가지 조건이 더 있는 듯하다. 줄여서 발음할 수 있는 어간이더라도 모든 어미가 축약형을 만들지는 않는다. 앞에서 '하-' 뒤에 'ㄷ, ㅈ, ㄱ' 등의 평음으로 시작하는 어미가 올 경우에 축약할 수 있다고 했다. 그러나 '익숙지'는 쓰이지만 '익숙고, 익숙더라'는 쓰이지 않는다.

   'ㄷ'로 시작하는 어미 중에는 '-도록 (하-), -다 못해(서)', 'ㅈ'로 시작하는 어미 중에는 '-지 않-/못하-', 'ㄱ'로 시작하는 어미 중에는 '-게 하-, -기로 하-, -고자 (하-)' 등의 어미가 결합될 때 줄어든 형태가 나타난다.

   그런데 축약과 관련된 '-지'는 '않다, 못하다'가 후행하는 부정 표현에 나타나는 '-지'이다. '판을 깨려면 그거야 간단하지'처럼 종결어미로 쓰인 '-지'에서는 축약이 나타나지 않는다. '-게' 역시 '사동(使動)'을 표현하는 '-게 하-'에서는 축약이 일어난다. 그러나 '자전거를 익숙하게 타고 내려갔다.'에서처럼 이른바 부사형으로 쓰인 '-게'에서는 축약이 나타나지 않는다. '-기'는 명사형 어미이지만 명사형 어미 단독으로 쓰일 때는 '하다' 축약이 일어나지 않고 대체로 '-기로 하-'라는 구(句)에서만 축약이 일어난다. '-다'는 '-다가'의 준말인데도 '-다'에서만 축약이 일어나고 '-다가'에서는 그렇지 않다. 그런데 이는 '-다'와 '-다가'의 문제라기보다는 '-다'만

이 '-다 못해(서)'로 쓰이기 때문이다.

이상의 내용을 종합하면 '하다' 축약이 일어나는 어미들은 모두 후행 요소로 '하다'가 관련된 사실을 알 수 있다. 다시 말해서 'ㄷ, ㅈ, ㄱ'로 시작하는 어미 중 '하-'가 후행요소인 구 형태에서 주로 '하다' 축약이 일어난다.

- 생각다 못해 일단 무엇이든 끄적이자는 마음을 먹었다.
- 이번 대회는 예상치 못한 패배가 아니라, 계획된 승리입니다.
- 그 놈은 그걸 가능케 하는 놈이야.
- 통산부는 이와 함께 민간기업의 연구소와 연구원에 대해 정부출연연구소처럼 40%이내에서 근로소득세를 감면해주는 방안도 마련키로 했다.

한편 후행하는 '하다'가 수의적으로만 나타나는 '-도록, -고자'는 이런 제약이 없는 듯하다. '하다' 축약이 나타난 형태는 '하다'가 후행하는 경우가 더 많지만 그렇지 않은 예도 여럿 있다.

- 발레단에서 부설하는 아카데미를 적극적으로 지원토록 하겠습니다.
- 보건의료노조 "정부, 어떤 지원과 대책 마련코자 했는지 답해야."
- "총회에서 자유롭게 의사 결정토록 가만둬 달라"며 …
- 매티슨 소장은 연구소는 라디오 방송을 설립코자 이미 2만 달러를 썼다고 말했다.

한편 위의 어미들 중 '-게 하-, -기로 하-'는 '하-' 대신 '되-'가 후행하는 경우도 있는데 이때도 축약이 일어난다.

- 오는 6월말까지 안보리 재편 문제에 대한 각국의 입장을 유엔측에 제출케 돼 있다.
- 유엔 산하의 상설기구로 발족한 운크타드는 그 총회를 3년에 한 번씩 개최 키로 되어 있으며 …

또한 '하다' 축약은 문어체에서 더 자주 나타난다. 앞의 예문 '지방의회 의원이 평소 의정활동이나 민원현장 방문시 착용할 단체복을 구입코자 할 경우 의정운영 공통경비로 사용이 가능한지 문의합니다.'는 전형적인 문어로, 줄여서 발음한 형태를 썼다. 다시 말해서 '하다' 합성어를 줄여서 발음한 형태는 구어체(spoken style)보다는 문어체(written style)에서 자주 나타난다.

또한 '당혹케 한, 넉넉치 않았던' 같은, 줄여서 발음한 형태는 오래된 형태, 다시 말해서 구형(舊形)이라는 느낌을 준다. 현재는 점점 줄이지 않은 형태를 일반적으로 쓴다. 이는 '다정타, 정결타, 가타, 흔타' 같은 한글맞춤법 규정의 예들을 보아도 알 수 있다. '가타'처럼 '가타부타 말이 없다'처럼 굳어진 표현에만 남은 경우도 있다.

모든 '하다' 합성어에 축약이 일어나는 것은 아닌 듯하다. 줄여서 발음되는 현상은 어떤 '하다' 합성어인가에 따라 달라진다. 예를 들어 '공부하다'는 '×공부치 않고'처럼 줄여서 발음할 수 없다. 한편 '예기하다(豫期하다), 익숙하다'는 '예기치 못한, 익숙지 않은'처럼 줄여서 발음할 수 있다.

줄여서 발음할 수 있는 경우에도 실제 빈도에서는 단어마다 차이가 있다. '예기하다'를 줄여 발음한 '예기치'가 '익숙하다'를 줄여 발음한 '익숙지'보다 더 많이 쓰인다. '예기치 못한, 예기하지 못한, 익숙하지 않은, 익숙지 않은'을 비교해 보면 '예기하지 못한'에 비해 '예기치 못한'이 훨씬 자연스럽고 많이 쓰이는 형태임을 알 수 있다. 다시 말해서 '하다' 축약은 단어에 따라서도 축약의 정도가 다른 것이다. 어떤 단어가 더 잘 축약되는지는 아직 밝혀져 있지 않다.

참조

'하다' 용언과의 결합에서 축약이 나타나는 어미의 구체적인 목록과 이에 대한 설명은 김정순, 유필재, 「'하다' 용언 축약의 조건에 대하여」(『한국어학』 103, 2024, pp.205-226)를 참조할 수 있다.

9. ㄹ 어간

나이가 들긴 들은 게

9.1. 표준어 규범과 설명

한국어에서 어간 말음이 'ㄹ'인 용언들은 'ㄹ'이 없어지는 경우가 많다. 이와 관련된 어문규정은 한글맞춤법 제18항에 있다.

> **한글맞춤법 제18항**
> 제18항 다음과 같은 용언들은 어미가 바뀔 경우, 그 어간이나 어미가 원칙에 벗어나면 벗어나는 대로 적는다.
>
> 1. 어간의 끝 'ㄹ'이 줄어질 적
>
> | | | | | | |
> |---|---|---|---|---|---|
> | 갈다: | 가니 | 간 | 갑니다 | 가시다 | 가오 |
> | 놀다: | 노니 | 논 | 놉니다 | 노시다 | 노오 |
> | 불다: | 부니 | 분 | 붑니다 | 부시다 | 부오 |
> | 둥글다: | 둥그니 | 둥근 | 둥급니다 | 둥그시다 | 둥그오 |
> | 어질다: | 어지니 | 어진 | 어집니다 | 어지시다 | 어지오 |
>
> [붙임] 다음과 같은 말에서도 'ㄹ'이 준 대로 적는다.

> 마지못하다   마지않다
> (하)다마다   (하)자마자
> (하)지 마라 (하)지 마(아)

한국어의 동사, 형용사는 어간('-다'의 앞 부분)의 마지막 소리를 기준으로 다음과 같이 세 가지 부류로 나눌 수 있다. '먹다, 작다'처럼 자음으로 끝난 어간, '가다, 크다'처럼 모음으로 끝난 어간, 그리고 '살다, 멀다'처럼 'ㄹ'로 끝난 어간이 그것이다.

'ㄹ'이 자음인데도 따로 분류한 이유는 '-으면, -으니까'처럼 '으'로 시작하는 어미가 결합될 때의 양상이 다른 자음들과 다르기 때문이다.

먹으면, 작으면
살면, 멀면

'ㄹ'로 끝난 어간은 '으'로 시작하는 어미와 결합될 때 다른 자음과 그 양상이 다르다. '먹-, 작-'에서는 '-으면'이 결합되는데 '살-, 멀-'에서는 '-으면'이 아니라 '-면'이 결합되어 '살면, 멀면'으로 나타난다. 이는 자음으로 끝난 어간이 아니라 모음으로 끝난 어간과 같은 양상이다. '가-, 크-'도 '가면, 크면'이 된다.

명사일 때도 'ㄹ'로 끝난 명사는 동사, 형용사와 같은 양상을 보인다.

자가용으로, 차로, 지하철로

자음 'ㅇ'으로 끝난 '자가용'에는 '-으로'가 결합되고 모음 'ㅏ'로 끝난 '차'에는 '-로'가 결합된다. '지하철'은 자음 'ㄹ'로 끝났지만 '-으로'가 아니라 '-로'가 결합되어 '지하철로'가 된다.

앞서 '2. 활용, 어미의 분류'에서 한국어의 어미(동사, 형용사 등의 용언 어간 뒤에 붙은 형태)를 자음으로 시작하는 어미, 모음 '아, 어'로 시작하는 어미, 모음 '으'로 시작하는 어미로 분류했다. '-고, -겠-' 등은 자음으로 시작하는 어미의 예이고 '-어요/-아요, -었-/-았-' 등은 모음 '어, 아'로 시작하는 어미의 예이다. 그리고 '-으면, -으시-' 등은 모음 '으'로 시작하는 어미의 예이다.

세 부류의 어간과 세 부류의 어미의 결합 양상을 보이면 〈표 1〉과 같다. '으'로 시작하는 어미 '-으면'의 경우 모음으로 끝난 어간과 'ㄹ'로 끝난 어간이 같은 양상을 보인다.

[표 1] 용언 어간, 어미의 결합 양상

	-고	-어요/-아요	-으면
먹-	먹고	먹어요	먹으면
가-	가고	가요	가면
살-	살고	살아요	살면

그런데 'ㄹ'로 끝난 용언 어간의 특이한 점은 이뿐만이 아니다. 어간말의 'ㄹ'이 어미와 결합할 때 없어지는 경우가 있다.

첫째, 어미의 첫 소리가 'ㄴ'이면 'ㄹ'이 없어진다. '사니, 사네, 사는, 사는데, 사냐'는 모두 '살-'의 'ㄹ'이 'ㄴ' 앞에서 탈락한 활용형의 예이다. '살고, 살면, 살러, 살지만'에서 보듯이 'ㄱ, ㅁ, ㄹ, ㅈ' 앞에서는 그런 일이 없다.

둘째, 어미의 첫 소리가 'ㅅ'이면 'ㄹ'이 없어진다. 이 'ㅅ'는 주체 존대를 나타내는 '-시-'인데 '사세요, 사십시오'는 모두 '살-'의 'ㄹ'이 'ㅅ' 앞에서 탈락한 활용형의 예이다.

셋째, 어미 '-ㅂ니다, -ㅂ시다, -ㄴ다' 앞에서 'ㄹ'이 없어진다. '삽니다, 삽시다, 산다'는 모두 '살-'의 활용형인데 어간 말음 'ㄹ'이 없어졌다. 어미 '-ㅂ니다, -ㅂ시다, -ㄴ다'는 자음으로 끝난 어간 뒤에서는 '먹습니다, 먹읍시다, 먹는다'에서 보듯이 '-습니다, -읍시다, -는다'로 나타난다. 한편 어미 '-ㅂ니다, -ㅂ시다, -ㄴ다'는 '갑니다, 갑시다, 간다'에서 보듯이 모음으로 끝난 어간 뒤에서도 나타난다.

넷째, 어미 '-을, -은' 앞에서 'ㄹ'이 없어진다.

살 (집), 산 (적)

먹을 (떡), 먹은 (적)

갈 (때), 간 (적)

'살 (집)'은 '살- + -을 (집)'에서 'ㄹ' 뒤에서 '으'가 없는 형태인 '-ㄹ'를 취하여 '삶'이 된 후 어간의 'ㄹ'이 없어진 것이다. '살- + -으면 → 살면'에서 알 수 있듯이 '으'로 시작하는 어미는 'ㄹ'로 끝나는 어간 뒤에서 '으'가 없는 형태를 취한다. 어미 '-을'에서 '으'가 없는 형태는 '-ㄹ'이므로 '살-'에는 어미 '-ㄹ'이 결합되는 것이다.

이는 '살- + -ㄹ → 삶 → 살'의 과정을 거친 것으로 설명하게 된다. '삶' 단계에서 탈락한 것은 뒤의 'ㄹ'(어미의 'ㄹ')이 아니라 앞의 'ㄹ'(어간의 'ㄹ')인 점에 주의해야 한다. 만약 어미의 'ㄹ'이 없어진 것이라면 '살 집 [살 찝]'처럼 경음화 현상이 나타나지 않는다. 'ㄹ'이 어간의 'ㄹ'인 '살지 (않는다)'

는 경음으로 발음되지 않는 것이다. 한국어에서는 '먹을 거 [먹을 꺼], 갈 데 [갈 떼], 살 집 [살 찝]'에서 보듯이 관형형 어미 '-을' 뒤에서 경음화가 일어난다.

'산 (적)'도 마찬가지 방법으로 설명한다. '살- + -은 (적)'에서 'ㄹ' 뒤에서 '으'가 없는 형태인 '-ㄴ'를 취하여 '삾'이 된 후 어간의 'ㄹ'이 없어진 것이다. 한국어에서는 음절말(받침 위치)에서는 두 개의 자음을 발음할 수 없기 때문이다.

'-을'로 시작하는 다른 어미 앞에서도 마찬가지이다. '-을수록'을 예로 들면 '먹-, 가-'는 '먹을수록, 갈수록'으로 활용한다. 어간 말음이 'ㄹ'인 '살-'은 모음으로 끝난 어간과 같은 활용을 하므로 '살수록'이 된다.

다섯째, 어미 '-으오' 앞에서도 'ㄹ'이 없어진다. '-으오'는 현재는 잘 쓰이지 않는 하오체 어미인데 '으'로 시작하는 어미이므로 '먹-, 가-' 뒤에서는 '먹으오, 가오'가 된다. 그런데 '살-' 뒤에서는 '살오'가 아니라 '사오'로 나타난다. 'ㄹ'이 탈락한 것이다.

마지막으로 '금지(禁止)'를 의미하는 '말다(勿)'만은 특이하게도 이 조건 이외에 명령형 어미 '-아라, -아, -아요' 앞에서도 'ㄹ'이 없어진다. '말-(勿)'은 명령형 어미 '-아라' 앞에서 'ㄹ'이 없어진다. 다만, 'ㄹ'이 있는 형태도 표준어이다. 이 때문에 '(가지) 마라, (가지) 말아라'가 둘 다 가능하다. '말-(勿)' 외에 'ㄹ'로 끝나는 다른 용언은 그렇지 않다. '(꼭 단독주택에서) 살아라'만 가능하고 '(꼭 단독주택에서) ×사라'는 안 된다.

또한 '말-(勿)'은 명령형 어미 '-아, -아요' 앞에서 'ㄹ'이 없어진다. 다만, 'ㄹ'이 있는 형태도 표준어이다. 이 때문에 '(가지) 마, (가지) 마요'도 가능하고 '(가지) 말아, (가지) 말아요'도 표준어로 인정된다. '말-(勿)' 외에 'ㄹ'로 끝나는 다른 용언은 그렇지 않다. '(꼭 단독주택에서) 살아, 살아요'만 가능하고 '(꼭 단독주택에서) ×사, ×사요'는 안 된다.

9.2. 구어(口語) 기술과 설명

구어에서는 'ㄹ'로 끝난 어간이 '으'로 시작하는 어미와 결합될 때 자음으로 끝난 어간과 같은 양상을 보이는 경우가 있다. 다시 말해서 '으'가 없어지지 않는다.

- 아직 올려면 멀으셨어요? (표준어: 아직 오려면 머셨어요?)
- 창문 좀 열을까? (표준어: 창문 좀 열까?)
- 내일을 향해서라면 과거는 필요없지, 힘들은 나의 일기도 내일을 향해서라면 (표준어: 힘든 나의 일기도)
- 나도 엄마가 갈은 주스 먹고 싶단 말이야! (표준어: 엄마가 간 주스)
- 피아노 실력이 더 늘은 거 같던데 설마 딴 여자한테 쳐준 건 아니지? (표준어: 더 는 거 같던데)
- 도덕시간에 진짜 졸은 거야? (표준어: 진짜 존 거야?)
- 아무튼 내가 물설고 낯설은 이 부산에 와서 강여사 때문에 정 든다니까. (표준어: 물설고 낯선 이 부산에 와서)

위의 예들에서 대강을 알 수 있는 것처럼 'ㄹ' 뒤에서 '으'가 탈락하지 않은 형태는 관형형에서 특히 많이 나타난다. 한편 표준어에도 이런 예가 있다. '알은척, 알은체'가 그 예이다. '알-' 뒤에서도 '으'가 탈락되지 않은 '-은'

이 쓰였다.

구어에서 쓰이는 '날으는, 날으고'는 위와는 다른 경우이다. 어미 '-는, -고'는 '으'로 시작하는 어미가 아니기 때문이다. 이는 표준어 '날다'에 대해서 구어에서는 '날으다'가 쓰이는 것이다.

- 날으는 원더우먼
- 아주 멀리 새처럼 날으고 싶어

'금지(禁止)'를 의미하는 '말다'는 구어에서는 '마라, 마, 마요'가 더 많이 쓰인다. '마라, 마, 마요'는 표준어이다. 같은 뜻인 '말아라, 말아, 말아요'도 표준어이다. '말다'가 이런 특이한 활용형을 갖게 된 데에는 역사적인 이유가 있다.

참조

'으'로 시작하는 어미 앞에서 'ㄹ'로 끝난 어간의 'ㄹ'이 탈락하지 않는 현상에 대해서는 다음과 같은 논저에서 더 자세한 내용을 알 수 있다.

李秉根,「流音 脫落의 音韻論과 形態論」,『한글』173·174, 1981. 이 논문은 李秉根·宋喆儀 編,『音韻Ⅰ』(國語學講座 4, 太學社, 1998)에도 실려 있다.
유필재,『서울방언의 음운론』, 월인, 2006, pp.119-125.

'금지(禁止)'를 나타내는 '말다'가 보이는 특이한 활용형에 대한 역사적 설명에 대해서는 유필재,「'말다(勿)' 동사의 음운론과 형태론」(『국어학』43, 2004, pp.97-118)을 참조하면 된다.

10. '있다, 없다, 계시다, 있으시다'의 활용

현금이 있는 사람, 현금이 있으신 분

10.1. 표준어 규범과 설명

한국어 용언 중 '있다, 없다, 계시다'는 독특한 활용을 보이는 경우가 있다. 각 단어에 대한 '표준국어대사전'의 설명 중 필요한 부분만을 가져와 보면 아래와 같다.

우선 '있다'는 동사인 것과 형용사인 것, 두 가지가 있다. 동사로 쓰인 예는 '우리 모두 함께 있자.'가 있고 형용사로 쓰인 예는 '나는 그와 만난 적이 있다.'가 있다. '없다'는 형용사이다. '이제 이런 기회는 없다.' 같은 예가 있다. '계시다'는 동사이다. '잠시 가만히 계십시오.' 같은 예가 있다.

'계시다'는 '있다'의 높임말인데 '어머니가 당뇨가 있으신데 가끔 어지럽다고 하세요.'에서는 '있다'의 높임말로 '있으시다'가 쓰였다. '있으시다'는 사전에 표제항으로 올라 있지 않다. 이는 '있으시다'가 '있다'에 선어말어미 '-시-'가 결합된 형태로 해석되었기 때문이다. '웃다'는 사전에 표제항으로 올라 있지만 '웃으시다'는 올라 있지 않은 것과 같은 이유이다.

'있다, 없다'가 독특한 활용을 보이는 경우는 관형형 '있는, 없는'이다. '있는, 없는'이 왜 독특한 활용형인지를 이해하기 위해서는 한국어 동사와 형용사의 활용 양상을 이해해야 한다.

영어와 달리 한국어는 동사와 형용사의 구별이 쉽지 않다. '적다(노트에 ~)'와 '적다(양이~)'처럼 사전에는 둘 다 '-다'로 끝난 형태로 올라 있어 한국어 문법 지식이 없으면 둘을 구별할 수 없다.

한국어 동사와 형용사는 활용 양상이 다르다. 해라체 평서형(일반적으로 글을 쓸 때 쓰는 형태)에서 동사는 '-는다/-ㄴ다', 형용사는 '-다'를 취한다. 동사의 경우 어간('-다'의 앞 부분)이 자음으로 끝나면 '먹는다'처럼 '-는다'가, 모음으로 끝나면 '간다'처럼 '-ㄴ다'가 결합된다. 형용사는 '작다, 크다'처럼 어떤 경우든 '-다'가 결합된다.

먹는다, 간다
작다, 크다

관형형(뒤의 명사를 수식해 주는 활용형)에서 동사는 '-은' 혹은 '-는'을 취하지만 형용사는 '-은'만을 취한다. 동사가 '-은'을 취하면 {과거}를 의미하고 '-는'을 취하면 {현재}를 의미한다.

- 아까 밥을 <u>먹은</u> 사람
- 지금 밥을 <u>먹는</u> 사람, 요즘은 밥을 <u>먹는</u> 사람이 적어지고 있다.
- 키가 <u>작은</u> 사람, 키가 큰 사람
- ×<u>작는</u> 사람

'아까 밥을 먹은 사람'에서 '먹은'은 과거의 일이고 '지금 밥을 먹는 사람'은 현재의 일이다. '요즘은 밥을 먹는 사람이 적어지고 있다.'는 현재의 일

로도 해석할 수 있고 '과거가 아닌 일'로도 생각할 수 있다. 형용사에는 '-는'
이 결합되지 않는다. '×작는 사람'은 가능하지 않다.

동사는 어미 '-는데, -는구나'를 취하지만 형용사는 '-은데, -구나'를
취한다. 동사에는 '-는데'가 결합된다. 형용사에 결합하는 '-은데'는 어간
이 모음으로 끝나면 '큰데'처럼 '-ㄴ데'가, 자음으로 끝나면 '작은데'처럼
'-은데'가 결합한다. 'ㄹ'로 끝나면 '먼데'처럼 'ㄹ'이 없어지고 '-ㄴ데'가
결합된다.

먹는데, 가는데, 사는데
작은데, 큰데, 먼데

동사에는 '-는구나'가 결합된다. 형용사에는 '-구나'가 결합된다. 둘 다
'감탄'의 의미가 있다.

먹는구나, 가는구나, 사는구나
작구나, 크구나, 멀구나

이상에서 살펴 본 한국어 동사, 형용사의 활용 양상을 기준으로 '있다,
없다'의 활용 양상을 확인해 본다. '있다'는 동사의 활용을 보이는 경우와 형
용사의 활용을 보이는 경우가 있다.

동사의 활용형
- 나 지금부터 방에 <u>있는다</u>. 문 열지 마라.
- 내가 방에 <u>있는데</u> …

형용사의 활용형
- 방에 형이 있다. 문 열지 마라.
- 형이 방에 있구나.

'없다'도 형용사의 활용을 보이는 경우와 동사의 활용을 보이는 경우가 있다.

형용사의 활용형
- 방에 형이 없다.
- 방에 형이 없구나.

동사의 활용형
- 방에는 형이 없는데 …

'있다, 없다'의 관형형은 대체로 '있는, 없는'이다.

- 방에 있는 사람
- 방에 없는 사람

'있은'도 쓰이지만 이러한 경우는 매우 한정되어 있다. 이때 '있은'이 수식하는 명사는 '적, 뒤, 후, 다음, 지'가 가장 많다. 모두 의존명사인데 '뒤, 후, 다음, 지'는 동사와 결합하여 '-은 뒤에, -은 후(에, 로), -은 다음(에), -은 지'로 쓰인다. '적'은 '-을' 뒤에도 쓰이지만 서술어가 '있다, 없다'일 때는 '-은'과만 결합된다. '있은'은 주로 어떤 일이 있었던 사실을 표현하는 경우에 쓰인다.

- 꿈같은 거, 나한테 있은 적이 없거든.
- 이 일이 있은 뒤
- 사건이 있은 후 10년이 지나서
- 실험이 있은 다음에는
- 파업이 있은 지 1년이 지난 후였다.

이상에서 '있다, 없다'는 일반적인 동사나 형용사와는 활용 양상이 다르다는 사실을 알 수 있다. '크다'도 동사인 경우와 형용사인 경우가 있다. '옥수수는 요즘 하루에 10센티씩 큰다'에서 '큰다'의 '크다'는 동사이고 '옥수수가 감자보다 더 크다'에서 '크다'는 형용사이다.

그러나 '있다, 없다'는 '크다'의 경우와는 양상이 다르다. '있다, 없다'의 관형형은 대체로 언제나 '있는, 없는'이고 이 때문에 '-는데/-은데'처럼 관형형에서 유래한 연결어미는 '있는데, 없는데'처럼 동사에 결합하는 형태를 취한다. '크다'는 그렇지 않다. 동사 '크다'와 형용사 '크다'의 활용형은 확연히 구분된다. 형용사로 쓰인 '크다'는 '×크는, ×크는데'로 사용되지 않는다.

동사인 '크다'의 활용형
- 옥수수는 요즘 하루에 10센티씩 큰다.
- 옥수수가 잘 크는 온도는 몇 도 정도일까?
- 옥수수는 잘 크는데 감자는 잘 안 크네

형용사인 '크다'의 활용형

- 옥수수는 감자보다 크다.
- 감자보다 큰 옥수수, ×감자보다 크는 옥수수
- 옥수수는 큰데 감자는 좀 작네.

정리를 겸해서 '있다, 없다' 중 특히 '있다'가 독특한 활용을 보인다는 사실을 동사 '씻다', 형용사 '낮다'와 비교해 보도록 하자.

	있다 - 동사	있다 - 형용사	씻다 - 동사	낮다 - 형용사
해라체 평서형	있는다	있다	씻는다	낮다
관형형	있는, (있은)	있는	씻는, 씻은	낮은
-는데/-은데	있는데	있는데	씻는데	낮은데
-는구나/-구나	있는구나	있구나	씻는구나	낮구나

형용사 '낮다'와 비교해 보면 형용사 '있다'는 관형형과 어미 '-는데/-은데' 결합형이 다르다. 동사 '씻다'와 비교해 보면 동사 '있다'는 관형형 '있은'이 불완전하다는 점이 다르다.

이런 이유로 '있다, 없다'를 별도의 품사로 묶어 '존재사(存在詞)'로 설명하는 수도 있다. '존재사'를 설정하면 '맛있다, 한없다' 등 '있다, 없다'가 후부요소인 복합어는 모두 존재사에 포함되게 된다.

맛있다, 맛있는, 맛있는데, 맛있구나
한없다, 한없는, 한없는데, 한없구나

'존재사'를 설정하면 이에 속하는 단어(있다, 없다 등)가 동사, 형용사와 활용 양상이 다른 것은 더 이상 문제가 되지 않는다. 존재사의 활용은 동사나 형용사와는 다른 부분이 있다고 설명하게 된다. 동사와 형용사도 활용에 다른 부분이 있는 것과 마찬가지이다.

10.2. 구어(口語) 기술과 설명

'표준국어대사전'에는 '계시다'가 동사로만 설명되어 있지만 구어에서 '계시다'는 '있다'와 마찬가지로 동사 활용을 하는 경우도 있고 형용사 활용을 하는 경우도 있다.

동사의 활용형
- 우리집은 어머니가 안 <u>계신다</u>.
- 맨 앞에 <u>계시는</u> 분, 말씀해 보세요.
- 근처에 외롭게 사시는 할머니가 <u>계시는데</u>

형용사의 활용형
- 나는 부모님이 안 <u>계시다</u>.
- 시골에 <u>계신</u> 부모님도 찾아 뵙고
- 대구에 형님이 <u>계신데</u>

'있으시다'는 '있다'와 활용 양상이 다르다. '있으시다'는 형태만 보면 '있다'에 선어말어미 '-시-'가 결합된 형태이다. 이 때문에 사전에 표제항으로 올라 있지 않다. 그런데 '있으시다'는 '있다'와 활용 양상이 같지 않다. 둘 사이의 차이는 '-으시-'가 있고 없음뿐이다. 그런데 '-으시-'는 어간의 활용 양상에 영향을 주지 않는다.

    웃는다, 웃는, 웃은, 웃는데
    웃으신다, 웃으시는, 웃으신, 웃으시는데

그러나 '있으시다'는 그렇지 않다. '있다'와 활용 양상이 다르다. '있다' 뒤에는 관형형 어미 '-는'이 오지만 '있으시다' 뒤에는 '-은'이 온다.

    • 현금이 <u>있는</u> 사람
    • 현금이 <u>있으신</u> 분. ×있으시는 분

'있다' 뒤에는 연결어미 '-는데'가 오지만 '있으시다' 뒤에는 '-은데'가 온다.

    • 철수는 돈이 <u>있는데</u> 나는 없다.
    • 할아버지는 돈이 <u>있으신데</u> 나는 없다. ×있으시는데

'현금이 있는 사람'의 '있는'에 '-으시-'를 넣으면 '있으신'이 된다. '×있으시는'이 아니다. '있는데'에 '-으시-'를 넣으면 '있으신데'가 된다. 이 역시 '×있으시는데'가 아니다. 앞에서 설명한 것처럼 '있는, 있는데'는 동사 활용형, '있으신, 있으신데'는 형용사 활용형이다. '있으시다'는 동사의 활용형을 보이는 경우가 없다.

현재는 하나의 단어이지만 단어 중의 '시'가 주체 존대를 나타내는 '-으시-'에서 온 동사들이 있다. '계시다'가 대표적인 예이고 그 외에 '잡수시다, 주무시다'가 더 있다. 이들 단어의 '시'는 일반적인 '시'와는 다른 활용 양상을 보인다.

마신다, 마시세요
적신다, 적시세요

잡수신다, 잡수세요. ×잡수시세요
주무신다, 주무세요, ×주무시세요

'시'가 어간의 일부인 '마시다'의 경우에는 '-으세요'와 결합하면 '마시세요'가 되지만 '시'가 주체 존재를 나타내는 '-으시-'에서 온 '잡수시다'는 '-으세요'와 결합할 때 '잡수세요'가 된다. '시'가 없어지는 것이다. '-으세요'의 '세'에도 '-으시-'가 들어 있기 때문으로 생각된다.

이런 예들을 고려하면 '있으시다'도 '계시다, 잡수시다, 주무시다'처럼 주체 존대를 나타내는 '-시-'가 굳어져 단어의 일부가 된 예일 가능성이 있다. 이 때문에 '있다'와는 다른 활용형을 보이는 것으로 추정된다.

한편 '계시다'와 '있으시다'는 구어에서 자주 혼동되어 쓰인다. '계시다'와 '있으시다'는 다음과 같이 구분되어 쓰인다. 유정물의 '존재(存在)'를 나타내는 '있다'의 높임말은 '계시다'를 쓴다.

• 철수가 방에 있다. 할아버지가 방에 <u>계시다</u>.

그렇지 않은 경우('소유(所有)'의 의미가 많다.)는 '있으시다'를 쓴다.

- 철수는 돈이 있다. 할아버지는 돈이 <u>있으시다</u>.
- 선생님 말씀이 <u>있으시겠습니다</u>.

유정물의 '존재'를 표현하는 '있다'의 반대말은 '없다'인데 이 '없다'의 높임말은 '안 계시다'를 쓴다.

- 철수는 방에 없다. 할아버지는 방에 <u>안 계시다</u>.

그렇지 않은 경우('소유'의 의미가 많다.)는 '없으시다'를 쓴다.

- 철수는 돈이 없다. 할아버지는 돈이 <u>없으시다</u>.
- 선생님은 아무 말씀이 <u>없으셨다</u>.

참조

'있다, 없다'를 '존재사'라는 별도의 품사로 설정하는 논저와 이에 대한 검토는 이희승, 『국어학개설(國語學槪說)』(민중서관, 1955, pp.381–389)에 간략히 정리되어 있다.

11. 모음 'ㅗ, ㅜ'로 끝나는 용언 어간과 모음어미 '-아/-어' 결합

> 바꿔 줘, 우리 삶을 바꾸어 놓은 스마트폰

11.1. 표준어 규범과 설명

모음으로 끝난 용언 어간이 '아, 어'로 시작하는 어미와 결합하면 여러가지 방식으로 발음이 바뀌게 된다. 이 장에서는 모음 'ㅗ, ㅜ'로 끝난 용언 어간의 경우를 살펴 본다.

이 장에서 다룰 용언 'ㅗ, ㅜ' 어간의 활용형과 관련된 어문규정은 한글맞춤법 제35항에 있다.

한글맞춤법 제35항

제35항 모음 'ㅗ, ㅜ'로 끝난 어간에 '-아/-어, -았-/-었-'이 어울려 'ㅘ/ㅝ, ㅘㅆ/ㅝㅆ'으로 될 적에는 준 대로 적는다.

(본말)	(준말)	(본말)	(준말)
꼬아	꽈	꼬았다	꽜다
보아	봐	보았다	봤다
쏘아	쏴	쏘았다	쐈다

두어	둬	두었다	뒀다
쑤어	쒀	쑤었다	쒔다
주어	줘	주었다	줬다

한국어에서 어간이 모음 'ㅗ, ㅜ'로 끝난 용언은 어미 '-아, -어'와 결합할 때 어간 모음 'ㅗ, ㅜ'가 반모음 w(더블유)로 바뀌고 어미 '-아, -어'와 결합하여 '와, 워'로 나타나는 경우가 있다.

보다, 보아, 봐 [pwa:]
주다, 주어, 줘 [tɕwə:]
돌보다, 돌보아, 돌봐 [to:lpwa]
바꾸다, 바꾸어, 바꿔 [pak'wə]
배우다, 배우어, 배워 [pɛwə]

'보아, 주어'를 예로 설명하면 '보아'의 모음 'ㅗ', '주어'의 모음 'ㅜ'가 각각 '아, 어' 앞에서 반모음으로 바뀌어 '봐 [pwa:], 줘 [tɕwə:]'로 나타난 것이다.

'봐 [pwa:], 줘 [tɕwə:]'에서 보는 것처럼 어간이 1음절이면 '와, 워'로 나타날 때 장음이 되는 것이 표준어이다. 한국어에서 장음은 단어의 맨 처음에서만 나타나기 때문에 '바꿔 [pak'wə]'에서처럼 단어의 맨 처음이 아니면 장음이 나타나지 않는다.

'보아, 주어, 돌보아, 바꾸어, 배우어'처럼 결합한 그대로인 발음도 표준 발음이다. 표준국어대사전의 활용 정보를 보면 이 사실이 나타나 있다. 그런데 표준발음 중에는 '배우어'처럼 실제로는 쓰이지 않는 예도 있다. 이에 대해서는 뒤에서 다시 언급한다.

'봐 [pwa:], 줘 [tʃwə:], 바꿔 [pakʼwə]'처럼 어간 모음 'ㅗ, ㅜ'가 반모음 w로 바뀌는 현상을 '반모음화(半母音化)'라고 한다. '더블유(w) 반모음화'라고 특정해서 말할 수도 있다.

한국어학습용어휘 중 모음 'ㅗ, ㅜ'로 끝난 용언은 다음과 같다. B, C 등급의 단어는 1음절 어간만 모두 가져오고 2음절 이상의 어간은 일부만 가져왔다.

  A 등급 : 보다, 오다, 주다, 추다
     나오다, 싸우다, 배우다, 피우다, 지우다, 바꾸다, 춤추다
     들어오다, 돌아오다, 내려오다, 다녀오다, 가져오다, 걸어오다, 물어보다, 도와주다
  B 등급 : 쏘다, 두다, (꿈을) 꾸다
     돌보다, 키우다, 가꾸다, 멈추다, 나누다, 이루다
  C 등급 : 푸다, (돈을) 꾸다
     엿보다, (짐을) 지우다, 다투다

모음 'ㅗ, ㅜ'로 끝난 용언 중 반모음화만으로는 설명할 수 없는 예들도 있다. '오다'는 모음 'ㅗ'로 끝난 다른 용언들과 달리 반드시 반모음화가 일어난다. '와, 왔다'만 가능하고 '×오아, ×오았다'는 불가능하다. '와, 왔다'의 '와, 왔'은 장음으로 발음되지도 않는다. 앞에서 본 것처럼 반모음화에 의한 축약이 일어나면 장음이 되는 것이 일반적이다. '오다'가 후부요소(後部要素)인 복합어 '나오다' 역시 마찬가지이다. '나와, 나왔다'만 가능하고 '×

나오아, ×나오았다'는 불가능하다.

'푸다'는 어미 '-어, -었-'과 결합할 때 '퍼, 펐다'처럼 'ㅜ'가 떨어진다. 이는 '한글맞춤법 제18항'에 나와 있다.

> 제18항 다음과 같은 용언들은 어미가 바뀔 경우, 그 어간이나 어미가 원칙에 벗어나면 벗어나는 대로 적는다.
>
> 4. 어간의 끝 'ㅜ, ㅡ'가 줄어질 적
>
> | 푸다: | 퍼 | 펐다 | 뜨다: | 떠 | 떴다 |
> |---|---|---|---|---|---|
> | 끄다: | 꺼 | 껐다 | 크다: | 커 | 컸다 |
> | 담그다: | 담가 | 담갔다 | 고프다: | 고파 | 고팠다 |
> | 따르다: | 따라 | 따랐다 | 바쁘다: | 바빠 | 바빴다 |

같은 C 등급 단어인 '(돈을) 꾸다'는 '꾸어, 꿔'처럼 활용하고 이것이 일반적이다. 'ㅜ'가 완전히 없어지는 '푸다'는 불규칙용언이라고 할 수 있다.

11.2. 구어(口語) 기술과 설명

어문규정(한글맞춤법)에 의하면 어간이 모음 'ㅗ, ㅜ'로 끝나면 축약이 일어날 수도 있고 그렇지 않을 수도 있다. '바꾸다'에 '-어'가 결합된 형태는 '바꿔'도 있고 '바꾸어'도 있는데 '배우다' 역시 '-어'가 결합된 형태는 '배워, 배우어'가 모두 표준어인 것이다.

그러나 구어에서는 그 양상이 다르다. 모음 'ㅗ, ㅜ'로 끝난 용언 중 어간이 2음절 이상인 경우는 두 번째 음절에 초성이 없는 예와 있는 예로 나눌 수 있다. 전자의 예는 '싸우다', 후자의 예는 '바꾸다'를 들 수 있다.

　구어에서는 두 번째 음절에 초성이 없는 단어들은 반모음화가 일어나지 않으면 어색하다. '싸워, 배워, 피워, 지워'로만 쓰이고 '싸우어, 배우어, 피우어, 지우어'로는 쓰이지 않는다. '쟤는 맨날 동생하고 싸우어. 나는 요즘 프랑스어를 배우어.'라고 말하는 것을 들었다고 생각해 보자. 자연스러운 한국어라고는 생각되지 않을 것이다.

　그러나 두 번째 음절에 초성이 있는 단어들은 반모음화가 일어나지 않은 형태도 크게 어색하지 않다. '바꿔, 춤춰, 이뤄, 다퉈'가 주로 쓰이지만 '바꾸어, 춤추어, 이루어, 다투어'도 불가능하지는 않다. '바꿔 줘'도 자연스럽지만 '우리 삶을 바꾸어 놓은 스마트폰'도 괜찮다. 물론 반모음화가 일어난 형태가 구어에서 일반적으로 쓰이고 더 자연스럽다.

12. 모음 'ㅚ'로 끝나는 용언 어간과 모음어미 '-아/-어' 결합

안 되나요 나를 사랑하면, 조금 내 마음을 알아주면 안 돼요

12.1. 표준어 규범과 설명

모음으로 끝난 용언 어간이 '아, 어'로 시작하는 어미와 결합하면 여러가지 방식으로 발음이 바뀌게 된다. 이 장에서는 모음 'ㅚ'로 끝난 용언 어간의 경우를 살펴 본다.

이 장에서 다룰 용언 'ㅚ' 어간의 활용형과 관련된 어문규정은 한글맞춤법 제35항에 있다.

한글맞춤법 제35항

[붙임 2] 'ㅚ' 뒤에 '-어, -었-'이 어울려 'ㅙ, ㅙㅆ'으로 될 적에도 준 대로 적는다.

(본말)	(준말)	(본말)	(준말)
괴어	괘	괴었다	괬다
되어	돼	되었다	됐다

뵈어	봬	뵈었다	뵀다
쇠어	쇄	쇠었다	쇘다
쐬어	쐐	쐬었다	쐤다

한국어에서 어간이 모음 'ㅚ'로 끝난 용언은 어미 '-어'와 결합할 때 축약되어 'ㅙ'로 나타나는 경우가 있다.

되다, 되어 [töə, töjə, tweə, wejə], 돼 [twɛː]

'돼 [twɛː]'에서 보는 것처럼 어간이 1음절이면 'ㅙ'로 나타날 때 장음이 된다. 한국어에서 장음은 단어의 맨 앞에서만 나타나기 때문에 '(일이) 고돼 [kotwɛ]'처럼 단어의 맨 앞이 아니면 장음이 나타나지 않는다.

'되어, 돼'에서 보듯이 모음 'ㅚ'로 끝난 어간에 어미 '-어'가 결합된 'ㅚ어'만이 'ㅙ'로 축약된다. 그 외에는 이런 현상이 일어나지 않는다. '안 돼요'에서 '돼요'는 '되-'에 어미 '-어요'가 결합된 형태이다. 축약되어 '돼요'로 나타난다.

그러나 '안 되나요'에서 '-나요'는 자음으로 시작하는 어미이다. '먹나요, 가나요, 사나요'에서 보듯이 '-나요'로만 나타난다. 그러므로 '×돼나요'라는 표기는 있을 수 없다.

'다 너 잘 되라고 하는 소리야'에서 '-라고'는 '으'로 시작하는 어미이다. '먹으라고, 가라고, 살라고'에서 보듯이 자음 뒤에서는 '-으라고'로 쓰인다. 그러므로 '×돼라고'라는 표기는 있을 수 없다.

'잘 됐으면 좋겠다'에서 '-ㅆ으면'은 실제로는 '아, 어'로 시작하는 어미이다. '먹었으면, 갔으면, 살았으면'을 보면 알 수 있다. 그러므로 '되었으면 → 됐으면'으로 쓴다.

'선생님, 그럼 다음 주에 뵈어요'에서 '뵈어요'는 '봬요'로 쓸 수 있다. '되어요'를 '돼요'로 축약하여 발음하고 쓰는 것과 같다.

그런데 위의 예에서 보는 것처럼 '되어'의 표준발음은 [töə, töjə, weə, twejə]처럼 네 가지나 된다. '표준국어대사전'에는 이 네 가지 중 첫 번째인 [töə(되어)]와 네 번째인 [twejə(뒈여)]만 제시하였다.

'되어'의 표준발음이 네 가지인 이유는 모음 'ㅚ'의 표준발음법과 관련이 있다. 이는 '표준어규정'의 표준발음법 제4항에 나와 있다.

제4항 'ㅏ ㅐ ㅓ ㅔ ㅗ ㅚ ㅜ ㅟ ㅡ ㅣ'는 단모음(單母音)으로 발음한다.

[붙임] 'ㅚ, ㅟ'는 이중 모음으로 발음할 수 있다.

'ㅚ'를 단모음으로 발음하면 [ö]이다. 그런데 표준발음법에서는 'ㅚ'를 이중모음으로 발음할 수 있게 규정해 놓았다. 'ㅚ'를 이중모음으로 발음하면 [we]이고 이 [we]를 한글로 표기하면 'ㅞ'가 된다. 다시 말해서 'ㅚ'를 이중모음으로 발음하면 'ㅞ'와 발음이 같다. [뒈여]의 [뒈]는 'ㅚ'의 이중모음 발음을 한글로 쓴 것이다.

'되어'는 [töjə(되여), twejə(뒈여)]처럼 'ㅚ'와 어미 '-어' 사이에 반모음 j(제이)를 끼워 넣은 발음도 표준발음이다. 그러므로 '표준국어대사전'의 '되어 [되어, 뒈여]'는 'ㅚ'가 단모음으로 발음되면서 '-어'가 결합한 경우와 'ㅚ'를 이중모음으로 발음하면서 반모음 j 가 들어간 발음을 제시한 것이다.

이상의 이유로 '뛰어'의 표준발음도 네 가지나 된다. 발음기호로 쓰면 [t'üə, t'üjə, t'wiə, t'wijə]처럼 된다. 표준국어대사전에는 이 네 가지 중 첫 번째인 [t'üə(뛰어)]와 네 번째인 [t'wijə(뛰여)]만 제시하였다.

참고로 말하자면 'ㅟ'를 단모음으로 발음하면 [ü]이고 이중모음으로 발음하면 [wi]이다. 그런데 이중모음 [wi]는 한글로 표기할 방법이 없다. 표준국어대사전은 한글 자모를 이용하여 발음을 표기하는데 'ㅟ'의 이런 사정을 이해하고 발음 표기를 보아야 한다.

한국어학습용어휘 중 모음 'ㅚ'로 끝난 용언은 다음과 같다. 대체로 '되다'가 후부요소인 합성어이다. 일부 예만 들었다.

    A 등급 : 되다,

          안되다,

          시작되다

    B 등급 : 뵈다('보이다'의 준말)

          사용되다, 결정되다

    C 등급 : 외다('외우다'의 준말)

          못되다,

          개발되다, 긴장되다

'되다'가 후부요소인 합성어가 이렇게 많은 이유는 '하다' 합성어의 '하다' 자리에 '되다'를 넣어서 피동사(被動詞)를 만들 수 있기 때문이다.

시작(始作)하다 - 시작되다, 사용(使用)하다 - 사용되다, 결정(決定)하다 - 결정되다, 개발(開發)하다 - 개발되다, 근대화(近代化)하다 - 근대화되다

12.2. 구어(口語) 기술과 설명

'되어'가 '돼 [twɛ:]'로 축약되는 현상은 현대한국어의 문법으로는 설명하기 어렵다. 게다가 구어에서는 모음 'ㅚ, ㅞ, ㅙ'가 구별되지 않기 때문에 모음 'ㅚ'로 끝난 용언 어간에 어미 '-어'와 결합하여 축약된 'ㅙ'로 나타나는 현상은 특히 표기에서 여러 가지 문제를 일으킨다.

구어에서는 모음 'ㅔ'와 'ㅐ'가 구별되지 않는다.('33. 모음체계' 참조.) 그 결과 이중모음 'ㅞ [we]'와 'ㅙ [wɛ]'도 구별되지 않는다. '웬(웬 일이니)'과 '왠(왠지)'이 구별되는지 확인해 보면 이 사실을 확인할 수 있다.

또 구어에서는 단모음 'ㅚ'는 이중모음 'ㅞ [we]'로 발음된다. 이상의 사실을 모두 연결해 보면 다음과 같다.

'ㅚ'는 'ㅞ'와 구별되지 않는다.
'ㅞ'는 'ㅙ'와 구별되지 않는다.
결국 'ㅚ'는 'ㅙ'와 구별되지 않는다.

구어에서는 'ㅚ'와 'ㅙ' 발음은 구별되지 않는다. 발음이 구별되지 않기 때문에 표기 역시 어렵다. 앞에서 설명한 것처럼 '돼요, 되나요, 되라고, 됐으면'으로 써야 한글맞춤법에 맞지만 구어에서는 '되'와 '돼'는 구별되지 않기 때문에 발음만을 듣고 올바르게 쓰기는 어렵다.

'외우다'의 준말인 '외다'는 어미 '-어, -었-'과 결합한 형태로는 잘 쓰이지 않는다. 본말인 '외우다'를 써서 '외워, 외웠다'로 쓰지 '외다'를 써서 '외어, 왜, 외었다, 왰다'로는 사용하지 않는다.

13. 모음 'ㅐ, ㅔ'로 끝나는 용언 어간과 모음어미 '-아/-어' 결합

> 강아지 개월 수 어떻게 세요? 이렇게 세어 보세요.

13.1. 표준어 규범과 설명

모음으로 끝난 용언 어간이 '아, 어'로 시작하는 어미와 결합하면 여러가지 방식으로 발음이 바뀌게 된다. 이 장에서는 모음 'ㅐ, ㅔ'로 끝난 용언 어간의 경우를 살펴 본다. 이 장에서 다룰 용언 'ㅐ, ㅔ' 어간의 활용형과 관련된 어문규정은 한글맞춤법 제34항에 있다.

한글맞춤법 제34항

[붙임 1] 'ㅐ, ㅔ' 뒤에 '-어, -었-'이 어울려 줄 적에는 준 대로 적는다.

(본말)	(준말)	(본말)	(준말)
개어	개	개었다	갰다
내어	내	내었다	냈다
베어	베	베었다	벴다
세어	세	세었다	셌다

한국어에서 어간이 모음 'ㅐ, ㅔ'로 끝난 용언은 어미 '-아/-어'와 결합할 때 축약되어 'ㅐ, ㅔ'로 나타나는 경우가 있다.

내다 [nɛ:ta], 내어 [nɛə], 내 [nɛ:]
보내다 [ponɛta] , 보내어 [ponɛə], 보내 [ponɛ]
내보내다 [nɛ:ponɛta] , 내보내어 [nɛ:ponɛə], 내보내 [nɛ:ponɛ]
세다 [se:ta], 세어 [seə], 세 [se:]

'내다, 세다'는 표준어로는 장음을 가진 어간이다. '내다 [nɛ:ta], 세다 [se:da]'처럼 어간 모음 'ㅐ, ㅔ'를 길게 발음하는 것이 표준발음이다. 그런데 이 장음은 어미 '-어'와 결합할 때는 '내다 [nɛ:ta], 내어 [nɛə], 세다 [se:ta], 세어 [seə]'처럼 단음(短音)으로 바뀐다.

'내어 [nɛə], 세어 [seə]'가 축약되어 '내, 세'가 되면 '[nɛ:], [se:]'처럼 장음이 된다. 한국어에서 장음은 단어의 맨 앞에서만 나타나기 때문에 '보내 [ponɛ], 내보내 [nɛ:ponɛ]'처럼 단어의 맨 앞이 아니면 장음이 나타나지 않는다.

한편 '내어, 세어'를 '[내여, 세여]'처럼 발음하는 경우도 있지만 이는 표준발음은 아니다. 어간 모음이 'ㅣ, ㅚ, ㅟ'일 때는 어간 모음과 어미 '-어' 사이에 반모음 j(제이)를 끼워 넣은 발음도 표준발음이다. '피어 [pʰijə(피여)], 되어 [töjə(되여), twejə(뒈여)], 뛰어 [t'üjə(뛰여), t'wijə(뛰여)]'처럼 반모음이 들어간 '[-여]'로 발음된다. 그러나 어간 모음이 'ㅐ, ㅔ'일 때는 반모음 j(제이)가 들어간 발음은 표준발음이 아니다.

표준 한국어의 전설모음(前舌母音)은 'ㅣ, ㅔ, ㅐ, ㅟ, ㅚ', 다섯인데 이 중 반모음(j)이 들어간 발음이 표준발음이 아닌 경우는 'ㅐ, ㅔ'밖에 없다.

한국어학습용 어휘 중 모음 'ㅐ, ㅔ'로 끝난 용언은 다음과 같다. 'ㅐ'로 끝난 용언은 일부만 제시하였다. 'ㅔ'로 끝난 용언 중 A 등급인 것은 없다.

    A 등급 : 내다(돈을~),

           보내다, 끝내다, 지내다

    B 등급 : 빼다, 깨다(그릇을~), 깨다(잠이~), 매다, 떼다, 세다(힘이~), 메다

           없애다,

           찾아내다

    C 등급 : 대다, 개다, 배다, 새다, 재다, 세다(숫자를~), 베다(손을~)

           헤매다, 달래다, 기대다, 건네다,

           쩔쩔매다, 내보내다

'(그릇을) 깨다 [k'ɛ:ta], (숫자를) 세다 [se:ta]'를 예로 들어 요약하면 '-어'와의 결합형은 '깨어, 깨 [k'ɛ:], 세어, 세 [se:]', 어미 '-었-'과의 결합형은 '깨었다, 깼다 [k'ɛ:tt'a], 세었다, 셌다 [se:tt'a]'가 된다. '깨 [k'ɛ:], 세 [se:], 깼다 [k'ɛ:tt'a], 셌다 [se:tt'a]'는 길게 발음하는 것이 표준발음이다.

13.2. 구어(口語) 기술과 설명

표준어 규정(한글맞춤법)에서는 모음 'ㅐ, ㅔ'로 끝난 어간이 '-어'와 결합할 때 축약이 일어날 수도 있고 그렇지 않을 수도 있다. '(돈을) 내다'에 '-어, -었-'이 결합된 형태는 '내, 냈다'도 있고 '내어, 내었다'도 있다. 이들은 모두 표준어이다.

그러나 실제 구어에서는 축약된 형태가 주로 쓰인다. '오늘은 네가 점심 값 내어, 어제는 내가 내었다. 기억하지?'라고 말하는 것을 들었다고 생각하면 이 사실을 금세 알 수 있다. 구어라면 '오늘은 니가 점심값 내. 어제는 내가 냈잖아.'라고 한다.

'(손을) 베다'는 구어에서는 '비다'로 쓰인다. 어미 '-어서, -었-'와의 결합형도 '비어서, 벼서, 비었다, 볐다'로 쓰인다.

    정희, 훌쩍이며 깨진 그릇과 음식들을 치우고 있다. 현태, 부엌문 앞으로 와
      서 씁쓸하게 정희를 보다가 들어온다.
    현태 : 이리 나와요, 내가 치우께요. 손 <u>비어요</u>.

    현우 : 은실씨, 여기 비상약품 없어요?
    은실 : 왜요? 손 <u>비었어요</u>?

    (과일 깎던 칼에 손이 살짝 <u>빈다</u>.) 경구 : 어, 손 <u>볐어</u>?

14. 모음 'ㅡ'로 끝나는 용언 어간과 모음어미 '-아/-어' 결합

> 가스밸브를 꼭 잠궈야 하는 이유

14.1. 표준어 규범과 설명

모음으로 끝난 용언 어간이 '아, 어'로 시작하는 어미와 결합하면 여러가지 방식으로 발음이 바뀌게 된다. 이 장에서는 모음 'ㅡ'로 끝난 용언 어간의 경우를 살펴 본다.

이 장에서 다룰 용언 'ㅡ' 어간의 활용형과 관련된 어문규정은 한글맞춤법 제18항에 있다.

한글맞춤법 제18항

제18항 다음과 같은 용언들은 어미가 바뀔 경우, 그 어간이나 어미가 원칙에 벗어나면 벗어나는 대로 적는다.

4. 어간의 끝 'ㅜ, ㅡ'가 줄어질 적

| 푸다: | 퍼 | 펐다 | 뜨다: | 떠 | 떴다 |

끄다:	꺼	껐다	크다:	커	컸다
담그다:	담가	담갔다	고프다:	고파	고팠다
따르다:	따라	따랐다	바쁘다:	바빠	바빴다

한글맞춤법 제18항은 '어간의 끝 'ㅜ, ㅡ'가 줄어질 적'으로 되어 있지만 'ㅜ'의 예는 '푸다'밖에 없다. 나머지는 모두 'ㅡ'의 예이다.

'푸다'는 어미 '-어, -었-'과 결합할 때 '퍼, 펐다'처럼 'ㅜ'가 떨어지지만 일반적으로 'ㅜ'로 끝난 용언 어간은 '-어, -었-'과 결합할 때 '주다, 줘, 줬다'처럼 'ㅜ'가 떨어지지 않고 반모음 w(더블유)로 바뀐다. 어간이 'ㅜ'로 끝나는 용언 어간 중 '푸다'만이 어미 '-어, -었-'과 결합할 때 'ㅜ'가 떨어진다. '푸다'는 불규칙용언이라고 할 수 있다.

한국어학습용어휘 중 모음 'ㅜ'로 끝난 용언은 다음과 같다. B, C 등급은 1음절 어간 외에는 일부 단어만 가져왔다.

    A 등급 : 주다, 추다

        싸우다, 배우다, 피우다, 지우다(낙서를~), 바꾸다, 춤추다

        도와주다

    B 등급 : 두다, 꾸다(꿈을~)

        키우다, 가꾸다, 멈추다, 나누다, 이루다

    C 등급 : 푸다, 꾸다(돈을~)

        지우다(짐을~), 다투다

'푸다'를 제외하면 어간이 'ㅜ'로 끝나는 나머지 용언들은 어미 '-어'와

결합할 때 어간 모음 'ㅜ'가 반모음 w(더블유)로 바뀌고 어미 '-어'와 결합하여 '워'로 나타난다.

주다, 주어, 줘 [tʃwə:]
바꾸다, 바꾸어, 바꿔 [pak'wə]
배우다, 배우어, 배워 [pɛwə]

이에 대해서는 이 책의 '11. 모음 'ㅗ, ㅜ'로 끝나는 용언 어간과 모음어미 '-아/-어' 결합' 부분을 참조할 수 있다.
한국어에서 어간이 모음 'ㅡ'로 끝난 용언은 어미 '-아/-어'와 결합할 때 모음 'ㅡ'가 떨어진다.

크다, 커 (크- + -어)
모으다, 모아 (모으- + -아)

어간이 모음 'ㅡ'로 끝난 용언은 어간이 1음절일 때와 2음절 이상일 때 어미 '-아/-어'와의 결합 양상이 다르다. 어간이 1음절일 때는 어미 '-어, -었-'이 결합한다.

쓰다, 써, 썼다
끄다, 꺼, 껐다

어간이 2음절 이상일 때는 어간 모음 'ㅡ'의 앞 모음에 따라 결합되는 어미가 다르다. 어간 모음 'ㅡ'의 앞 모음이 'ㅗ, ㅏ'이면 어미 '-아, -았-'이 결합한다.

고프다, 고파, 고팠다
아프다, 아파, 아팠다

어간 모음 'ㅡ'의 앞 모음이 'ㅗ, ㅏ' 이외의 모음이면 '-어, -었-'이 결합한다.

기쁘다, 기뻐, 기뻤다
예쁘다, 예뻐, 예뻤다
슬프다, 슬퍼, 슬펐다

다시 말해서 모음 'ㅡ'로 끝난, 2음절 이상 용언 어간은 'ㅡ' 앞의 모음을 기준으로 모음조화 규칙을 적용시키는 것이다.

한국어학습용어휘 중 모음 'ㅡ'로 끝난 용언은 다음과 같다. B, C 등급은 1음절 어간 외에는 일부 단어만 가져왔다.

A 등급 : 크다, 쓰다, 끄다,
　　　　바쁘다, 슬프다, 예쁘다, 고프다, 아프다, 나쁘다
B 등급 : 쓰다, 뜨다(눈을~), 뜨다(물에~),
　　　　담그다, 모으다, 기쁘다, 들르다, 따르다
C 등급 : 뜨다(자리를~)
　　　　잠그다, 치르다

모음 'ㅡ'로 끝난 용언 중 위에서 예로 든 '들르다, 따르다, 치르다'는 어미 '-아/-어'와 결합할 때 모음 'ㅡ'가 떨어진다.

들르다, 들러
따르다, 따라
치르다, 치러

'다다르다, 우러르다'도 역시 모음 'ㅡ'가 떨어진다.

다다르다, 다다라
우러르다, 우러러

그러나 어간이 '르'로 끝난 대부분의 용언은 모음 'ㅡ'가 떨어질 뿐 아니라 'ㄹ'도 덧생긴다.

모르다, 몰라
빠르다, 빨라
기르다, 길러
흐르다, 흘러

이러한 부류의 용언은 '르 불규칙용언'이라고 부른다. '르 불규칙용언'에 대해서는 이 책의 '6. '르'불규칙용언, '러'불규칙용언' 부분을 참조할 수 있다.

14.2. 구어(口語) 기술과 설명

한국어학습용어휘 중 모음 'ㅡ'로 끝난 용언은 위에서 제시하였다. 그런데 이 중 '담그다, 잠그다'는 구어에서는 '담구다, 잠구다'로 쓰인다.
다음과 같은 예는 '담구다'의 예이다.

- 난 김치도 잘 담궈요.
- 얼른 우유에 담궈 둬.

'담궈요, 담궈'는 '담구- + -어요, 담구- + -어'로 분석된다. '달구다, 달궈, 달궈요'를 생각해 보면 이 사실을 알 수 있다. '담그다'라면 '담가요, 담가 둬'로 쓰인다. 이 '담가요, 담가 둬'가 표준어이다.
다음은 '잠구다'의 예이다.

- 내가 들어가고 잠궈야지!
- 단추 좀 잠궈 줘 보세요.

'잠궈야지, 잠궈'는 '잠구- + -어야지, 잠구- + -어'로 분석된다. '헹구다, 헹궈, 헹궈요'를 생각해 보면 이 사실을 알 수 있다. '잠그다'라면 '잠가야지, 잠가 줘 보세요'로 쓰인다. 이 '잠가야지, 잠가'가 표준어이다.
앞에서 모음 'ㅡ'로 끝난 용언 어간은 2음절 이상일 경우 'ㅡ' 앞의 모음을 기준으로 모음조화 규칙이 적용되는 사실을 알게 되었다. '바쁘다'는 '바빠요'인데 '슬프다'는 '슬퍼요'가 되는 이유가 여기에 있다. 그런데 어간 모음이 'ㅏ'일 때 구어에서는 어미 '-어, -었-'을 취하는 경우가 많다.(이에 대해서는 '36. 모음조화' 참조.) 표준어 '잡아요'는 구어에서 흔히 '잡어요'라고 한다. 이러한 현상은 'ㅡ' 앞의 모음이 'ㅏ'인 2음절 이상 용언 어간에서도 나타난다. 이 때문에 '바빠요'는 구어에서 '바뻐요'로 나타나는 경우가 많다.

한국어학습용어휘 중에는 '바쁘다, 아프다, 나쁘다, 따르다, 잠그다'가 'ㅡ' 앞의 모음이 'ㅏ'인 예이다. 구어에서는 '-어서, -어, -어요'를 취하는 경우가 많다.

- 나 지금 <u>바뻐서</u> 끊어야 되거든.
- 난 그게 마음이 <u>아펐어</u>.
- 여기 애들 머리, 상당히 <u>나뻐요</u>.
- 잡소리 말고 술이나 <u>따러</u>!
- 현관문을 왜 <u>잠거</u>.

앞에서 말한 것처럼 '잠그다'에 어미 '-아/-어, -았-/-었-'이 결합된 형태의 표준어는 '잠가, 잠갔다'이다. 구어에서는 '잠궈, 잠궜다, 잠거, 잠겄다'도 쓰이는데 '잠궈, 잠궜다'는 기본형이 '잠구다'인 경우이다. 한편 '잠거, 잠겄다'는 'ㅡ' 앞의 모음이 'ㅏ'인 경우에 '-어, -었-'을 취한 예이다.

15. 모음 'ㅏ, ㅓ'로 끝나는 용언 어간과 모음어미 '-아/-어' 결합

> 어째 안이 써늘해. 난로 좀 키구 있지.

15.1. 표준어 규범과 설명

모음으로 끝난 용언 어간이 '아, 어'로 시작하는 어미와 결합하면 여러가지 방식으로 발음이 바뀌게 된다. 이 장에서는 모음 'ㅏ, ㅓ'로 끝난 용언 어간의 경우를 살펴 본다.

이 장에서 다룰 용언 'ㅏ, ㅓ' 어간의 활용형과 관련된 어문규정은 한글맞춤법 제34항에 있다.

한글맞춤법 제34항

제34항 모음 'ㅏ, ㅓ'로 끝난 어간에 '-아/-어, -았-/-었-'이 어울릴 적에는 준 대로 적는다.

(본말)	(준말)	(본말)	(준말)
가아	가	가았다	갔다
나아	나	나았다	났다

타아	타	타았다	탔다
서어	서	서었다	섰다
켜어	켜	켜었다	켰다
펴어	펴	펴었다	폈다

한국어에서 어간이 'ㅏ, ㅓ'로 끝난 용언에 어미 '-아/-어, -았-/-었-'이 결합할 때는 준 대로 적게 되어 있다. 이는 위의 '한글맞춤법 제34항'에 제시되어 있다. 한글맞춤법 규정은 다소 모호한 표현으로 되어 있지만 본말이 아니라 반드시 준말로 써야만 한다. 다시 말해서 '가다, 서다, 켜다'에 '-아/-어'가 결합된 형태는 '가, 서, 켜'로만 쓰는 것이다. '가아, 서어, 켜어'로는 쓰지 않는다.

한글맞춤법에 예로 제시된 '켜다, 펴다'는 발음기호로 써 보면 [k^{h}jə-, p^{h}jə-]이다. '서다'는 [sə-]이다. 즉 '켜다, 펴다'의 'ㅕ'는 반모음 j 에 모음 'ㅓ'가 결합된 모음이므로 'ㅓ'로 끝난 용언 부류에 든다.

한국어학습용어휘 중 모음 'ㅏ'로 끝난 용언은 다음과 같다. B, C 등급은 일부 어간의 예만 들었다.

    A 등급 : 가다, 자다, 나다, 사다, 타다(차에~), 짜다(국이~), 싸다(값이~),
           떠나다, 만나다, 놀라다, 나가다, 끝나다, 비싸다, 잠자다
           태어나다, 돌아가다, 일어나다, 걸어가다, 들어가다
    B 등급 : 파다, 차다(공을~), 차다(날씨가~), 따다, 싸다(포장지에~)
           바라다,
           모자라다

C 등급 : 차다(병에 물이 가득~), 짜다(조를~), 짜다(치약을~), 까다, 타다(상을
~), 차다(시계를~), 타다(상을~), 타다(장작이~)
삼가다

'(값이) 싸다, 비싸다'를 예로 들면 어미 '-아, -았-'과의 결합형은 '싸, 쌌다, 비싸, 비쌌다'가 된다.

이 외에 '하다'와 '하다'가 포함된 합성어도 어간이 'ㅏ'로 끝났지만 이 단어들은 어미 '-아/-어, -았-/-었-'과 결합할 때는 '하여, 해, 하였다, 했다'로 활용한다. 불규칙용언이다. 이들에 대해서는 '7. '하다' 용언의 활용('여' 불규칙)'에서 따로 다루었다.

한국어학습용어휘 중 모음 'ㅓ'로 끝난 용언은 다음과 같다.

A 등급 : 서다, 켜다
B 등급 : 펴다, 건너다, 나서다, 넘어서다, 돌아서다, 들어서다, 맞서다, 앞서다
C 등급 : 늘어서다, 다가서다, 앞장서다, 올라서다, 일어서다, 들이켜다

'서다, 켜다, 펴다, 건너다' 외에는 모두 복합어이다. '서다'가 후부요소(後部要素)인 복합어가 대부분이고 '들이켜다'만이 '켜다'가 후부요소인 복합어이다.

이 외에 '그러다, 이러다, 저러다, 어쩌다'도 어간이 'ㅓ'로 끝났지만 이 단어들은 어미 '-어, -었-'과 결합할 때는 '그래, 그랬다, 이래, 이랬다, 저래, 저랬다, 어째, 어쨌다'로 활용한다. 불규칙용언이다.

15.2. 구어(口語) 기술과 설명

한국어학습용어휘 중 모음 'ㅏ'로 끝난 용언은 위에서 제시하였다. 그런데 이 중 '놀라다, 바라다'는 구어에서는 '놀래다, 바래다'로도 쓰이고 '모자라다'는 '모자르다'로 쓰인다. '삼가다'는 '삼가하다'로 쓰이는 경우가 훨씬 많다.

'놀라다'와 '놀래다'는 다른 단어이다. '놀래다'는 원래 '놀라다'의 사동사(使動詞)이다.

- 고함 소리에 <u>놀랐다</u>.
- 고함 소리를 내서 그 사람을 <u>놀래</u> 주었다.

그런데 사동사(使動詞)인 '놀래다' 외에 구어에서는 '놀라다'와 같은 의미를 가진 '놀래다'가 쓰인다.

- 많이 <u>놀래고</u> 힘들었을 거야.
- 뭘 그렇게 <u>놀래</u>?
- 근육이 <u>놀래니까</u> 스트레칭부터 하세요.

구어에서는 '놀라다'의 사동사 '놀래다' 대신 '놀래키다'를 많이 쓴다.

- 너 <u>놀래켜</u> 줄려고 그랬지.
- 언니가 <u>놀래켜서</u> 까먹었잖아.
- 이게 사람 <u>놀래키구</u> 있어.

정리하면 표준어의 '놀라다, 놀래다'는 구어에서는 '놀래다, 놀래키다'로 쓰인다. 표준어에 '내리다'와 그 사동사인 '내리키다'가 있는데 '놀래다, 놀래키다' 역시 같은 유형이다.

'바라다'와 '바래다'는 다른 단어이다. '바라다'는 '희망한다'는 뜻이고 '바래다'는 '(색이) 바래다'와 '(집까지) 바래다 주다', 두 가지가 있다.

- 꼭 성공하기를 <u>바랍니다</u>.

- 오래된 종이는 누렇게 색이 <u>바랩니다</u>.
- 역까지 <u>바래다</u> 줄게요.

'바라다'는 구어에서 어미 '-어, -었-'과 결합할 때 '바래, 바랬다'로 나타난다. 자음으로 시작하는 어미, 매개모음으로 시작하는 어미 앞에서는 표준어처럼 '바라-'로 나타난다.

- 이걸로 용서해 주길 <u>바래요</u>.
- 그냥 모르고 살길 <u>바랬어</u>.

- 말하는 대로, <u>바라는</u> 대로, 맘 먹은 대로
- <u>바랄</u> 걸 <u>바래야지</u>.

구어에서는 '모자라다'를 '모자르다'로 쓰는 경우가 있다.

- <u>모자르면</u> 더 말해.

- 머리가 모자라도 한참 <u>모자르네</u>, 얘가.

어간이 모음 'ㅡ'로 끝난 용언은 어미 '-아/-어'와 결합할 때 모음 'ㅡ'가 떨어진다. 그러므로 '모자르다'에 어미 '-아'가 결합하면 '모자라'가 된다. 다시 말해서 '모자라다'를 사용하든, '모자르다'를 사용하든 어미 '-아, -았-'과의 결합형은 '모자라, 모자랐다'로만 나타난다.

구어에서는 '삼가하다'가 주로 쓰이고 '삼가다'는 거의 쓰이지 않는다.

- 이런 전화 앞으로 <u>삼가해</u> 주셨으면 합니다.
- 가능하면 외출은 <u>삼가하시구요</u>, 물을 많이 먹이세요.

그러나 표준어는 '삼가다'이므로 위의 예문은 '삼가 주셨으면 합니다, 삼가시고요'로 써야 표준어가 된다.

한국어학습용어휘 중 모음 'ㅓ'로 끝난 용언은 위에서 제시하였다. 그런데 구어에서는 '서다, 켜다, 펴다'는 각각 '스다, 키다, 피다'로 쓰이는 경우가 대부분이다.

스다 (표준어 : 서다)

- 내가 보증 <u>스겠다고</u> 하지 왜?
- 이상하다 … 여자들 다 몸살처럼 앓구 애 <u>스던데</u>.

키다 (표준어 : 켜다)

- 에어컨 <u>키고</u> 주무신 거 아니에요?
- 헛물만 <u>키고</u> 있네요.

- 아침엔 불 안 <u>키</u>는데 …?
- 부산 선수, 모텔 문을 나와 기지개를 <u>키</u>다가 고갤 올려 위를 쳐다본다.
- 안 그래도 막 생일초 <u>키</u>려던 참이야.
- 라디오두요 … 몇 년 안 <u>키</u>다 <u>키</u>면요.
- 불을 <u>키</u>지 … 왜?

피다 (표준어 : 펴다)

- 얼굴만 <u>피</u>지 말고 인생도 활짝 <u>펴</u>야할텐데 병두 얼굴 <u>피</u>면 인생도 <u>피</u>겠지 뭐.
- 인상 좀 <u>피</u>지?
- 윤아, 기지개 <u>피</u>다가, 이내 가방에서 빵 꺼내서, 우걱우걱 먹으며, 다시 일하기 시작한다.
- 재도가 이부자리 <u>편</u>다. <u>피</u>다가 잠시 멈추고 (재도) 안 올 녀석이 아닌데 …
- 당신같은 사람 만나서 팔자 <u>피</u>고 싶었다구요.

이러한 사정은 '켜다'가 후부요소인 복합어도 마찬가지이다.

들이키다 (표준어 : 들이켜다)

- (청심환 내밀며) 이거부터 쭉 <u>들이키</u>세요!
- 근데 맥주는 벌컥 <u>들이키</u>잖아요?

표준어 '일으키다'의 '키다'는 '들이켜다'의 '켜다'와 어원이 같다. 그런데도 '일으키다' 경우는 '키다'가 표준어이다. '돌이키다'의 '키다' 역시 '들이켜다'의 '켜다' 부분과 어원이 같은 것으로 생각된다.

이운영,「표준국어대사전」의 연구 분석(국립국어원, 2002, 21쪽)에 의하면 2002년 당시 '표준국어대사전'의 표제어는 440,594개이다. 이 중 동사, 형용사는 보조동사, 보조형용사를 포함하여 21,619개이다.

이 2만여 개의 용언 중 모음 'ㅓ'로 끝나는 단일어 어간은 위에서 본 대로 '서다, 켜다, 펴다, 건너다', 넷뿐이다. 너무도 적은 숫자이다.

이러한 이유 때문에 용언 'ㅓ' 어간은 화자들에 의해 다른 어간으로 생각되고 어간의 형태가 변화하게 된 것으로 보인다. 변화의 출발은 '서다, 펴다, 켜다'에 어미 '-어'가 결합된 형태 '서, 펴, 켜'로 생각된다. '서다, 펴다, 켜다'에 '-어'가 결합된 '서, 펴, 켜'는 '서- + -어, 펴- + -어, 켜- + -어'에서 온 것이다. 그런데 '서'는 '스- + -어'로도 분석될 수 있다. '쓰다'에 '-어'가 결합되면 '써'가 되는 사실을 보면 이를 알 수 있다. 한편 '펴, 켜'는 '피- + -어, 키- + -어'로도 분석될 수 있다. '(꽃이) 피다'에 '-어'가 결합되면 '(꽃이) 펴'가 된다.

아마도 화자들은 2만여 개의 한국어 용언 중 '서다, 펴다, 켜다'만이 용언 'ㅓ' 어간이라고 생각하는 대신 이들을 좀더 수가 많은 다른 부류의 어간으로 분류하게 된 듯하다. 이런 이유로 구어에서는 '서다'는 '스다'로, '펴다, 켜다'는 '피다, 키다'로 쓰이게 된 것으로 추정된다.

참조

'서다, 켜다, 펴다'가 각각 '스다, 키다, 피다'로 변하게 된 과정에 대한 이론적 설명은 곽충구, 「系合 內에서의 單一化에 의한 語幹 再構造化」(『국어학연구』(南川朴甲洙先生華甲紀念論文集), 태학사, 1994)에 자세히 설명되어 있다.

Samuel E. Martin, 이양하, 장성운, 『韓美大辭典(New Korean-English Dictionary)』(민중서림, 1967)에는 아예 '스다, 키다, 피다'가 표제항으로 올라 와 있다. 이 사전은 이 외에도 실제로 사용되는 구어(공통어)에 대한 기술이 곳곳에 보이므로 구어형을 확인할 때

도움이 된다.

'그러다' 등이 불규칙용언인 사실에 대해서는 배주채,「'그러다'류의 활용과 사전적 처리에 대하여」(『한일어학논총』(남학 이종철선생 회갑기념논총), 국학자료원, 1995)와 송철의,「'ㅎ'변칙과 '어'변칙에 관련된 몇 가지 문제」(『조선어연구』 2, 조선어연구회(일본), 2004)를 참조할 수 있다. 두 논문 다 구하기 어렵고 단행본에 다시 실렸으므로 이 단행본에 실린 논문을 찾는 편이 수월하다. 각각 배주채,『국어음운론의 체계화』(한국문화사, 2008), 송철의,『한국어 형태음운론적 연구』(태학사, 2008)이다.

16. 모음 'ㅣ, ㅟ'로 끝나는 용언 어간과 모음어미 '-아/-어' 결합

> 해남군, '민선7기 주요사업' 속속 완료, "생활권 지도 바꺄"

16.1. 표준어 규범과 설명

모음으로 끝난 용언 어간이 '아, 어'로 시작하는 어미와 결합하면 여러가지 방식으로 발음이 바뀌게 된다. 이 장에서는 모음 'ㅣ, ㅟ'로 끝난 용언 어간의 경우를 살펴 본다.

이 장에서 다룰 용언 'ㅣ' 어간의 활용형과 관련된 어문규정은 한글맞춤법 제36항에 있다.

한글맞춤법 제36항

제36항 'ㅣ' 뒤에 '-어'가 와서 'ㅕ'로 줄 적에는 준 대로 적는다.

(본말)	(준말)	(본말)	(준말)
가지어	가져	가지었다	가졌다
견디어	견뎌	견디었다	견뎠다

다니어	다녀	다니었다	다녔다
막히어	막혀	막히었다	막혔다
버티어	버텨	버티었다	버텼다
치이어	치여	치이었다	치였다

한국어에서 어간이 모음 'ㅣ'로 끝난 용언은 어미 '-어'와 결합할 때 어간 모음 'ㅣ'가 반모음 j(제이)로 바뀌고 어미 '-어'와 결합하여 '여'로 나타나는 경우가 있다.

피다, 피어 [pʰiə], 펴 [pʰjə:]
살피다, 살피어 [salpʰiə], 살펴 [salpʰjə]
보살피다, 보살피어 [posalpʰiə], 보살펴 [posalpʰjə]

'펴 [pʰjə:]'에서 보는 것처럼 어간이 1음절이면 '여'로 나타날 때 장음이 되는 경우가 대부분이다. 한국어에서 장음은 단어의 맨 앞에서만 나타나기 때문에 '살펴 [salpʰjə], 보살펴 [posalpʰjə]'처럼 단어의 맨 앞이 아니면 장음이 나타나지 않는다.

'피어, 살피어, 보살피어'는 '[pʰijə(피여)], [salpʰijə(살피여)], [posalpʰijə(보살피여)]'처럼 'ㅣ'와 어미 '-어' 사이에 반모음 j를 끼워 넣은 발음도 표준발음이다. 표준국어대사전의 활용 정보를 보면 이 사실이 나타나 있다.

'펴 [pʰjə:], 살펴 [salpʰjə], 보살펴 [posalpʰjə]'처럼 어간 모음 'ㅣ'가 반모음 j 로 바뀌는 현상을 '반모음화(半母音化)'라고 한다. '제이(j) 반모음화'라고 특정해서 말할 수도 있다.

한국어학습용어휘 중 모음 'ㅣ'로 끝난 용언은 다음과 같다. B, C 등급은 1음절 어간의 예만 들었다.

A 등급 : 치다(얼굴을~)
가지다, 계시다, 내리다, 다니다, 마시다, 생기다, 그리다, 드리다, 버리다,
가르치다, 기다리다, 잡수시다,
잃어버리다, 잊어버리다
B 등급 : 끼다(구름이~), 지다(전쟁에~), 지다(해가~), 지다(등에~), 찌다(살이~), 피다(꽃이~)
C 등급 : 비다

'(구름이) 끼다, 마시다'를 예로 들면 어미 '-어'와의 결합형은 '끼어, 껴, 마시어, 마셔', 어미 '-었-'과의 결합형은 '끼었다, 꼈다, 마시었다, 마셨다'가 된다. '껴, 꼈다'의 '껴, 꼈'은 길게 발음하는 것이 표준발음이다.

모음 'ㅣ'로 끝난 용언 중 반모음화만으로는 설명할 수 없는 예들도 있다. 모음 'ㅣ'로 끝난 용언 중 초성이 경구개음 'ㅈ, ㅊ, ㅉ'일 때는 표기만 '져, 쳐, 쪄'로 하고 실제 발음은 [저, 처, 쩌]처럼 반모음 없이 발음된다. 또한 1음절이더라도 장음으로 발음되지 않는다.

이는 '표준어 규정'의 '표준발음법' 제5항에 나와 있다.

제5항 'ㅑ ㅒ ㅕ ㅖ ㅘ ㅙ ㅛ ㅝ ㅞ ㅠ ㅢ'는 이중 모음으로 발음한다.

> 다만 1. 용언의 활용형에 나타나는 '져, 쪄, 쳐'는 [저, 쩌, 처]로 발음한다.
>
> 가지어 → 가져 [가저]　　찌어 → 쪄 [쩌]　　다치어 → 다쳐 [다처]

한국어에서 초성이 경구개음 'ㅈ, ㅊ, ㅉ'일 때는 j계 이중모음 'ㅑ, ㅕ, ㅛ, ㅠ, ㅒ, ㅖ'는 단모음 'ㅏ, ㅓ, ㅗ, ㅜ, ㅐ, ㅔ'로 발음된다. 반모음 j 는 경구개음 뒤에서 발음되지 못한다는 제약이 있기 때문이다. 다시 말해서 한국어에서 '쟈, 져, 죠, 쥬' 등은 발음되지 않는다. 모두 '자, 저, 조, 주'로만 발음된다. 그러므로 '치다, 지다, 찌다, 가르치다'에 어미 '-어'가 결합된 '쳐, 져, 쪄, 가르쳐'는 [처, 저, 쩌, 가르처]처럼 단모음(單母音)으로 발음한다.

한편 모음 'ㅣ'로 끝난 용언 중 '아니다'와 계사 '-이다'는 '-어요, -어서'가 결합된 형태가 여럿 있다. '-아/-어'가 결합된 형태도 불규칙하다.

'아니다, -이다'에 '-어요'가 결합되어 '아니어요, (책)이어요'가 된다. '다니어요'가 '다녀요'가 되는 것처럼 '아니어요'는 '아녀요'로 쓸 수 있다.

'아니다, -이다' 뒤에서 '-어요'가 아니라 '-에요'가 결합되는 경우도 있다.

　　책이 아니에요,
　　책이에요.

'아니다'에 '-에요'가 결합되면 '아니에요'가 되고 이 '아니에요'는 '아녜요'로 줄여 쓸 수 있다. '아니에요'를 '아니예요'로 잘못 알고 있는 경우가 많다.

'아니다, -이다'에 연결어미 '-어서, -어도'가 결합되면 '아니어서, (책)

이어서, 아니어도, (책)이어도'가 된다. '아니다, -이다' 뒤에서 '-어서, -어도'가 아니라 '-라서, -라도'가 결합되는 경우도 있다.

  책이 아니라서, 책이 아니라도
  책이라서, 책이라도

 '아니라서'와 '아니어서', '(책)이라도'와 '(책)이어도'는 뜻은 같다.
 연결어미 '-어서'와 비슷한 연결어미 '-어'는 '아니다, -이다' 뒤에서는 '-라'로만 쓰이는 점이 특이하다.

  제 책이 <u>아니라</u> 다른 사람 책입니다.
  다른 사람 <u>책이라</u> 메모는 못 합니다.

 '아니다, -이다' 뒤에 종결어미 '-아/-어'가 결합되면 '아니야, (책)이야'가 된다.

  책이 아니야
  책이야

 '희다'의 발음은 [히다]이다. 이는 '한글맞춤법' 제9항에 나와 있다. 그러므로 표기상으로는 그렇지 않지만 '희다' 역시 모음 'ㅣ'로 끝난 용언에 속하게 된다.

> 제9항 '의'나, 자음을 첫소리로 가지고 있는 음절의 'ㅢ'는 'ㅣ'로 소리나는 경우가 있더라도 'ㅢ'로 적는다.(ㄱ을 취하고, ㄴ을 버림.)
>
> | ㄱ | ㄴ | ㄱ | ㄴ |
> |---|---|---|---|
> | 의의(意義) | 의이 | 닁큼 | 닝큼 |
> | 본의(本義) | 본이 | 띄어쓰기 | 띠어쓰기 |
> | 무늬[紋] | 무니 | 씌어 | 씨어 |
> | 보늬 | 보니 | 틔어 | 티어 |
> | 오늬 | 오니 | 희망(希望) | 히망 |
> | 하늬바람 | 하니바람 | 희다 | 히다 |
> | 늴리리 | 닐리리 | 유희(遊戲) | 유히 |

그런데 '희다 [히다]'에서는 결코 반모음화가 일어나지 않는 점이 다른 'ㅣ'로 끝난 용언과 다르다. '끼다, 껴, 잡히다, 잡혀'와 달리 '×혀'로 발음되지 않는다.

　　희다, 희어 [히어, 히여]

비교를 위해 '끼다, 잡히다'에 '-어'가 결합된 활용형과 그 발음을 아래에 보인다.

　　끼다, 끼어 [끼어, 끼여], 껴 [껴:]
　　잡히다, 잡히어 [자피어, 자피여], 잡혀 [자펴]

모음 'ㅣ'로 끝난 용언 중 '계시다, 잡수시다, 주무시다'에 어미 '-으세요'

를 결합시키면 어간 마지막 부분의 '시'가 탈락된다. 이러한 활용 양상은 규칙적인 것이 아니다. 어간이 자음으로 끝나면 '업으세요'처럼 '-으세요'가 결합된다. '마시다'처럼 어간이 모음으로 끝나면 '마시세요'처럼 어간에 '-세요'가 결합된다. 그런데 '계시다, 잡수시다, 주무시다'에 '-세요'를 결합시키면 '×계시세요, ×잡수시세요, ×주무시세요'가 되지 않고 '계세요, 잡수세요, 주무세요'가 된다. 어간의 '시'가 탈락하는 것이다.

'계시다, 잡수시다, 주무시다'가 이렇게 불규칙적인 활용 양상을 보이는 것은 이들 용언의 '시'가 기원적으로 경어법 선어말어미 '-으시-'에서 온 것이기 때문이다. 한편 '-으세요'의 '세'에도 '-으시-'가 들어 있다. '-으세요'는 '-으시- + -어요'에서 온 것이다. '-으시- + -어요 → -으시어요 → -으셔요 〉-으세요'의 과정을 거친 것이다. '계시다, 잡수시다, 주무시다'의 '시'도 경어법 선어말어미 '-으시-'이고 '-으세요'의 '세'에도 경어법 선어말어미 '-으시-'가 들어가 있으므로 중복되는 '-시-' 중 하나를 탈락시킨 것으로 해석된다.

16.2. 구어(口語) 기술과 설명

표준어 규범에서는 어간이 1음절이든 다음절이든 축약이 일어날 수도 있고 그렇지 않을 수도 있다. '피다'에 '-어'가 결합된 형태는 '펴'도 있고 '피어'가 있는데 '살피다' 역시 '-어'가 결합된 형태는 '살펴, 살피어', 모두 표준어인 것이다.

그러나 실제 구어에서는 1음절일 때는 축약이 일어날 수도 있고 그렇지 않을 수도 있지만 다음절일 때는 축약이 거의 필수적이다. '엄마가 안 계실

때는 제가 동생들을 보살피어요.'라고 말하는 것을 들었다고 생각하면 이를 금세 알 수 있다. '보살피어요'는 어색하다. 실제로 한글맞춤법 제36항에 제시된 본말들 '가지어, 견디어, 다니어, 막히어, 치이어' 등은 구어에서 쓴다면 매우 어색할 것이다.

'아니다'는 어간이 모음 'ㅣ'로 끝난 용언 중 불규칙이라고 할 수 있다. 다른 불규칙용언과 다른 점은 불규칙의 양상이 고르지 않고 규칙형도 함께 있는 경우가 있다는 점이다.

앞에서도 설명한 것처럼 '아니다'에 연결어미 '-아/-어'가 결합된 형태는 '아니라'가 쓰인다. 모양이 비슷한 '다니다'와 비교해 보면 '아니다'가 불규칙인 사실을 알 수 있다.

아니다, 아니라
다니다, 다니어~다녀

한편 '아니다'에 '-어서, -어도'가 결합된 형태는 '아니어서, 아니어도'와 '아니라서, 아니라도', 둘 다 표준어인데 불규칙적인 형태가 구어에서 쓰인다.

그리고 '아니다'에 해체 종결어미 '-어'가 결합된 형태는 '아니야'가, 해요체 종결어미 '-어요'가 결합된 형태는 '아니에요'가 쓰인다. '아니에요'는 규칙적인 형태인 '아니어요'도 표준어라는 점에서 '아니야'와 양상이 다르다.

아니다, 아니야, 아니에요~아니어요

구어에서 '사겨, 바껴' 같은 형태가 많이 보인다. 그러나 이는 표준어가 아니다.

- 비비안, KBS1 '꽃길만 걸어요' OST '우리 사겨보면 어때' 23일 공개
- 이와 함께 그동안 격월로 지급되던 750%의 상여금은 매달 지급 방식으로 바껴서 통상임금에 포함됩니다.

'사겨, 바껴'는 '사기- + -어, 바끼- + -어'로 분석된다. 앞에서 본 것처럼 한국어에서 어간이 모음 'ㅣ'로 끝난 용언은 어미 '-어'와 결합할 때 어간 모음 'ㅣ'가 반모음 j(제이)로 바뀌고 어미 '-어'와 결합하여 '여'로 나타나는 경우가 있다. 그러나 이 단어들의 기본형은 '사기다, 바끼다'가 아니라 '사귀다, 바뀌다'이다.

'사귀다, 바뀌다'처럼 어간이 모음 'ㅟ'로 끝난 용언은 어미 '-어'와 결합할 때 축약이 일어나지 않는 것이 표준어이다. '사귀어, 사귀었다, 바뀌어, 바뀌었다'로만 쓴다.

그러나 구어에서는 축약이 일어난 형태가 쓰이는데 이를 표기한 것이 '사겨, 바껴'이다. 현재는 표준어로 인정되지 않는다.

한국어학습용어휘 중 모음 'ㅟ'로 끝난 용언은 다음과 같다.

    A 등급 : 뛰다, 쉬다(일을~)
    B 등급 : 쉬다(숨을~), 쥐다
            바뀌다
    C 등급 : 튀다,
            나뉘다, 내쉬다, 사귀다

참조

'-이다, 아니다'의 활용 양상은 매우 복잡하다. 배주채, 『한국어의 발음』(개정판, 삼경문화사, 2013, '7.5.11 불규칙용언' 부분)을 보면 본문보다 더 자세한 설명을 볼 수 있다.

구어에서의 '사겨, 바껴' 발음에 대한 이론적 논의는 유필재, 『음운론 연구와 음성전사』(울산대학교 출판부, 2005, '뙤: 간다'는 어떻게 표기할까?)를 참조할 수 있다.

17. 종결어미 '-느냐/-으냐, -냐'

> 산토끼 토끼야 어디를 가느냐

17.1. 표준어 규범과 설명

한국어의 표준어는 '표준국어대사전'에 모아져 있다. 2023년 9월 현재 '표준국어대사전'에 실린 어미 '-느냐, -으냐, -냐'의 설명을 정리하면 다음과 같다.

-느냐
- '-느냐'는 '동사, 있다, 없다, 계시다' 그리고 선어말어미 '-으시-, -었-, -겠-' 뒤에 결합한다.
- 해라체 의문형 어미이며 특히 "예스러운 느낌을 준다."고 설명되어 있다.

-으냐
- '-으냐'는 자음으로 끝난 형용사('ㄹ'은 제외)에 결합한다.
- 해라체 의문형 어미이며 "예스러운 느낌을 준다."고 설명되어 있다.

-냐
- '냐'는 용언 어간뿐 아니라 '-이다' 그리고 선어말어미 '-으시-, -었-, -겠-' 뒤에 결합한다.
- 해라체 의문형 어미이며 "주로 구어에서 쓰인다."고 설명되어 있다.

우선 '표준국어대사전'에서 제시된 어미 '-느냐/-으냐'의 환경을 정리하면 다음과 같다. 환경을 제시할 때 용언의 어간은 동사, 형용사 외에 '있다, 없다'와 '-이다, 아니다'를 별도로 분류하여 설명한다. 이러한 분류가 이론적인 설명뿐 아니라 한국어 교육 현장에서도 유용하다.

어간이 동사, '있다, 없다'일 경우는 '-느냐'가 결합되지만 어간이 형용사, '-이다, 아니다'일 경우는 '-으냐'가 결합된다. 또 '-으냐'는 일반적인 매개모음어미처럼 'ㄹ'을 제외한 순수 자음 뒤에서는 '-으냐', 'ㄹ'과 모음 뒤에서는 '-냐'로 교체된다.

먹느냐?, 사느냐?(← 살-), 가느냐?
있느냐?, 없느냐?
작으냐?, 머냐?(← 멀-), 크냐?
책이냐?, 차냐?

용언 어간말 'ㄹ'는 'ㄴ'로 시작하는 어미 앞에서 탈락한다. 이 때문에 '살느냐?, 멀냐?'가 아니라 '사느냐?, 머냐?'가 된다. 'ㄹ' 탈락에 대해서는 '9. ㄹ 어간'을 참조할 수 있다.

그러나 선어말어미 '-었-, -겠-'으로 끝날 때는 어간의 품사와 관계없이 언제나 '-느냐'로 나타난다.

먹었느냐?, 살았느냐?, 갔느냐?

있었느냐?, 없었느냐?

작았느냐?, 멀었느냐?, 컸느냐?

책이었느냐?, 차였느냐?

'작으냐'와 '작았느냐'를 비교해 보면 이 사실을 쉽게 알 수 있다. '작다'는 형용사 어간이기 때문에 어미 '-으냐'가 결합되지만 '작다' 뒤에 '-았-'이 오면 동사, '있다, 없다' 뒤에서처럼 '-느냐'가 결합된다.

선어말어미 '-았/었-, -겠-' 때문에 다른 어미 형태가 결합되는 현상은 한국어에 흔하다. 예를 들어 '-는데/-은데'도 동사 뒤에서는 '먹는데'처럼 '-는데', 형용사 뒤에서는 '작은데'처럼 '-은데'가 결합되지만 '-았/었-, -겠-' 뒤에서는 형용사 뒤에서도 '-는데'가 나타난다. 이 때문에 '작은데, 작았는데'에서 어미 형태가 달라진 것이다.

'-았/었-, -겠-'은 기원적으로 '있다'가 포함된 형태로 알려져 있다. '있다' 뒤에 '-느냐'가 결합되므로 '있다'가 들어 있는 '-았/었-, -겠-' 뒤에서도 '-느냐'가 결합된다.

'-느냐, -으냐'는 모두 '-냐'로 바꾸어 쓸 수 있다. '-냐'만 결합된 형태도 표준어이다.

먹냐?, 사냐?(← 살-), 가냐?

있냐?, 없냐?

작냐?, 머냐?(← 멀-), 크냐?

책이냐?, 차냐?

먹었냐?, 살았냐?, 갔냐?
있었냐?, 없었냐?
작았냐?, 멀었냐?, 컸냐?
책이었냐?, 차였냐?

앞에서 설명한 것처럼 용언 어간말 'ㄹ'는 'ㄴ'로 시작하는 어미 앞에서 탈락한다. 이 때문에 '살냐?, 멀냐?'가 아니라 '사냐?, 머냐?'가 된다.

'표준국어대사전'에서는 '-냐'가 구어에서 쓰이는 반면 '-느냐/-으냐'는 "예스러운 느낌을 준다"고 설명하고 있다. 이는 '-느냐/-으냐'는 현재는 잘 쓰이지 않는 사실에 대한 설명이다. 현재는 주로 '-냐'가 쓰인다.

17.2. 구어(口語) 기술과 설명

'표준국어대사전' '-냐' 항목에도 이미 설명되어 있는 것처럼 구어에서는 '-느냐/-으냐'보다 '-냐'가 주로 쓰인다. 다시 말해서 '먹느냐, 좋으냐'보다는 '먹냐, 좋냐'가 구어에서 더 많이 쓰인다.

'-느냐/-으냐'가 현대국어에서 전혀 쓰이지 않는 것은 아니다. 다만 '-느냐/-으냐'는 쓰이는 환경이 대체로 정해져 있다. 주로 다른 문장 안에 들어가 있는 문장에서 사용된다. 다른 문장 안에 들어가 있는 문장을 '내포문(內包文)' 혹은 '절(節)'이라고 부른다.

첫째, '-느냐/-으냐'는 '-느냐고/-으냐고, -느냐면/-으냐면, -느냐면서/-으냐면서, -느냐며/-으냐며, -느냐는/-으냐는'처럼 간접화법에서 인용절로 사용될 때 쓰인다. '-느냐는'의 예를 들어 보인다.

- 또 신경계 연결에 성공해도 이식수술의 가장 큰 부작용인 면역학적 문제점을 어떻게 해결하느냐는 과제가 남습니다.
- 이복형 대사 : 다들 야단인데 왜 중남미만 정적 속에 잠겨 있느냐는 비판이 쏟아지고 있기 때문입니다
- "투표율도 50%를 밑돌지 않겠느냐는 우려가 있지만 우리 국민들은 본래 선거에 대한 관심이 높은 편이기 때문에 뚜껑을 열어 보면 결과는 다르게 나타날 것"이라고 예상했다.

둘째, '-느냐/-으냐'는 '-느냐가/-으냐가, -느냐를/-으냐를, -느냐에/-으냐에, -느냐의/-으냐의'처럼 조사가 결합되는 명사절로 사용되는 경우에 쓰인다.

- 그 벽을 누가, 언제 깨느냐가 초미의 관심사였지요.
- 내년 우리 경제의 관건은 수출이 얼마만큼 회복되느냐에 달려 있다.

역사적으로 보면 '-느냐/-으냐'가 오래된 형태이고 '-냐'가 새롭게 등장한 형태이다. '표준국어대사전'의 "예스러운 느낌을 준다"는 설명은 이러한 사실을 보인 것이다. 과거에 '-느-'는 '현재(現在)'라는 의미를 가졌었는데 그 의미가 없어지면서 형태도 없어지는 과정에 있는 것으로 생각된다.

참조

현대한국어에서 '-느냐/-으냐'와 '-냐'가 어떻게 달리 쓰이고 있는지에 대해서는 유필재, 「현대국어 해라체 의문형 어미 '-느냐/으냐, -니'의 변화」(『어학연구』 54-1 (서울대), 2018, pp.79-96)를 참조할 수 있다.

18. 종결어미 '-니?, -으니?'

>교복치마 같으니? 교복치마 아닌 거 같니?

18.1. 표준어 규범과 설명

한국어의 표준어는 '표준국어대사전'에 모아져 있다. 2023년 9월 현재 '표준국어대사전'에 실린 어미 '-니?, -으니?'의 설명을 정리하면 다음과 같다.

-니[5]
- '-니'는 용언 어간뿐 아니라 '-이다' 그리고 선어말어미 '-으시-, -었-, -겠-' 뒤에 결합한다.
- 해라체 의문형 어미이다. 같은 뜻으로 쓰이는 어미 '-냐'에 비해 "좀 더 친밀하고 부드럽게 이르는 느낌을 준다."고 설명되어 있다.

-으니[4]
- '-으니'는 자음으로 끝나는 형용사('ㄹ'은 제외)에 결합한다.
- 해라체 의문형 어미이다. 이 어미 역시 같은 뜻으로 쓰이는 어미 '-으냐'에 비해 "좀 더 친밀하고 부드럽게 이르는 느낌을 준다."고 설명되어 있다.

'표준국어대사전'에 제시된 어미 '-니?, -으니?'의 환경을 정리하면 다음과 같다. 의문형 어미 '-니?'는 일반적으로 '-니?'로만 나타난다. '-니?'는 자음으로 시작하는 어미이다.

먹니?, 사니?(← 살-), 가니?
있니?, 없니?
작니?, 머니?(← 멀-), 크니?
책이니?, 차니?

용언 어간말 'ㄹ'는 'ㄴ'로 시작하는 어미 앞에서 탈락한다. 이 때문에 '살니?, 멀니?'가 아니라 '사니?, 머니?'가 된다. 'ㄹ' 탈락에 대해서는 '9. ㄹ 어간'을 참조할 수 있다.

그런데 의문형 어미 '-니?'는 어간이 형용사인 경우 자음 뒤에서 '-으니?'가 오는 경우도 있다.

- 어쩜 좋으니? 난 이런 데서 못 살겠다.
- 고국에 와서 장님처럼 헤매게 하고 싶으니? 안 돼, 그건 안 돼.
- 교복치마 같으니? 교복치마 아닌 것 같니?
- 엄마가 정말 뚱뚱하고, 이렇게 보기 싫으니? 그랬더니 …

위 예문의 '같으니?, 같니?'에서 보듯이 어간이 형용사일 때 자음으로 끝나는 어간 뒤에서는 '-니'와 '-으니'가 모두 가능하다.
'좋으니?, 싫으니?' 역시 '좋니?, 싫니?'도 가능하다.

- 바보 같은 기집애 … 김태우가 그렇게도 <u>좋니</u>? 그렇게도 좋아?
- 너도 그런 삶을 살고 <u>싶니</u>? 학교는 졸업해야겠지?

한편 한국어에는 의문형 어미 '-니?, -으니?'와 형태가 같은 연결어미 '-으니'도 있다. '이 옷은 작으니 좀 더 큰 것으로 바꿔 주세요.'의 '-으니'가 이 연결어미이다. 연결어미 '-으니'의 양상은 의문형 어미 '-니?, -으니?'와 다르다.

먹으니, 사니(← 살-), 가니
있으니, 없으니
작으니, 머니(← 멀-), 크니
책이니, 차니~차이니

연결어미 '-으니'는 '으'로 시작하는 다른 일반적인 매개모음어미처럼 자음 뒤에서는 '으'가 나타나고 'ㄹ, 모음' 뒤에서는 '으'가 나타나지 않는다. 예를 들어 '-으면'과 양상이 같다. 어간이 동사인지 형용사인지는 관계가 없다.

먹으면, 살면, 가면
있으면, 없으면
작으면, 멀면, 크면
책이면, 차면~차이면

18.2. 구어(口語) 기술과 설명

'-니?, -으니?' 외에 '-느냐/-으냐, -냐'도 해라체 의문형 어미이다. '표준국어대사전'의 설명에 의하면 '-니?, -으니?'가 '-냐, -으냐'에 비해 "좀 더 친밀하고 부드럽게 이르는 느낌을 준다"고 한다.

그런데 둘은 의미뿐 아니라 문법적으로도 차이가 있다. '-니?, -으니?'가 내포문에서 사용될 때는 '-느냐/-으냐, -냐'로 바뀐다.

간접화법에서 인용절로 사용될 때에는 '-니?' 대신 '-느냐/-으냐, -냐'를 사용한다.

- 왜 이렇게 늦었니?
- 왜 <u>늦었냐고</u> 묻고 있잖아.

'왜 이렇게 늦었니?'를 간접화법에서 인용절로 바꾸어 쓸 때는 '왜 이렇게 늦었냐'로 바꾸어 쓰게 된다.

의문문이 그대로 명사절로 사용될 때 '-니' 대신 '-느냐/으냐, -냐'를 사용하게 된다.

- 왜 늦었니?
- 왜 <u>늦었냐를</u> 문제 삼는 게 아니야.

'왜 늦었니?'를 조사를 결합시켜 명사절로 사용할 때는 '왜 늦었냐'로 바꾸어 쓰게 된다.

의문형 어미 '-으니?'는 형용사 뒤에서만 쓰인다. 이는 한국어에서는 매우 특이한 현상이다. 한국어에서 동사 뒤에서만 쓰이는 어미는 여럿 있다. '-읍시다, -자마자, -는' 등이 그 예이다. 그러나 형용사 뒤에서만 쓰이는 어미는 그 예가 드물다.

역사적으로 보면 '-느냐/-으냐'가 오래된 형태이고 '-니/-으니?'는 최근에 새롭게 등장한 형태이다. 새롭게 생긴 의문형 어미 '-니?'는 처음에는 동사 뒤에서만 결합하는 어미였는데 형용사 어간 뒤에 결합하게 되면서 '-으니?'도 생겨났다. 이 과정에서 형용사 어간 뒤에 결합하는 '-으냐'의 교체를 따라 하게 된 것으로 생각된다.

참조

연결어미 '-으니'와 달리 의문형 종결어미 '-으니?'는 형용사 어간 뒤에서만 나타난다. 이 현상에 대한 설명은 유필재, 「현대국어 해라체 의문형 어미 '-느냐/으냐, -니'의 변화」(『어학연구』 54-1(서울대), 2018, pp.79-96)를 참조할 수 있다.

19. 종결어미 '-는가/-은가, -나'

> 우리가 작긴 작나 보다.

19.1. 표준어 규범과 설명

한국어의 표준어는 '표준국어대사전'에 모아져 있다. 2023년 9월 현재 '표준국어대사전'에 실린 어미 '-는가, -은가, -나'의 설명을 정리하면 다음과 같다.

-는가
- '-는가'는 '동사, 있다, 없다, 계시다' 그리고 선어말어미 '-으시-, -었-, -겠-' 뒤에 결합한다.
- 하게체 의문형 어미이다.
- 한편 이 '-는가'는 '-는가 하다', '-는가 싶다', '-는가 보다' 구성으로 자주 쓰인다. 자기 스스로에게 물어보거나 추측을 나타낸다고 설명되어 있다.

-은가
- '-은가'는 자음으로 끝나는 형용사('ㄹ'은 제외)에 결합한다.
- 하게체 의문형 어미이다.

- '-은가'는 형용사 뒤에 결합하는 '는가'의 이형태이므로 '는가'와 마찬가지로 '-은가 하다', '-은가 싶다', '-은가 보다' 구성으로 쓰여 자기 스스로에게 물어보거나 추측을 나타낸다.

-나
- '-나'는 표준국어대사전에 의하면 "주로 동사 어간이나 어미 '-으시-', '-았-', '-겠-' 뒤에" 결합된다고 설명되어 있다.
- 하게체 의문형 어미이다.
- 주로 '-나 하다', '-나 싶다', '-나 보다' 구성으로 쓰인다. 의미에 대해서는 "해할 자리나 혼잣말에 쓰여, 물음이나 추측을 나타내는 종결 어미"라고 설명되어 있어 '는가, -은가' 부분과 표현이 약간 다르다.

'표준국어대사전'에서 제시된 어미 '-는가/-은가, -나'의 환경을 정리하면 다음과 같다. '표준국어대사전'과는 약간 다르게 용언의 어간은 동사, 형용사 외에 '있다, 없다'와 '-이다, 아니다'를 별도로 분류하여 설명한다.

어간이 동사, '있다, 없다'일 경우에는 '-는가'가 결합되지만 어간이 형용사, '-이다, 아니다'일 경우는 '-은가'가 결합된다. 또 '-은가'는 일반적인 매개모음을 가진 어미이므로 'ㄹ'을 제외한 자음 뒤에서는 '-은가', 'ㄹ'과 모음 뒤에서는 '-ㄴ가'로 교체된다.

먹는가, 사는가, 가는가
있는가, 없는가
작은가, 먼가, 큰가
책인가, 차인가~찬가

'차인가, 찬가'처럼 '-이다'는 모음으로 끝난 명사 뒤에서 생략될 수도 있고 그렇지 않을 수도 있다. 생략된 형태가 구어이다.

그러나 선어말어미 '-었-, -겠-'으로 끝날 때는 어간의 품사와 관계없이 '-는가'가 결합된다.

    먹었는가, 살았는가, 갔는가
    있었는가, 없었는가
    작았는가, 멀었는가, 컸는가
    책이었는가, 차였는가

'작은가 보다, 작았는가 보다'를 비교해 보면 이 사실을 쉽게 알 수 있다. '작다'는 형용사 어간이기 때문에 어미 '-은가'가 결합되지만 '작다' 뒤에 '-았-'이 오면 동사, '있다, 없다' 뒤에서처럼 '-는가'가 결합된다.

이제까지 예로 든 활용형들 중 약간 어색하게 느껴진 것들이 있을 수 있다. 이는 실제로는 '-는가'보다 '-나'가 더 많이 쓰이기 때문이다. '작았는가 보다'는 주로 '작았나 보다'로 쓰인다.

'표준국어대사전'의 설명과는 약간 다르지만 실제로는 '-는가'는 모두 '-나'로 바꿀 수 있다. '-나'인 형태가 더 자연스럽다.

    먹나, 사나, 가나
    있나, 없나
    작은가, 먼가, 큰가
    책인가, 차인가~찬가

먹었나, 살았나, 갔나

있었나, 없었나

작았나, 멀었나, 컸나

책이었나, 차였나

'표준국어대사전'에서는 '-나'가 나타나는 환경에서 '있다, 없다'가 빠져 있다. 착오로 생각된다. 다시 말해서 어미 '-나'는 '-는가'와 같은 환경에서 나타난다.

'-나'와 '-는가'가 같은 환경에서 나타나는 이유는 역사적인 데에 있다. 역사적으로 보면 '-나'는 '-는가'가 변화된 형태이다.

종결어미 '-는가, -은가, -나'는 현대 한국어에서 다음과 같은 경우에 사용된다. '-는가, -은가, -나'는 상대경어법상으로는 하게체 어미이다. 현재는 장인이나 장모가 사위에게 말할 때 주로 쓰인다. 나이 많은 사람이 젊은 사람에게 쓰는 경우도 가끔 볼 수 있다. 일상적인 상황에서는 쓰거나 들을 일이 거의 없다.

한편 하게체 어미 '-는가, -은가, -나'에 '-요'가 결합된 '-는가요, -은가요, -나요'는 많이 쓰인다. 이들은 해요체 어미이다.

- 안 되나요? 사랑하면

또한 혼잣말이나 마음 속의 생각을 나타낼 때에도 사용된다.

- 다이어트 한다면서 야식 먹어도 괜찮은가 …

책이나 글, 영화, 노래 등의 제목으로도 많이 쓰인다.

- 사람은 무엇으로 사는가
- 사랑은 아무나 하나

내포문으로 쓰이는 경우는 다음의 두 가지 정도이다. 우선 명사절로 쓰이는 경우가 있다.

- 무엇을 위한 것이었던 <u>것인가를</u> 생각하실 필요가 있겠지요
- 누구를 택할 것인가는 누가 더 <u>젊은가에</u> 달려 있다.

또한 '-는가 보다, -은가 보다, -나 보다'처럼 '추측'을 나타내는 표현으로는 많이 쓴다. 이 외에 '-는가 싶다, -은가 싶다, -나 싶다', '-는가 하다, -은가 하다, -나 하다'로도 쓰인다.

- 포기했다더니 <u>아닌가</u> 보네?
- 이렇게까지 해서 결혼을 시켜야 <u>하나 싶어요.</u>
- 난 그냥 너 <u>괜찮은가 해서</u> 본 거야.

한편 이제까지 설명한 '-는가 하-, -은가 하-, -나 하-'와는 별도로 '-는가/-은가 하면'으로 쓰여서 '대립'을 의미하는 경우가 있다.

- 독재 정권에 맞서 체제를 변혁하려던 운동가가 <u>있는가</u> 하면, 외국에 가서 공부하다가 '간첩'이라는 멍에를 쓴 학생도 있다.

- 이에 대한 우려의 소리도 <u>높은가</u> 하면 '큰 걱정 없다'는 주장도 있습니다.

'대립'을 나타내는 '-는가 하면'은 '-나 하면'으로 바꾸어 쓸 수 없는 점이 특이하다. 이는 '대립'이라는 의미 때문이 아니라 '-는가 하면' 전체가 하나의 굳어진 단위라는 형태적 특징 때문이다.

'대립'을 나타내는 '-는가/-은가 하면'은 '표준국어대사전'의 표제항 '하다[1]'에 설명되어 있다. '동사, 있다, 없다' 뒤에서 '-는가 하다, -ㄴ가 하다'로 쓰여 '대립'을 의미한다고 설명되어 있다. 다만 후행 어미가 언제나 '-으면'이라고는 한정하지 않았다.

19.2. 구어(口語) 기술과 설명

앞에서는 '-는가'가 변화한 형태가 '-나'이고 '-는가'는 '동사, 있다, 없다' 등에만 결합되는 사실을 설명하였다. 그런데 구어에서는 표준어 규정과 달리 형용사 뒤에서도 '-나'가 나타나는 경우가 있다.

- 대학생 아저씨는 쥐가 안 <u>무섭나</u> 봐.

ㅂ불규칙용언인 '무섭다'는 형용사이므로 '-은가'가 결합된 '무서운가'가 문법에 맞다. 다음 예가 문법에 맞는 예이다. '무섭나 봐'는 형용사 '무섭다' 뒤에 '-나 보다'가 결합된 예이다.

- 세무사찰을 받아 본 사람은 국세청이 마음 먹고 달려들면 얼마나 <u>무서운</u>

가, 얼마나 큰일을 해낼 수 있는가를 잘 안다.

그 외에 형용사에 결합된 '-나'의 예를 더 들면 다음과 같다.

- 춥나 안 춥나, 그냥 봤어요.
- 그거 잡아도 괜찮나요?
- 우리가 인연이 깊나 보죠.
- 너무 맛있어서 아깝나 보다.
- 보약이 좋긴 좋나 봐.
- 그건 아니구요, 괜찮나 해서요.

위의 예들은 모두 표준어가 아니다. 표준어라면 '추운가, 괜찮은가요, 깊은가, 아까운가, 좋은가, 괜찮은가'로 써야 한다.

형용사 뒤에서도 '-나'가 나타나는 예들은 모두 자음으로 끝나는 어간이라는 공통점이 있다. 현대한국어에서는 자음으로 끝나는 형용사 뒤에서도 '-나'가 결합되는 변화가 일어나고 있는 것으로 생각된다.

참조

현대한국어에서 의문형 어미 '-는가/-은가'가 '-나'로 변화되고 있는 현상에 대한 역사적 설명은 유필재, 「현대국어 의문형 어미 '-는가/-은가, -나'의 통시적 변화」(『대동문화연구』 123 (성균관대), 2023, pp. 155-176)를 참조할 수 있다.

20. 종결어미 '-네'

> 제주 공기 너무 좋으네요.

20.1. 표준어 규범과 설명

한국어의 표준어는 '표준국어대사전'에 모아져 있다. 2023년 9월 현재 '표준국어대사전'에 실린 어미 '-네'의 설명을 정리하면 다음과 같다.

-네
- 종결어미 '-네'는 용언 어간과 '-이다' 그리고 선어말어미 '-으시-, -었-, -겠-' 뒤에 결합한다.
- 종결어미 '-네'에는 두 가지가 있다. 하나는 하게체 평서형 어미이다. 다른 하나는 해체 평서형 어미인데 혼잣말에도 쓰인다. "지금 깨달은 일을 서술하는 데 쓰이고" "감탄의 뜻"이 있다고 설명되어 있다.

종결어미 '-네'는 상대경어법에 따라 둘로 나뉘는데 상대경어법에 따라 사용 정도가 다르다. '-네'는 상대경어법상으로 하게체 어미인 것이 있다. 현재는 장인이나 장모가 사위에게 말할 때 주로 쓰인다. 나이 많은 사람이 젊은 사람에게 쓰는 경우도 볼 수 있다.

- 초임 변호사지만 난 자네 능력을 믿네. 열심히 해 봐!

하게체 종결어미 '-네'는 주로 동사 뒤에 쓰이던 어미이다. 형용사 뒤에서는 '-으이', '-이다, 아니다' 뒤에서는 '-ㄹ세'가 쓰였다. '표준국어대사전'에서는 '-네'의 분포가 형용사, '-이다, 아니다' 뒤로도 확대된 것으로 규정한 듯하다. 그러나 여전히 형용사 뒤에 오는 '-으이', '-이다, 아니다' 뒤에 오는 '-ㄹ세'도 인정하고 있다.

- 비가 오네, 나는 자네를 믿네.
- 그것 참 좋으이, 저 산이 참 높으이.
- 이 책은 내 것일세, 자네 것이 아닐세.

'-네'에는 상대경어법상으로 해체 어미인 것도 있다. 해체인 '-네'는 현재도 많이 쓰인다. '-요'를 붙여서 해요체로도 사용한다.

- 그럼 진짜루 되는 거네, 영화가?
- 이사인 저도 편의를 봐 드리기 어렵네요.

혼잣말에 쓰이기도 한다. 이때는 '감탄'의 뜻이 포함되어 있는 경우가 많다.

- 우리 집 자식이나 남의 집 자식이나 딱하네 딱해.

20.2. 구어(口語) 기술과 설명

구어에서는 자음 뒤에서 '-네'가 아니라 '-으네'가 나타나는 경우가 있다.

- 이것도 <u>좋으네</u> 뭐
- 아이만 이렇게 맡겨놓고 정말 죄송했었는데 기회가 <u>좋으네</u>요. 제가 저녁 대접을 하고 싶은데 감사 표시로 받아주세요.
- 그럼 이쯤에서 멈춰야될 거 <u>같으네</u> 아무래도
- 니들끼리 좋네 <u>싫으네</u> 그런 문제까지 집에 끌어들여 이 난리를 피게 해?

'-으네'로 나타나는 경우는 해체의 '-네'에 한정된다. 하게체의 '-네'에는 이런 예가 나타나지 않는다. '-으네'는 '좋다' 뒤에서 주로 나타나지만 '같다, 싫다' 같은 다른 형용사 뒤의 예도 있다. 어간이 동사일 때에는 자음 뒤에서도 '-으네'의 예가 발견되지 않는다.

다시 말해서 구어에서는 자음으로 끝난 형용사 어간일 때에는 해체 종결어미 '-으네'가 나타나는 경우도 있다. '좋다'의 예가 가장 많다.

그런데 실은 형용사 자음 어간 뒤에서 나타나는 '-으네'는 표준어로 인정해야 할지도 모른다. 현재는 '-네'만이 표준어이다.

형용사 '노랗다'에 '-네'가 결합된 활용형은 '노랗네'와 '노라네'가 모두 표준어로 인정된다. 이는 '한글맞춤법' 제18항의 해설에서 "또한 어간 끝 받침이 'ㅎ'인 형용사 어간에 '-네'가 결합하면 '노라네'와 '노랗네'로 활용한다."로 확인된다.

그런데 '노랗다'는 불규칙용언이다. 이 사실은 '한글맞춤법' 제18항에

나와 있다.

> **한글맞춤법 제18항**
> 제18항 다음과 같은 용언들은 어미가 바뀔 경우, 그 어간이나 어미가 원칙에 벗어나면 벗어나는 대로 적는다.
>
> 3. 어간의 끝 'ㅎ'이 줄어질 적
>
> | 그렇다: | 그러니 | 그럴 | 그러면 | 그러오 |
> |---|---|---|---|---|
> | 까맣다: | 까마니 | 까말 | 까마면 | 까마오 |
> | 동그랗다: | 동그라니 | 동그랄 | 동그라면 | 동그라오 |
> | 퍼렇다: | 퍼러니 | 퍼럴 | 퍼러면 | 퍼러오 |
> | 하얗다: | 하야니 | 하얄 | 하야면 | 하야오 |

'노랗다'는 '노랗다, 노래서, 노라면' 등으로 활용한다. '좋다'가 '좋다, 좋아서, 좋으면'으로 활용하는 사실과 비교해 보면 '노랗다'가 불규칙용언임을 확인할 수 있다. 흔히 'ㅎ불규칙용언'이라고 부른다.

'노랗다'의 활용형을 참조하면 '노랗네'는 '노랗-'에 자음으로 시작하는 어미 '-네'가 결합한 것이다. '-고, -지만'처럼 자음으로 시작하는 어미와 결합한 활용형 '노랗고, 노랗지만'을 보면 이를 알 수 있다.

그렇다면 '노라네'는 어떻게 생겼을까? '노라네'는 '노랗다'의 활용형 중 '노라면'과 같은 유형이다. '노라면'은 '노랗-'에 매개모음 '으'로 시작하는 '-으면'이 결합된 활용형이므로 '노라네' 역시 '노랗-'에 '으'로 시작하는 '-으네'가 결합된 활용형이라고 설명할 수밖에 없다. 다시 말해서 '노랗다'

에 '-네'가 결합된 형태가 '노랗네', '-으네'가 결합된 형태가 '노라네'인 것이다.

    노랗- + -네 → 노랗네
    노랗- + -으네 → 노라네

이상의 사실이 의미하는 바는 '노라네'가 표준어라면 어미 '-으네'도 표준어로 인정되어야 한다는 것이다.

'-으네'를 표준어로 인정하게 되면 이 '-으네'는 형용사이면서 자음으로 끝난 어간에만 수의적으로 결합하는 어미라고 설명하게 된다. 의문형 어미 '-으니?'도 이런 조건을 가진 어미이다.

    노랗- + -네 → 노랗네,   노랗- + -으네 → 노라네
    노랗- + -니? → 노랗니?,   노랗- + -으니? → 노라니?

참고로 '노랗네, 노라네, 노랗니?, 노라니?'는 모두 표준어로 인정된다. 그리고 이러한 사정은 '노랗다'뿐 아니라 ㅎ불규칙용언인 '파랗다, 빨갛다, 하얗다' 등에 모두 적용된다.

21. 종결어미 '-으오, -오, -소, -으우, -우'

> 괄호 안에 알맞은 말을 쓰시오.
> 어서 오십시오.

21.1. 표준어 규범과 설명

한국어는 말하는 사람이 듣는 사람과의 관계를 고려하여(상하 관계, 친소 관계) 종결어미를 달리 사용한다. 문법서에서는 이 현상을 '상대경어법(相對敬語法, speech styles)'이라고 부른다. 현대한국어의 상대경어법은 대체로 '하십시오체, 하오체, 하게체, 해라체, 해요체, 해체' 여섯 가지 등급이 있다고 설명된다. 예를 들어 'come on in'이라는 뜻을 가진 말은 '들어오십시오, 들어오시오, 들어오게, 들어와라, 들어와요(들어오세요), 들어와' 등으로 달리 표현된다.

위의 예에서 보는 것처럼 상대경어법은 '-십시오, -시오, -게' 같은 어미(語尾)에 의해 표현된다. 평서문이라면 각 상대경어법을 표현하는 데에 다음과 같은 어미가 쓰인다. '문법평정목록(文法評定目錄)'의 급수를 함께 제시한다.

하십시오체 : -습니다/-ㅂ니다 (1급)

하오체 :　　-으오 (6급)

　　하게체 :　　-네 (5급)

　　해라체 :　　-는다/-ㄴ다/-다 (3급)

　　해요체 :　　-어요/-아요 (1급)

　　해체 :　　　-어/-아 (1급)

　명령문이라면 각 상대경어법을 표현하는 데에 다음과 같은 어미가 쓰인다.

　　하십시오체 :　-으십시오 (1급)

　　하오체 :　　-으오 (6급)

　　하게체 :　　-게 (6급)

　　해라체 :　　-어라/-아라 (4급)

　　해요체 :　　-어요/-아요 (1급)

　　해체 :　　　-어/-아 (1급)

　해요체, 해체는 평서문과 명령문 어미의 형태가 같다.
　'하십시오체, 하오체, 하게체, 해라체, 해요체, 해체'라는 이름은 '하다'에 명령문에 쓰이는 상대경어법 어미를 붙인 것이다. 한국어 문법서에서는 전통적으로 상대경어법 등급의 이름을 이런 방식으로 정한다.
　'하십시오체 〉 하오체 〉 하게체 〉 해라체' 순으로 듣는 사람을 높여 대하는 어미이다. 또한 '해요체'가 '해체'보다 듣는 사람을 높여 대하는 어미이다. 높임의 여부만 따진다면 '하십시오체, 하오체' 그리고 '해요체'는 '높임'을 표시하는 상대경어법이고 '하게체, 해라체' 그리고 '해체'는 '높임이 아님'을 표시하는 상대경어법이다.

'하십시오체, 해요체'는 모두 높임을 표시하지만 사용되는 환경이 다르다. '하십시오체, 하오체, 하게체, 해라체'는 주로 격식체에서, '해요체, 해체'는 비격식체에서 사용한다. 예를 들어 군대에서는 '해요체'를 사용하지 않는다.

현재는 '하오체, 하게체'는 거의 사용되지 않는다. 이 때문에 일반적으로는 해요체, 해체를 사용하고 격식적인 상황이나 글을 쓸 때에는 하십시오체, 해라체를 쓰고 있다.

이와 같은 상대경어법 어미 중 본 장에서 다루는 하오체 어미에 대한 규정은 한글맞춤법 제15항에 있다.

> **한글맞춤법 제15항**
>
> 제15항 용언의 어간과 어미는 구별하여 적는다.
>
> [붙임 2] 종결형에서 사용되는 어미 '-오'는 '요'로 소리 나는 경우가 있더라도 그 원형을 밝혀 '오'로 적는다.(ㄱ을 취하고, ㄴ을 버림.)
>
> | ㄱ | ㄴ |
> |---|---|
> | 이것은 책이오. | 이것은 책이요. |
> | 이리로 오시오. | 이리로 오시요. |
> | 이것은 책이 아니오. | 이것은 책이 아니요. |

이 규정은 '하오체' 어미에 관한 것이다. 한글맞춤법이 처음 만들어진 1933년에는 지금과 달리 하오체 어미 '-오'가 많이 사용되고 있었다. 이 규정은 아마 당시의 사정을 반영한 것으로 생각된다.

하오체 어미 중 '-으시오' 형태는 현재도 문어에서는 많이 사용되고 있다.

- 빈 칸에 알맞은 답을 써 넣으시오.

'-으시오'는 [으시요]로 발음되기도 한다. 이 때문에 '-으시오'를 '-으시요'로 잘못 알고 있는 사람이 많다. 하십시오체 어미 '-으십시오'를 '-으십시요'로 잘못 쓰는 경우도 많다. 당연히 둘 다 표준어가 아니다.

이제 '한글맞춤법' 제15항에서 다룬 어미에 대한 설명을 '표준국어대사전'에서 가져와 보면 다음과 같다. 2023년 10월 현재 '표준국어대사전'에 실린 하오체 어미에 대한 설명을 정리하면 다음과 같다.

-오[19]
- '-오'는 모음으로 끝나거나 말음이 'ㄹ'인 용언의 어간, '-이다, 아니다' 그리고 선어말어미 '-으시-' 뒤에 결합한다.
- 하오체 어미이며 평서문, 의문문, 명령문에 쓰인다.

'한글맞춤법' 규정에도 예문이 빠져 있지만 자음으로 끝난 어간 뒤에서는 '-으오'가 결합한다. '-으오'의 설명을 '표준국어대사전'에서 가져와 정리하면 다음과 같다.

-으오[2]
- '-으오'는 자음으로 끝난 용언의 어간('ㄹ'은 제외)에 결합한다.

- 하오체 어미이며 평서문, 의문문, 명령문에 쓰인다.

    사전의 설명만을 보면 '-오'와 '-으오'를 자음, 모음 같은 음운 조건에 따라 달리 나타나는 이형태라고 생각하기 쉽지만 실은 그렇지 않다. '-으오'는 표준국어대사전의 설명처럼 자음으로 끝난 '어간' 뒤에서만 결합한다. 예를 들어 '잡-' 뒤에는 '잡으오'라고 할 수 있지만 '잡았-' 뒤에서는 '×잡았으오'라고 할 수 없다. '-습니다/-ㅂ니다' 같은 일반적인 어미는 그렇지 않다. '잡습니다, 잡았습니다' 모두 가능하다.

    '표준국어대사전'에 의하면 '잡았-' 뒤에서는 하오체 어미 '-소'를 쓰게 되어 있다. '-소'의 설명을 '표준국어대사전'에서 가져와 정리하며 다음과 같다.

-소[17]
- '-소'는 자음으로 끝난 용언의 어간이나 선어말 어미 '-었-, -겠-' 뒤에 결합한다.
- 하오체 어미이며 평서문, 의문문에 쓰인다.

    그러므로 '잡-' 뒤에서는 '잡으오, 잡소'가 모두 표준어이다. '잡았소, 잡겠소'는 표준어이지만 '×잡았으오, ×잡겠으오'는 표준어로 인정되지 않는다.

    하오체 어미 '-오, -으오, -소'는 청유문으로는 쓰이지 않는다. 또한 '-소'는 명령문으로는 사용할 수 없다. 명령문에서는 '-으오, -오'만을 쓴다.

    그런데 '표준국어대사전'에는 '-오, -으오, -소'와 형태가 비슷한 다른 하오체 어미도 있다. '-우, -으우'가 그것이다. '-우, -으우'의 설명을 '표준국어대사전'에서 그대로 가져와 인용하면 다음과 같다.

-우[15]

"(('이다'의 어간, 받침 없는 용언의 어간 또는 'ㄹ', 'ㅆ', 'ㅄ' 받침인 용언의 어간이나 어미 '-으시-', '-었-' 뒤에 붙어))
하오할 자리에 쓰여, 동작이나 상태의 서술·의문·명령을 나타내는 종결 어미. 주로 나이가 든 여성들이 손위 동서나 언니 등의 친근한 손윗사람을 대할 때 쓴다."

-으우

"(('ㄹ'을 제외한 받침 있는 용언의 어간 뒤에 붙어))
하오할 자리에 쓰여, 동작이나 상태의 서술 · 의문 · 명령을 나타내는 종결 어미. 주로 나이가 든 여성들이 손위 동서나 언니 등의 친근한 손윗사람을 대할 때 쓴다."

'-우'와 '-으우'는 일반적인 매개모음어미와 교체 양상이 같다. 다만 'ㅆ' 뒤에서 '-으우'가 아니라 '-우'가 분포한다는 점은 특이하다. 표기상 'ㅄ' 받침의 실제 발음은 [ㅂㅆ]이므로 'ㅆ' 뒤에서라고 설명할 수 있다.

'-우, -으우'는 어미 '-오, -으오'가 단어의 맨 앞이 아닌 위치에서 'ㅗ〉ㅜ' 변화를 겪은 형태로 생각된다. 표준어 '-구나' 역시 '-고나'가 같은 변화를 겪어 표준어가 되었다.

그러나 어미 '-오'와 '-우'는 나타나는 환경이 다르다. 예를 들어 '있우, 없우, 잡았우'는 표준어이지만 '×있오, ×없오, ×잡았오'는 표준어가 아니다. 표준국어대사전 설명처럼 둘의 환경이 다르다고 하면 '-우'가 '-오'에서

왔다는 이러한 설명은 문제가 된다. 이는 아마도 역사적 사실이 표준어 결정에 반영되지 못한 때문이 아닌가 한다.

21.2. 구어(口語) 기술과 설명

구어에서는 일반적으로 하오체 어미는 사용되지 않는다. 앞에서 설명한 것처럼 '-으시-'와 결합해서 '-으시오'의 형태로 문어에서 주로 사용된다.

그런데 특이하게도 드라마나 외국영화의 번역에서는 '-으시-'가 없는 하오체 어미도 꽤 자주 보인다. 다음 예문은 2010년에 개봉된 미국 영화 '쓰리 데이즈'(원제는 The Next Three Days)의 한 장면이다. 남자 주인공인 '존', 여자 간호사, 남자 의사 등장한다. 모두 30대 이상의 중년으로 보인다.

존 : 라라 브레넌 어딨죠? 내 아내요.
(여자) 간호사 : 죄송하지만 면회는 안돼요.
존 : 아내를 봐야 된다고.
(여자) 간호사 : 들어가시면 안돼요.
(남자) 의사 : 무슨 소란이오.
존 : 내 아내가 목숨을 끊으려다 실려 왔소.

존과 간호사, 그리고 존과 의사는 모두 초면이고 나이도 비슷해 보이는데도 남자인 존과 의사는 하오체를, 여자인 간호사는 해요체를 쓰는 것으로 번역되었다.

다음 예문 역시 같은 영화의 한 장면이다. 상관인 수사반장과 직급상 아래인 것으로 보이는 공항 수사관의 전화상의 대화이다. 둘 다 남성이다.

    공항 수사관 : 이런 인상착의 승객은 여기 없습니다.
    수사 반장 : 아니, 분명 있어. 사진 있소?
    공항 수사관 : 사진으로 확인했지만 없는 게 확실합니다.
    수사 반장 : 오늘 밤 아이티 행 비행기 또 있소?
    공항 수사관 : 없습니다. 또 도와드릴 건?
    수사 반장 : 아니오. 수고 많았소.

직업상의 공식적인 대화인데 아랫사람인 공항 수사관은 하십시오체를, 상사인 수사 반장은 하오체를 쓰는 것으로 번역되어 있다.

하오체가 현대한국어에서는 드라마나 외국영화의 번역에서만 쓰인다는 점은 흥미로운 사실이다. 이때 나타나는 하오체는 남성 화자에 의해 격식적인 상황 혹은 관계에서 상대를 낮추지 않는 정도의 등급으로 사용된다.

한편 하오체 어미로 되어 있는 어미 '-우'는 구어에서도 더러 사용된다. 어미 '-오/-소'와 달리 비격식체이다. 나이든 딸, 아들이 엄마에게 쓰거나 역시 어느 정도 나이가 있는 여자들 사이(친구, 자매 사이)에서 쓰인다. 현재는 이마저도 점점 없어지고 있다.

    은수 : 엄마 나 가우.

    풍도 : 엄마!
    성여사 : 가게 다 넘겨, 주차장 넘겨, 그거믄 됐어. 충분하다구. 아 요즘 빚 없는 사람이 어딨냐. 벌어서 갚으믄 되잖아. 이 집은 두자구 그냥!

풍도 : 난 빚지구는 못 살어. 그리구 또 그쪽은 상대가 다르잖우. 우리가 몰라라 하면! 그 돈이 아님! 줄줄이 길루 죄다 나앉게 생겼다는데, 그쪽은 대체 식구가 몇이우. …

영숙: (온화한 표정되어) 언니, 안 가우?

영옥: (온화한 표정되어) 그 할망구 그러는 거 어디 하루이틀 일이야. 냅둬. 그러다 죽게.

혜옥: (온화한 표정되어) 그래, 똥이 무서워서 피하나, 더러워서 피하지.

표준어에서 하오체 어미로 되어 있는 '-오, -으오, -소'와 '-우, -으우'는 기원이 같은 것으로 생각된다. 높임의 등급에 속하던 하오체 어미가 자신들의 역할을 해요체 어미에게 넘겨 주면서 생긴 의미, 형태 변화가 사용역(register)에 따라 달리 나타난 것으로 추정된다.

참조

현대한국어 하오체 어미의 이형태와 이들이 나타나는 환경에 대해서는 유필재, 「現代國語 하오체 語尾의 異形態와 交替 條件」(『語文研究』 144, 2009, pp.117-136)을 참조할 수 있다. 현대한국어에서 하오체의 등급이 하락한 사실에 대한 간결하고 명쾌한 설명은 이익섭, 채 완, 『국어문법론강의』(學研社, 1999, pp.355-359)를 보면 된다. 이에 대한 더 자세한 내용은 유필재, 「현대국어 하오체의 변화에 대하여」(『국어학』 70, 2014, pp.59-83)를 참조할 수 있다.

22. 간접화법

> 좋댄다.

22.1. 표준어 규범과 설명

문장에서 다른 사람의 말을 인용하여 재현하는 방법을 '화법(話法, narration)'이라고 한다. 화법에는 남의 말을 그대로 인용하는 '직접 화법(直接 話法, direct narration)'과 남이 말한 내용을 문장의 화자가 자신의 발화로 고쳐서 전하는 '간접 화법(間接 話法, indirect narration)'이 있다. 영어를 예로 들면 "Who am I?"라는 문장을 직접 화법으로 하면 He asked "Who am I?" 이지만 간접 화법으로 하면 He asked who he was. 가 된다. 연구자에 따라서는 이를 '직접 인용(直接 引用, direct quotation), 간접 인용(間接 引用, indirect quotation)'이라고 부르기도 한다.

예문에서 보듯이 영어의 직접 화법과 간접 화법 사이에는 인칭(人稱, person), 시제(時制, tense), 어순(語順, word order) 등의 차이가 있다. 직접 화법의 "Who am I?"는 간접 화법이 되면 'who he was'가 되는데 어순이 달라지고 현재 시제였던 am 이 과거 시제 was 로, 1인칭 대명사 I 가 3인칭의 he 로 바뀌었음을 알 수 있다.

이에 비해 한국어의 직접 화법과 간접 화법 사이에는 상대경어법의 차이

등이 있을 뿐이다. 이 때문에 직접 화법이 해라체인 경우는 어떤 화법인지 구별하기 어려운 경우가 많다.

한국어 간접 화법에서 직접 화법의 상대경어법은 모두 해라체로 통일된다. 이를 이해하기 위해서는 우선 한국어의 상대경어법과 이를 표시하는 종결어미에 대해 알아야 한다.

현대 한국어의 종결어미는 〈표 1〉과 같다.

[표 1] 현대 한국어의 종결어미

	평서문	의문문	명령문	청유문
하십시오체	-습니다/-ㅂ니다	-습니까/-ㅂ니까	-으십시오	-으십시다
해요체	-어요/-아요	-어요/-아요	-어요/-아요	-어요/-아요
하오체	-오/-소	-오/-소	-으오	
하게체	-네	-는가~-나/-은가	-게	-으세
해체	-어/-아	-어/-아	-어/-아	-어/-아
해라체	-는다/-ㄴ다/-다	-느냐/-으냐~-냐 -(으)니	-어라/-아라, -으라	-자

직접 화법에서는 화자가 청자와의 관계를 고려해 상대경어법을 선택하여 종결어미를 쓸 수 있다.

- "선생님, 철수는 오늘 학교에 못 갑니다."
- "영희야, 철수는 오늘 학교에 못 가."

같은 화자라도 선생님께 말씀 드릴 때는 '못 갑니다'처럼 하십시오체를 쓰지만 친구인 영희에게 이야기할 때는 '못 가'처럼 해체를 쓴다.

그런데 간접 화법에서는 직접 화법의 상대경어법이 무엇이든 간에 모두 해라체로 통일된다.

- 선생님, 철수는 오늘 학교에 못 <u>간다</u>고 들었습니다.
- 영희야, 철수는 오늘 학교에 못 <u>간다</u>고 들었어.

직접 화법에서의 하십시오체 '못 갑니다', 해체 '못 가'는 모두 '못 간다'처럼 해라체로 바뀌게 된다.

일반적으로 간접 화법에는 필요한 형식이 있다. 우선 '간다고'에서 보듯이 간접 화법에서는 인용을 표시하는 '-고'를 결합시켜 사용한다. 또한 '-고' 뒤에는 {말하다}를 뜻하는 '하다'를 사용하는 경우가 가장 많다.

- 선생님, 철수는 오늘 학교에 못 간다고 <u>했습니다</u>.
- 영희야, 철수는 오늘 학교에 못 간다고 <u>했어</u>.

간접 화법으로 바뀌면 이 '하다'를 상대경어법에 따라 활용하게 된다. 예문에서는 하십시오체 '했습니다', 해체 '했어'로 썼다.

간접 화법의 인용절에서 해라체 어미를 사용할 때 주의할 점이 몇 가지 있다. '-이다'의 해라체 평서형은 '-이다'이지만 간접 화법에서는 '-이라'로 교체된다.

- 도영이는 남학생이다.
- 도영이는 남학생<u>이라</u>고 합니다.

해라체 의문형 어미에는 '-냐'와 '-니', 두 가지가 있다.

- 학교 가냐?, 키가 작냐? ~ 키가 작으냐?
- 학교 가니?, 키가 작니? ~ 키가 작으니?

간접 화법에서는 이 중 '-냐'만을 사용한다. 직접 화법에서는 '느'가 없는 '-냐'가 주로 사용되지만 간접 화법에서는 '-냐' 외에 '-느냐'도 사용된다. 이와 관련된 자세한 내용에 대해서는 '17. 종결어미 '-느냐/-으냐, -냐'를 참조 바란다.

- 어딜 그렇게 가세요?
- 어딜 그렇게 가<u>느냐</u>고 물어 봤다. 어딜 그렇게 가<u>냐</u>고 물어 봤다.

해라체 명령형 어미에는 '-어라/-아라'와 '-으라', 두 가지가 있다.

- 철수야, 언제나 꿈을 <u>가져라</u>.
- 소년들이여, 언제나 꿈을 <u>가지라</u>.

'-으라'는 문어(文語, written style)에서 불특정 독자를 대상으로 할 때 쓴다. 그래서 신문이나 책에서 주로 보인다.
간접 화법에서는 이 중 '-으라'만을 사용한다.

- 철수에게 언제나 꿈을 <u>가지라</u>고 해 주었어요.
- 소년들에게 언제나 꿈을 <u>가지라</u>고 처음 말한 것은 윌리엄 클라크예요.

'-어라'가 쓰인 "철수야, 언제나 꿈을 가져라"도 '-으라'가 쓰인 "소년들이여, 언제나 꿈을 가지라"도 간접 화법에서는 모두 '가지라'가 된다.

이전 시기에는 해라체 명령형 어미는 '-으라'가 주로 쓰였다. 해라체 의문형 어미는 '-느냐/-으냐'뿐이었다. 현대에 와서 '-으라' 대신에 '-어라/-아라'가 쓰이게 되고 의문형 어미 '-니'가 활발하게 쓰이게 되었다. 간접인용절에서는 이전 시기의 형태가 그대로 남아 있는 것이라고 설명된다.

간접 화법에서 인용을 표시하는 '-고'와 뒤이어 나타나는 {말하다}는 뜻의 '하다'는 탈락되는 경우가 많다. '-고'와 '하-'가 모두 있는 경우도 가능하다.

- 영희는 오늘 학교에 못 <u>간다고 합</u>니다.

'-고'만 생략된 경우가 있다.

- 영희는 오늘 학교에 못 간다(고) 합니다.
→ 영희는 오늘 학교에 못 간다 합니다.

'-고'와 '하-'가 모두 생략된 경우도 있다.

- 영희는 오늘 학교에 못 간다(고 하)ㅂ니다
→ 영희는 오늘 학교에 못 간답니다.

'못 간다고 합니다'는 '못 간답니다'로 말하는 경우가 많은데 이는 '못 간다 합니다'의 '하-'가 탈락된 것이다. '-고 하-'가 탈락한 것으로 설명할 수도 있지만 한국어 문법 전체를 고려하면 '-고'가 없는 상태에서 '하-'가 탈락한 것으로 설명하는 편이 합리적이다. 다만 아래의 간접 화법의 설명을 위해서는 이해의 편의상 '-고 하-'가 탈락된 것으로 가정하고 설명한다.

- 영희는 오늘 학교에 못 간다 (하) ㅂ니다.
→ 영희는 오늘 학교에 못 간답니다.

{말하다}의 '하다'가 해요체일 때는 형태가 크게 바뀐다. 문장 유형별로 차례대로 설명하기로 한다. 평서문으로 어간이 동사인 '영희는 오늘 학교에 못 간다고 해요.' 같은 간접 화법 문장을 예로 들어 본다. 이 문장은 흔히 '영희는 오늘 학교에 못 간대요.'라고 쓰인다. 이 역시 '-고 하-'가 탈락된 형태로 설명할 수 있다. '-고 해요'에서 '-고 하-' 부분이 빠지면 '-ㅣ요' 부분이 남으므로 이를 앞 부분의 '못 간다'에 결합시키면 '못 간대요'가 된다.

- 영희는 오늘 학교에 못 간다고 해요.
→ 영희는 오늘 학교에 못 간다(고 하) ㅣ 요
→ 영희는 오늘 학교에 못 간대요.

어간이 형용사이거나 '-이다'인 경우에도 같은 방식으로 설명할 수 있다. 앞에서 설명한 것처럼 '-이다'일 때에는 간접 화법에서 '-이라'로 바뀌는 점은 주의해야 한다.

- 영희는 키가 작다고 해요.
→ 영희는 키가 작다(고 하) ㅣ 요
→ 영희는 키가 작대요.

- 영희는 학생이라고 해요.
  → 영희는 학생이라(고 하)ㅣ요
  → 영희는 학생이래요.

다만 이런 설명 방법은 이해의 편의를 위한 것이지 현대 한국어에서 현재 일어나고 있는 현상이라고 하기는 어려울 것이다. '못 간다고 해요'와 '못 간대요'의 관계는 이런 단순한 규칙이 아니라 역사적으로 굳어진 어미 형태로 설명하는 편이 실제 사실에 부합할 것으로 생각된다.

의문문의 경우도 평서문과 같다. 어간이 동사인 '영희는 오늘 학교에 못 오냐고 해요.' 같은 간접 화법 문장을 예로 들어 본다. 이 문장은 오히려 어색하고 실제로는 '영희는 오늘 학교에 못 오냬요.'라고 쓰인다. 이 역시 '-고 하-'가 탈락된 형태로 설명할 수 있다. '-고 해요'에서 '-고 하-' 부분이 빠지면 '-ㅣ요' 부분이 남으므로 이를 앞 부분의 '못 오냐'에 결합시키면 '못 오냬요'가 된다.

- 영희는 오늘 학교에 못 오냐고 해요.
  → 영희는 오늘 학교에 못 오냐(고 하)ㅣ요
  → 영희는 오늘 학교에 못 오냬요.

명령문의 경우도 평서문, 의문문과 같다. 어간이 동사인 '오늘은 영희가 학교에 가라고 해요.' 같은 간접 화법 문장을 예로 들어 본다. 이 문장은 오히려 어색하고 실제로는 '오늘은 영희가 학교에 가래요.'라고 쓰인다. 이 역시 '-고 하-'가 탈락된 형태로 설명할 수 있다. '-고 해요'에서 '-고 하-' 부분이 빠지면 '-ㅣ요' 부분이 남으므로 이를 앞 부분의 '가라'에 결합시키면 '가래요'가 된다.

- (선생님이) 오늘은 영희가 학교에 가라고 해요.
- → 오늘은 영희가 학교에 가라(고 하) ㅣ요
- → 오늘은 영희가 학교에 가래요.

청유문도 다른 문장 유형과 같다. 어간이 동사인 '영희가 오늘 학교에 같이 가자고 해요.' 같은 간접 화법 문장을 예로 들어 본다. 이 문장은 흔히 '영희가 오늘 학교에 같이 가재요.'라고 쓰인다. 이 역시 '-고 하-'가 탈락된 형태로 설명할 수 있다. '-고 해요'에서 '-고 하-' 부분이 빠지면 '-ㅣ요' 부분이 남으므로 이를 앞 부분의 '가자'에 결합시키면 '가재요'가 된다.

- 영희가 오늘 학교에 같이 가자고 해요.
- → 영희가 오늘 학교에 같이 가자(고 하) ㅣ요
- → 영희가 오늘 학교에 같이 가재요.

상위문의 {말하다}를 의미하는 '하다'는 문장 안에서의 기능에 따라 활용한다. 이상의 예문들은 모두 현재를 나타내는 예인데 과거를 표시하는 '-았/었-'이 결합된 해요체 과거형일 때를 예로 제시하여 설명한다.

평서문으로 어간이 동사인 '영희는 오늘 학교에 못 간다고 했어요.'를 예로 들어 본다. 이 예는 앞에서 예로 든 '영희는 오늘 학교에 못 간다고 해요.'의 과거 시제 형태이다. 이 문장은 흔히 '영희는 오늘 학교에 못 간댔어요.'라고 쓰인다. 이 역시 '-고 하-'가 탈락된 형태로 설명할 수 있다. '-고 했어요'에서 '-고 하-' 부분이 빠지면 '-ㅆ어요' 부분이 남으므로 이를 앞 부분의

'못 간다'에 결합시키면 '못 간댔어요'가 된다.

- 영희는 어제 학교에 못 간다고 했어요.
  → 영희는 어제 학교에 못 간다(고 하) ㅆ어요
  → 영희는 어제 학교에 못 간댔어요.

어간이 형용사 '작다', 그리고 '-이다'인 예도 같은 방법으로 설명된다.

- 영희는 키가 작다고 했어요.
  → 영희는 키가 작다(고 하) ㅆ어요
  → 영희는 키가 작댔어요.

- 영희는 학생이라고 했어요.
  → 영희는 학생이라(고 하) ㅆ어요
  → 영희는 학생이랬어요.

의문문, 명령문, 청유문의 경우도 앞의 설명과 같으므로 예만을 보인다.

의문문
- 영희는 오늘 학교에 못 오냐고 했어요.
  → 영희는 오늘 학교에 못 오냐(고 하) ㅆ어요
  → 영희는 오늘 학교에 못 오냈어요.

명령문

- (선생님이) 오늘은 영희가 학교에 가라고 했어요.
→ 오늘은 영희가 학교에 가라(고 하)ㅆ어요
→ 오늘은 영희가 학교에 가랬어요.

청유문

- 영희가 오늘 학교에 같이 가자고 했어요.
→ 영희가 오늘 학교에 같이 가자(고 하)ㅆ어요
→ 영희는 오늘 학교에 같이 가쟀어요.

상위문의 {말하다}를 의미하는 '하다'는 이처럼 종결형에서 탈락되지만 이는 '하다'가 평서문과 의문문의 서술어로 쓰인 경우에 한정된다. 명령문과 청유문에서는 탈락하지 않는다.

- 영희는 오늘 학교에 못 간다고 해요.
  → 영희는 오늘 학교에 못 간대요.

- 영희는 오늘 학교에 못 간다고 해요?
  → 영희는 오늘 학교에 못 간대요?

- 영희는 오늘 학교에 못 간다고 해라.
  → ×영희는 오늘 학교에 못 간대라.

- 영희는 오늘 학교에 못 간다고 하자.

→ ×영희는 오늘 학교에 못 간다자.

상위문의 {말하다}를 의미하는 '하다'는 이상과 같은 종결 어미뿐 아니라 연결 어미 '-는데, -더니, -던데, -든지, -든가, -지만, -거나, -거든, -으니까, -으면, -으며, -으면서, -으니'를 취할 수도 있다.

연결 어미 '-는데'가 사용된 평서문으로 어간이 동사인 '영희는 오늘 학교에 못 간다고 하는데 어떻게 할까요?' 같은 간접 화법 문장을 예로 들어 본다. 이 문장은 흔히 '영희는 오늘 학교에 못 간다는데 어떻게 할까요?'처럼 쓰인다. 이 역시 '-고 하-'가 탈락된 형태로 설명할 수 있다. '-고 하는데'에서 '-고 하-' 부분이 빠지면 '-는데' 부분이 남으므로 이를 앞 부분의 '못 간다'에 결합시키면 '못 간다는데'가 된다.

- 영희는 오늘 학교에 못 간다고 하는데 어떻게 할까요?
  → 영희는 오늘 학교에 못 간다(고 하)는데 어떻게 할까요?
  → 영희는 오늘 학교에 못 간다는데 어떻게 할까요?

어간이 형용사 '작다', 그리고 '-이다'인 예도 같은 방법으로 설명된다.

- 영희는 키가 작다고 하는데 괜찮을까요?
  → 영희는 키가 작다(고 하)는데 괜찮을까요?
  → 영희는 키가 작다는데 괜찮을까요?

- 영희는 학생이라고 하는데 괜찮을까요?
  → 영희는 학생이라(고 하)는데 괜찮을까요?

→ 영희는 학생이라는데 괜찮을까요?

의문문, 명령문, 청유문의 경우도 앞의 설명과 같으므로 예만을 보인다.

의문문

• 영희는 오늘 학교에 못 오냐고 하는데 뭐라고 할까요?

→ 영희는 오늘 학교에 못 오냐(고 하)는데 뭐라고 할까요?

→ 영희는 오늘 학교에 못 오냐는데 뭐라고 할까요?

명령문

• (선생님이) 오늘은 영희가 학교에 가라고 하는데 괜찮을까요?

→ 오늘은 영희가 학교에 가라(고 하)는데 괜찮을까요?

→ 오늘은 영희가 학교에 가라는데 괜찮을까요?

청유문

• 영희가 오늘 학교에 같이 가자고 하는데 어떻게 할까요?

→ 영희가 오늘 학교에 같이 가자(고 하)는데 어떻게 할까요?

→ 영희가 오늘 학교에 같이 가자는데 어떻게 할까요?

상위문의 {말하다}를 의미하는 '하다'는 이상과 같은 종결 어미, 연결 어미뿐만 아니라 관형형 어미 '-는, -던, -을'을 취할 수도 있다.

관형형 어미 '-는'이 사용된 평서문으로 어간이 동사인 '영희는 오늘 학교에 못 간다고 하는 이야기가 있어요.' 같은 간접 화법 문장을 예로 들어 본다. 이 문장은 흔히 '영희는 오늘 학교에 못 간다는 이야기가 있어요.'처럼 쓰인다. 이 역시 '-고 하-'가 탈락된 형태로 설명할 수 있다. '-고 하는'에서 '-고 하-' 부분이 빠지면 '-는' 부분이 남으므로 이를 앞 부분의 '못 간다'에 결합시키면 '못 간다는'이 된다.

- 영희는 오늘 학교에 못 간다고 하는 이야기가 있어요.
- → 영희는 오늘 학교에 못 간다(고 하)는 이야기가 있어요.
- → 영희는 오늘 학교에 못 간다는 이야기가 있어요.

어간이 형용사 '작다', 그리고 '-이다'인 예도 같은 방법으로 설명된다.

- 영희는 키가 작다고 하는 이야기가 있어요.
- → 영희는 키가 작다(고 하)는 이야기가 있어요.
- → 영희는 키가 작다는 이야기가 있어요.

- 영희는 학생이라고 하는 이야기가 있어요.
- → 영희는 학생이라(고 하)는 이야기가 있어요.
- → 영희는 학생이라는 이야기가 있어요.

'못 간다는 이야기, 작다는 이야기, 학생이라는 이야기'는 '못 간단 이야기, 작단 이야기, 학생이란 이야기'로 쓰이기도 한다. 관형형 어미 '-는'이 '-ㄴ'으로 나타나는 것은 일반적인 현상이 아니다. '내가 하는 이야기'와 '내가 한 이야기'는 같은 의미가 아니다. '-는'이 '-ㄴ'으로 교체되는 것은 간접화법에서만 나타나는 현상이다. 역사적인 이유가 있는 것으로 생각된다.
의문문, 명령문, 청유문의 경우도 앞의 설명과 같으므로 예만을 보인다.

의문문

- 영희는 오늘 학교에 못 오냐고 하는 문자를 받았어요.
→ 영희는 오늘 학교에 못 오냐(고 하)는 문자를 받았어요.
→ 영희는 오늘 학교에 못 오냐는 문자를 받았어요.

명령문

- (선생님이) 오늘은 영희가 학교에 가라고 하는 문자를 보냈어요.
→ 오늘은 영희가 학교에 가라(고 하)는 문자를 보냈어요.
→ 오늘은 영희가 학교에 가라는 문자를 보냈어요.

청유문

- 영희가 오늘 학교에 같이 가자고 하는 제안을 했어요.
→ 영희가 오늘 학교에 같이 가자(고 하)는 제안을 했어요.
→ 영희가 오늘 학교에 같이 가자는 제안을 했어요.

관형형 '-던'의 예는 관형형 '-는'만큼 흔하지는 않다. 평서문, 의문문, 명령문, 청유문의 순으로 해당 예를 제시해 본다.

- 과학을 믿는다던 현수의 엉뚱함에 사람들 웃지만.
- 나한테 화난 거 아니라던 말, 기억 안 나요?

- 파견 형식으로 직원을 보내드리는 게 어떻겠냐던 참이에요.

- 나한테 결혼하라던 이유가, 고작 축의금 때문이었니?

- 밖에서 <u>보자던</u> 얘기는 없던 걸로 하시죠.

관형형 '-을'의 예는 더 적다. 후행하는 명사에도 제약이 있는 듯하다. 역시 평서문, 의문문, 명령문, 청유문의 순으로 해당 예를 제시해 본다.

- 어른이 보채는데, 마냥 <u>안된달</u> 수도 없고.
- 어쨌든 이 옷하고 휴가증까지 나왔으니 <u>아니랄</u> 수도 없잖습니까?
- 당연히 싫다 그러지 <u>왜날</u> 거 뭐 있어.
- 까불지 말구 내가 <u>나가랄</u> 때까지 꼼짝 말구 있어!
- 분명 추가 <u>협상하잘</u> 거에요.

상위문의 {말하다}를 의미하는 '하다'는 명사형 어미 '-기'를 취할 수도 있다. 예는 흔하지 않다.

- 소설을 써서 밥먹고 <u>살았다기</u>에는 내 경우에 해당이 되지 않는 듯하다.
- <u>동물이라기</u>에는 너무나 식물 같은 동물이다.
- 케익은 둘이 <u>먹으라기</u>에는 너무 적은 양이었다.
- <u>버텼다기</u>보다 그냥 즐겁게 살았던 것 같아요.

상위문의 {말하다}를 의미하는 '하다'는 이상과 같은 어미 외에도 '-는가/-은가 보-, -나 보-' 같은 구 구성과도 결합한다. 단, 이때의 내포문은 평서문만 가능하다.

- 오늘도 덥다나 봐요.

'덥다나 봐요'는 '덥다고 하나 봐요'에서 온 것이다. '-고 하-'가 탈락된 형태이다.

이러한 간접 화법과 관련된 형태들은 사전에는 모두 개별 형태로 등재되어 있다. 예를 들어 '-고 해요'와 관련된 형태는 '-는대요, -ㄴ대요, -대요, -래요, -재요'를 표제항으로 하여 따로 따로 설명되어 있다.

형태는 같지만 간접 화법이라고 볼 수 없는 경우도 있다. 간접 화법과 형태는 같지만 독립된 다른 어미로 바뀐 경우가 있다. 예를 들어 '사장님, 로비에 사장님을 찾는 웬 여자 분이 와 있답니다.'는 '사장님, 로비에 사장님을 찾는 웬 여자 분이 와 있다고 합니다.'를 의미하는 간접 화법이다. 그런데 담임 선생님이 학생들에게 '여러분, 걱정하지 마세요. 선생님 다 나왔답니다.'라고 말할 때의 '-답니다'는 간접 화법이 아니다. '-답니다'는 하나의 어미로 '표준국어대사전'에 의하면 "친근하게 가르쳐 주거나 자랑하는 따위의 뜻"이 있다고 한다.

한편 연결어미 '-으려'가 관련된 형태들은 형태는 간접 화법과 비슷하지만 간접 화법이 아니다. '-으려'는 '국에 소금을 더 넣으려 하는데 괜찮겠어?'처럼 '-으려 하-'로 많이 쓰인다. 그런데 '하-'가 생략되어 '국에 소금을 더 넣으려는데 괜찮겠어?'처럼 어미들이 결합하는 형태가 생기는 점이 간접 화법에서의 어미 결합형과 같다. 그러나 이때의 '하-'가 {말하다를 의미하는 '하-'가 아니라는 점이 간접화법의 경우와 다르다.

이 '-으려'에 다른 어미가 결합된 형태도 여럿 있다. 종결 어미가 결합된 것에는 '-으려나, -으려네, -으려느냐, -으려는가, -으려더라, -으려던가, -으려무나, -으려오'가 있다. 연결 어미가 결합된 것에는 '-으려고, -으려거든, -으려는데, -으려는지, -으려니, -으려니와, -으려다(가), -으려더니, -으려도, -으려면, -으려서는, -으려서야, -으려야, -으려기에'가 있다. 관형형 어미가 결합된 것에는 '-으려는, -으려던'이 있다. 명사형 어미는 '-기'가 결합된다. 명사형 어미 '-기'가 결합된 예는 흔하지 않다.

- 그리고 나아가 그들이 자주적으로 독립을 <u>쟁취하려기보다</u> 미국, 일본의 이성과 시혜에 기대를 거는 비자주적인 의식구조 내지 민중을 불신하는 비민중적 의식구조를 지녔기에 …

이외에도 연결어미 '-자, -어야'에 다른 어미가 결합된 형태도 있다. 결합되는 어미는 '-으려'에 비하면 한정적이다. '-자'는 '-자 하니, -자 하면'을 '-자니, -자면'으로, '-어야'는 '-어야 하겠-, -어야 하지(요)'를 '-어야겠-, -어야지(요)'로 쓴다.

- <u>버리자니</u> 아깝고 갖고 있자니 꼴보기 싫고
- <u>설명하자면</u> 좀 길어요.

- 악역이니 더 많이 <u>견뎌야겠네</u>.
- 시간이 없으면 시간을 <u>벌어야지</u>.

'-으려'의 경우와 마찬가지로 이때는 간접화법이 아니고 '하-' 역시 {말하다를 의미하는 '하-'가 아니다. 비교를 위해 형태는 같지만 간접화법인

'-자니, -자면'의 예를 보인다.

- 철수가 <u>가자니</u> 할 수 없이 가야지.
- 그 집에서 같이 <u>살자면</u> 같이 살고요.

22.2. 구어(口語) 기술과 설명

그런데 구어에서는 '-으려고(요)'는 '-을려고(요), -을려구(요), -을라구(요)'로 하는 경우가 대부분이다.

- 민호랑 같이 <u>공부할려고요.</u>
- 너 가게 정말 <u>내놓을려구</u> 하니?
- 50만원 <u>받을라구</u> 그 쌩쑈를 했냐?

'-으련다'는 '-을란다'로 하는 경우가 많다.

- 집에 <u>갈란다</u>.

그 외에 '-으려'에 연결어미가 결합된 '-으려다, -으려도, -으려야, -으려면, -으려니, -으려니까' 등은 구어에서는 '-을래다, -을래두, -을래야, -을래면, -을래니, -을래니까' 등으로 나타난다.

- 남이 <u>먹을래다</u> 버린 떡 주워와놓군 입이 째져?

- 트집을 잡을래두 뭘 알아야 잡지.
- 쟤 잘못한 걸 손으로 꼽을래야 꼽을 수가 없네.
- 기풍이 고집 꺾을래면 시간 좀 걸리겠어요.
- 현석이가 혼자 있을래니 심심한가 보다.
- 주말에 나랑 요렇게 있을래니까, 맘이 좀 무겁죠?

관형형 어미가 관련된 형태는 '-는'보다 '-ㄴ'이 구어에서 많이 쓰인다.

- 영희는 키가 작단 이야기가 있어요.
- 영희는 키가 작다는 이야기가 있어요.

구어에서는 간접 화법의 축약 형태가 달리 나타나는 경우가 있다.

- 영희는 오늘 학교에 못 간댑니다. (표준어: 영희는 오늘 학교에 못 간답니다.)
- 영희는 키가 작대는데요. (표준어: 영희는 키가 작다는데요.)
- 영희는 학생이래는데요. (표준어: 영희는 학생이라는데요.)
- 오늘도 덥대나 봐요. (표준어: 오늘도 덥다나 봐요.)
- 뭐야 그 녀석, 남자라도 생겼대냐? (표준어: 뭐야 그 녀석, 남자라도 생겼다냐?)

이러한 형태들은 아마도 '영희는 오늘 학교에 못 간대요.' 등의 해요체 축약형에 유추(類推, analogy)된 것으로 생각된다.

참조

간접화법 등에서 '하-' 혹은 '-고 하-'가 탈락되어 두 어미가 직접 결합된 형태에 대해서는 이른 시기에 高永根(1974=1989), 「終結語尾의 構造的 特性」(『國語形態論研究』, 서울大學校 出版部, pp.246-301)에서 '합성형(合成形)'이라는 이름으로 정리된 바 있다. 팽이림, 「현대한국어 어미 결합형에 대한 연구」(울산대학교 대학원 박사학위논문, 2024)에는 관련된 예가 망라적으로 제시되어 있다.

23. 명사 어간 말음 - ㅌ, ㅈ, ㅊ

이 밤의 끝을 잡고

23.1. 표준어 규범과 설명

한국어 명사의 어간 말음에 대한 발음 규정은 '표준어규정'의 '표준발음법' 제13항에 있다.

> 제13항 홑받침이나 쌍받침이 모음으로 시작된 조사나 어미, 접미사와 결합되는 경우에는, 제 음가대로 뒤 음절 첫소리로 옮겨 발음한다.
>
> 깎아 [까까]   옷이 [오시]   있어 [이써]   낮이 [나지]   꽂아 [꼬자]
> 꽃을 [꼬츨]   쫓아 [쪼차]   밭에 [바테]   앞으로 [아프로]   덮이다 [더피다]

개별 명사의 표준어 발음에 대한 설명은 모두 '표준국어대사전'에 있다. 몇 가지만 예로 들어 보인다. '빛'은 '빛 [빋], 빛이 [비지], 빛만 [빈만]'의 발음을 들어 놓았다. '빛 [빋]'은 음절말에서는 'ㅈ' 대신 'ㄷ'로 발음된다는 제약에 의한 것이다. '빛만 [빈만]'은 비음화가 적용된 것이다. 아무런 음운현상이 적용되지 않을 때는 '빚이 [비지]'처럼 표기된 말음의 발음을 그대로 하게 된다.

'꽃'도 '빚'처럼 '꽃 [꼳], 꽃이 [꼬치], 꽃만 [꼰만]'의 발음이 제시되어 있다. 각 발음에 대한 설명도 '빚'의 경우와 같다.

'밑'의 경우는 더 많은 발음이 제시되어 있다. '밑 [믿], 밑이 [미치], 밑을 [미틀], 밑만 [민만]'을 들어 놓았다. '밑 [믿]'은 음절말에서는 'ㅌ' 대신 'ㄷ'로 발음된다는 제약에 의한 것이고 '밑만 [민만]'은 비음화가 적용된 것이다. '밑을 [미틀]'은 아무런 음운현상 없이 표기된 말음의 발음을 그대로 한 것이다. '빚이, 꽃이'와 달리 '밑이 [미치]'의 발음이 달라진 것은 구개음화 때문이다.

위에서 든 '표준어규정' 제2부 표준발음법의 제13항 규정은 받침에 쓰인 자음은 뒤에 모음이 오면 있는 그대로 발음한다는 사실을 알려 준다. 명사나 용언의 받침은 해당 어간의 말음을 표기한 것이고 모음 앞에서는 그대로 발음된다.

예를 들어 '꽃'은 받침이 'ㅊ'으로 표기되어 있으므로 모음으로 시작하는 조사 '-이, -을, -에'와 결합하여 '꽃이, 꽃을, 꽃에'가 되면 이들의 발음은 각각 [꼬치, 꼬츨, 꼬체]가 되는 것이다. '꽃 [꼳], 꽃만 [꼰만]'에서 보듯이 단독형으로 쓰이거나 자음 앞에서는 발음이 변하는 경우도 있다.

23.2. 구어(口語) 기술과 설명

그런데 구어에서는 명사의 받침이 'ㅌ, ㅈ, ㅊ'일 경우 모음 앞에서도 받침을 그대로 발음하지 않는 경우가 많다. 이는 구어의 해당 명사 말음이 표준어와 다르기 때문이다. 아래에서 각각의 경우에 대해 하나씩 설명하기로 한다.

어간 말음이 'ㅌ'인 명사부터 설명한다. 한국어학습용어휘 중 자음 'ㅌ'로 끝난 명사는 다음과 같다.

A 등급 : 밑, 끝
B 등급 : 밭, 곁, 겉, 햇볕, 바깥, 밥솥, 전기밥솥
C 등급 : 코끝, 발끝, 잔디밭

표준어에서 자음 'ㅌ'로 끝난 명사는 구어에서는 'ㅊ'로 끝난 명사인 경우가 많다. 이 때문에 모음 앞에서 'ㅊ'로 발음되는 경우가 많다. 예들은 실제 발음을 확인하기 쉬운 노래 가사 등에서 가져왔다. 해당 발음을 함께 제시한다.

표준어 '밑', 구어 '및'
- 네 눈 밑을 [미츨] 쓸어 줄게 〈다이나믹 듀오, 기다렸다 가〉

표준어 '끝', 구어 '끛'
- 이 소설의 끝을 [끄츨] 다시 써 보려 해 〈한동근, 이 소설의 끝을 다시 써 보려 해〉

표준어 '꽃밭', 구어 '꽃밫'
- 나는 꽃밭을 [꼳빠츨] 일구네 〈루시드 폴, 오 사랑〉

표준어 '곁', 구어 '곂'

• 네 곁을 [겨츨] 맴돌고 있는 난 〈볼빨간 사춘기, 나만 봄〉

'밑을'을 [미츨]로 발음하는 것은 '밑이'를 [미치]로 발음하는 것과 사정이 전혀 다르다. '밑이'를 [미치]로 발음하는 것은 한국어의 '구개음화' 규칙 때문이다.

'구개음화'란 치조음인 'ㄷ, ㅌ'가 모음 'ㅣ'나 반모음 j로 시작하는 조사나 접미사와 결합할 때 경구개음인 'ㅈ, ㅊ'로 바뀌는 음운현상을 가리킨다. 정확히는 '경구개음화'라고 불러야 하는데 관례적으로 '구개음화'라고 부른다. '밑이'를 [미치]로 발음하는 것은 이 구개음화 때문이다. '밭이'를 [바치]로 발음하는 것과 같다.

'밭을'은 [바틀]로 발음하게 된다. 조사가 'ㅣ'로 시작하지 않으므로 구개음화는 적용되지 않으며 받침 'ㅌ'을 제 음가대로 발음하는 것이다. 같은 이유로 '밑을'도 [미틀]로 발음하는 것이 표준어이다.

그러므로 '밑을'을 [미츨]로 발음하는 것은 구어에서는 표준어와 달리 이 명사가 '밎'인 경우가 있기 때문이다. [미츨]로 발음하는 사람에게는 이 단어의 기본형이 '밑'이 아니라 '밎'이다. 그런데 이 명사를 '밎'으로 발음하는 사람도 조사 '-에, -에서' 앞에서는 '밑에 [미테], 밑에서 [미테서]'로 발음하는 경우가 많다. '밑'뿐 아니라 'ㅌ'로 끝난 명사들은 현재 'ㅊ, ㅅ'로 끝난 명사들로 형태가 바뀌어 가고 있고 조사 '-에, -에서' 앞에서만 'ㅌ'로 발음하는 경우가 많다.

표준어에서 자음 'ㅌ'로 끝난 명사 중 일부는 구어에서는 'ㅅ'로 끝난 명사인 경우가 있다. 이 때문에 모음 앞에서 'ㅅ'로 발음된다. 해당 예로 '햇볕'을 들어 본다.

표준어 '햇볕', 구어 '햇볏'
- 햇볕이 [해뼈시] 쨍쨍 아 햇볕이 [해뼈시] 쨍쨍 한번 더 햇볕이 쨍쨍 아 따가워 아 따가워 〈동요, 햇볕은 뜨거워요〉

변화의 정도는 명사에 따라, 그리고 결합되는 조사에 따라 다른 듯하다. 앞서 설명한 것처럼 조사 '-에, -에서' 앞에서는 아직 변화가 일어나지 않고 있다.

다음으로 어간 말음이 'ㅈ, ㅊ'인 명사에 대해 알아 본다. 한국어학습용어휘 중 자음 'ㅈ, ㅊ'로 끝난 명사는 다음과 같다. '몇'은 '수사'이다.

A 등급 : 낮, 몇, 꽃
B 등급 : 밤낮, 빛, 햇빛, 달빛, 불빛, 눈빛, 불꽃
C 등급 : 젖, 빚, 대낮, 한낮

표준어에서 자음 'ㅈ, ㅊ'로 끝난 명사는 구어에서는 'ㅅ'로 끝난 명사인 경우가 많다. 이 때문에 모음 앞에서 'ㅅ'로 발음되는 경우가 자주 보인다. 이런 예는 매우 흔하다.

어간 말음 'ㅈ'가 'ㅅ'로 바뀐 경우의 예를 들어 보인다.

표준어 '빚', 구어 '빗'
- 갚을 사람들의 빚이 [비시] 많아 … 우린 서로에게 빚이 [비시] 많아 〈MC 몽, AND YOU〉
- 이렇게 빚을 [비슬] 져가면서까지 이 업체를 이렇게 유지하려고 했던 이유가 있을까요? 〈유퀴즈온더블럭 제88화〉

표준어 '목젖', 구어 '목젓'
- 웃을 때 목젖이 [목쩌시] 보이는 여자 〈변진섭, 희망사항〉

어간 말음 'ㅊ'가 'ㅅ'로 바뀐 경우의 예를 들어 보인다.

표준어 '윷', 구어 '윳'
- 제일 낮게 나온 사람이 윷으로 [유스로] 머리통 맞게 하자. 〈런닝맨, 400회〉

표준어 '숯', 구어 '숫'
- 숯이 [수시] 그때부터 제 역할을 하기 때문에 … 〈맛있는 녀석들, 19회〉

표준어 '꽃', 구어 '꼿'
- 꽃이요 [꼬시요], 오빠.
- 꽃을 [꼬슬] 왜 이렇게 주는 거야. 〈런닝맨, 543회〉

표준어 '민낯', 구어 '민낫'
- 시작부터 민낯으로 [민나스로] 인사드리네요. 〈화장대를 부탁해3, 6회〉

표준어 '잿빛', 구어 '잿빗'
- 매일매일이 잿빛이더라구. [잰삐시더라구] 〈문문, 비행운〉

한국어의 명사 어간 말음 'ㄷ, ㅈ'와 'ㅌ, ㅊ'는 오래 전부터 'ㅅ'로 계속 변화하고 있다. 'ㄷ, ㅈ'의 변화는 거의 끝났고 이어서 'ㅌ, ㅊ'의 변화가 진행 중이다.

참조

한국어의 명사 어간 말음 'ㄷ, ㅈ'와 'ㅌ, ㅊ'가 'ㅅ'로 변화하고 있는 현상에 대한 역사적 설명은 郭忠求, 「體言語幹末 舌端子音의 摩擦音化에 對하여」(『국어국문학』 91, 1984, pp.1-22)를 보면 된다. 유필재, 『서울방언의 음운론』(월인, 2006, pp.84-90)에서는 같은 내용을 조금 더 자세하게 설명했다.

24. 명사 어간 말음 - ㅍ, ㅋ

계량기 동파 급증 … 헝겊으로 꽁꽁 싸도 속수무책

24.1. 표준어 규범과 설명

한국어 명사의 어간 말음에 대한 발음 규정은 '표준어규정'의 '표준발음법' 제13항에 있다.

> 제13항 홑받침이나 쌍받침이 모음으로 시작된 조사나 어미, 접미사와 결합되는 경우에는, 제 음가대로 뒤 음절 첫소리로 옮겨 발음한다.
>
> 깎아 [까까]   옷이 [오시]   있어 [이써]   낮이 [나지]   꽂아 [꼬자]
> 꽃을 [꼬츨]   쫓아 [쪼차]   밭에 [바테]   앞으로 [아프로]   덮이다 [더피다]

개별 명사의 표준어 발음에 대한 설명은 모두 '표준국어대사전'에 있다. 몇 가지만 예로 들어 보인다. '무릎'은 '무릎 [무릅], 무릎이 [무르피], 무릎만 [무름만]'의 발음을 들어 놓았다. '무릎 [무릅]'은 음절말에서는 'ㅍ' 대신 'ㅂ'로 발음된다는 제약에 의한 것이다. '무릎만 [무름만]'은 비음화가 적용된 것이다. 아무런 음운현상이 적용되지 않을 때는 '무릎이 [무르피]'처럼 표기된 말음의 발음을 그대로 하게 된다.

'헝겊, 부엌'도 각각 '헝겊 [헝:겁], 헝겊이 [헝:거피], 헝겊만 [헝:검만]' 그리고 '부엌 [부억], 부엌이 [부어키], 부엌만 [부엉만]'의 발음이 제시되어 있다. 각 발음에 대한 설명도 '무릎'과 같다.

뉴스 등에서는 표준어를 의식하여 '부엌'으로 발음하는 경우가 있다.

- 부엌에서도 [부어케서도] 충분히 훈련이 가능하죠. 〈MBC뉴스, 요르단 탁구 선수들의 집콕 훈련, 2020년 4월 4일〉

위에서 든 '표준어규정' 제2부 표준발음법의 제13항 규정은 받침에 쓰인 자음은 뒤에 모음이 오면 있는 그대로 발음한다는 사실을 알려 준다. 명사나 용언의 받침은 해당 어간의 말음을 표기한 것이고 모음 앞에서는 그대로 발음된다.

예를 들어 '앞'은 받침이 'ㅍ'으로 표기되어 있으므로 모음으로 시작하는 조사 '-이, -을, -에'와 결합하여 '앞이, 앞을, 앞에'가 되면 이들의 발음은 각각 [아피, 아플, 아페]가 되는 것이다. '앞 [압], 앞만 [암만]'에서 보듯이 단독형으로 쓰이거나 자음 앞에서는 발음이 변하는 경우도 있다.

24.2. 구어(口語) 기술과 설명

그런데 구어에서 명사의 받침이 'ㅍ, ㅋ'일 경우는 받침을 그대로 발음하지 않는 경우가 있다. 특히 2음절 이상의 명사일 때 그런 경우가 많다. 이는 구어의 해당 명사 말음이 표준어와 다르기 때문이다. 아래에서 각각의 경우에 대해 하나씩 설명하기로 한다.

어간 말음이 'ㅍ'인 명사부터 설명한다. 한국어학습용어휘 중 'ㅍ'로 끝난 명사는 다음과 같다.

   A 등급 : 앞, 옆, 잎
   B 등급 : 무릎, 숲, 눈앞, 꽃잎, 나뭇잎
   C 등급 : 양옆
   등급 외 : 헝겊

받침이 자음 'ㅍ'로 끝난 명사 중 '무릎, 헝겊'은 구어에서 '무릅, 헝겁'으로 발음하는 경우가 많다. '헝겊'은 표준어가 '헝겁'인 줄 아는 사람이 대부분이다. 예들은 노래 가사에서 가져 왔다. 해당 노래의 발음을 함께 제시한다.

   표준어 '무릎', 구어 '무릅'
     • 니 무릎에 [무르베] 누워 〈윤 영, 무릎〉

   표준어 '헝겊', 구어 '헝겁'
     • 헝겊으로 [헝거브로] 덮여있던 〈크루셜스타, 너에게 주고 싶은 세 가지〉

   표준어 '깻잎', 구어 '깻입'
     • 깻잎을 [깬니블] 붙이고 〈타타클랜, 젓가락〉

다음으로 어간 말음이 'ㅋ'인 명사에 대해 알아 본다. 한국어학습용어휘 중 'ㅋ'로 끝난 명사는 '부엌(A 등급)'뿐이다. 등급 외의 명사도 '녘'으로 끝나는 '동녘, 남녘, 들녘' 등이 있을 뿐이다.

'부엌'은 구어에서 '부억'으로 발음하는 경우가 많다.

표준어 '부엌', 구어 '부억'
- 간단하게 부엌을 [부어글] 뒤져봐.〈아키버드, 싱숭생숭〉
- 거실로 기차 타고 가자. 부엌으로 [부어그로] 기차 타고 가자.〈산울림, 기타로 오토바이를 타자〉
- 우리는 부엌의 [부어게] 합창단〈율비, 부엌 합창〉
- 우리 집 부엌엔 [부어겐]〈김다수, 부엌〉
- 불이 꺼진 부엌에서 [부어게서] 나는 봤어요.〈왁스, 엄마의 일기〉
- '일본의 부엌'이라 [부어기라] 불리던 도쿄 '쓰키지 시장'이 83년 역사에 막을 내렸습니다.〈KBS뉴스, '일본의 부엌' 쓰키지시장, 83년 역사 막 내려, 2018년 10월 10일〉
- 이른바 공유 부엌이라는 [부어기라는] 공간을 통해 주민들이 함께 요리하며 소통을 넓히고 있습니다.〈YTN뉴스, 공유 부엌, 요리를 통해 소통한다, 2019년 1월 31일〉

'녘'으로 끝나는 명사들도 '녁'으로 발음하는 경우가 많다.

표준어 '녘', 구어 '녁'
- 해 질 녘인 [녀긴] 것 같아 … 해 질 녘에 [녀게] 머물고 싶어.〈황예원, 퇴근길〉
- 저 지는 노을 녘을 [녀글] 봐.〈한지원, Orange Light〉

표준어 '동녘', 구어 '동녁'

- 동녘에 [동녀게] 해는 떠도 〈김광석, 내 꿈〉

표준어 '남녘', 구어 '남녁'

- 남녘에서 [남녀게서] 〈한승기, 최민, 평화열차〉

표준어 '들녘', 구어 '들녁'

- 봄이 오면 하얗게 핀 꽃 들녘으로 [들려그로] 당신과 나 단 둘이 봄 맞으러 가야지. 〈린, 봄이 오면〉
- 어두운 들녘에 [들녀게] 우두커니 서 있었지. 〈원미연, 들녘에서〉
- 노을빛 물들은 들녘의 [들녀게] 노래를 불러요. 〈황영익, 사랑하는 날에는〉

참조

명사 어간 말음 'ㅍ, ㅋ'가 'ㅂ, ㄱ'로 바뀐 더 많은 예와 바뀌지 않은 예에 대한 설명은 유필재, 『서울방언의 음운론』(월인, 2006, pp.80-84)을 참조할 수 있다. 서울방언을 대상으로 한 것이지만 구어의 양상도 다르지 않다.

25. 명사 어간 말음 - 자음군

> 3. 밑줄 친 단어를 잘못 읽은 것은?
> ① 아이에게 책 읽기를 [일끼를] 가르치다.
> ② 시간에 비해서 일이 너무 많소 [만쏘].
> ③ 넷에 넷을 더하면 여덟이다 [여덜비다].
> ④ 선친의 넋이 [넉시] 나를 지켜 주는 것 같다.

25.1. 표준어 규범과 설명

한국어 명사 중에는 받침이 둘인 것들이 있는데 이에 대한 발음 규정은 '표준어규정'의 '표준발음법' 제14항에 있다.

> 제14항 겹받침이 모음으로 시작된 조사나 어미, 접미사와 결합되는 경우에는, 뒤엣것만을 뒤 음절 첫소리로 옮겨 발음한다.(이 경우, 'ㅅ'은 된소리로 발음함.)
>
> 넋이 [넉씨]   앉아 [안자]   닭을 [달글]   젊어 [절머]   곬이 [골씨]
> 핥아 [할타]   읊어 [을퍼]   값을 [갑쓸]   없어 [업ː써]

받침이 둘인 개별 명사들의 표준어 발음에 대한 설명은 모두 '표준국어대사전'에 있다. 몇 가지만 예로 들어 보인다. '닭'은 '닭 [닥], 닭이 [달기], 닭만 [당만]'의 발음을 들어 놓았다. 한국어는 음절말에서는 하나의 자음만 발음될 수 있다. '닭 [닥]'은 음절말에서는 'ㄹㄱ'을 다 발음할 수 없고 명사의 경우 'ㄱ'로 발음된다는 제약에 의한 것이다. '닭만 [당만]'은 이후에 비음화가 적용된 것이다. 아무런 음운현상이 적용되지 않을 때는 '닭이 [달기]'처럼 표기된 말음의 발음을 그대로 하게 된다.

'여덟'도 '닭'처럼 '여덟 [여덜], 여덟이 [여덜비], 여덟만 [여덜만]'의 발음이 제시되어 있다. '여덟 [여덜], 여덟만 [여덜만]'은 음절말에서는 'ㄼ'을 다 발음할 수 없고 명사의 경우 'ㄹ'로 발음된다는 제약에 의한 것이다. '여덟이 [여덜비]'는 '닭이 [달기]'처럼 표기된 말음의 발음을 그대로 한 것이다.

'넋'은 '넋 [넉], 넋이 [넉씨], 넋만 [넝만]'의 발음이 제시되어 있다. '넋이'의 발음이 '[넉시]'가 아니라 '[넉씨]'인 점은 '닭이 [달기], 여덟이 [여덜비]'와 다르다. '악수'를 '[악쑤]'로 발음하는 것처럼 한국어에는 자음 'ㅂ, ㄷ, ㄱ' 뒤에서는 평음이 아니라 경음이 와야 한다는 제약이 있는데 이 때문에 '[넉씨]'로 발음하게 된다.

위에서 든 '표준어규정' 제2부 표준발음법 제14항 규정은 받침에 두 개의 자음이 있는 경우 뒤에 모음이 올 때의 발음에 대한 것이다. 규정에 의하면 첫 번째 자음은 받침 위치에서, 두 번째 자음은 뒤로 옮겨 발음하게 되어 있다.

예를 들어 받침에 두 개의 자음 'ㄹㄱ'이 있는 '닭'은 모음으로 시작하는 조사 '-이, -을, -에게'와 결합하여 '닭이, 닭을, 닭에게'가 되면 각각 [달기, 달글, 달게게]로 발음하는 것이 표준어이다. '여덟' 역시 받침에 두 개의 자음 'ㄼ'이 있으므로 조사 '-이, -을, -에'와 결합하여 '여덟이, 여덟을, 여덟에'가 되면 이들의 발음은 [여덜비, 여덜블, 여덜베]로 하는 것이 표준어이다.

'닭, 여덟'의 'ㄺ, ㄼ'처럼 받침에 오는 두 개의 자음을 표기상으로는 '겹받침'이라고 부른다. 이를 한국어 문법에서는 흔히 '자음군(子音群)'이라고 부른다. '자음군 단순화' 등에 쓰인다.

한편 '밖'의 'ㄲ'은 겹받침, 자음군이 아니다. 'ㄲ'은 하나의 자음을 나타낸다. '밖'의 'ㄲ'를 'ㄱ'이 둘 있는 자음군이라고 오해해서 '밖도'의 발음 '[박또]'를 자음군 단순화라고 잘못 생각하면 안 된다.

겹받침, 자음군을 가진 단어 뒤에 자음으로 시작하는 조사나 어미, 접미사가 결합되면 겹받침 중 하나만 발음하게 된다. 단독으로 발음할 때도 그렇다. 이에 관해서는 '37. 자음군단순화'를 참조할 수 있다.

닭도 [닥또], 닭 [닥]
여덟도 [여덜도], 여덟 [여덜]

25.2. 구어(口語) 기술과 설명

그런데 명사의 겹받침이 'ㄺ, ㄼ'인 단어는 실제 구어에서는 어간 말음이 'ㄱ, ㄹ'인 경우가 대부분이다.

한국어학습용어휘 중 자음군으로 끝난 명사는 다음과 같다. B 등급은 일부 어간의 예만 들었다. 이 중 '여덟'은 수사이다.

A 등급 : 닭, 여덟, 값
B 등급 : 흙, 까닭

등급 외 : 칡, 기슭, 넋, 몫, 삯

받침이 'ㄺ'으로 되어 있는 단어는 실제 구어에서는 'ㄱ'로 발음되는 경우가 대부분이다. 예들은 노래 가사에서 가져 왔다. 해당 노래의 발음을 함께 제시한다.

표준어 '닭', 구어 '닥'
- 꿩 대신 닭을 [다글] 잡아 먹었지. 〈황신혜 밴드, 닭대가리〉

표준어 '흙', 구어 '흑'
- 흙으로 [흐그로] 만든 양탄자를 타자. 〈김초록, 김영대, 문지영, 흙은 내 친구〉

받침이 'ㄼ'으로 되어 있는 '여덟'은 실제 구어에서는 'ㄹ'로 발음되는 경우가 대부분이다.

표준어 '여덟', 구어 '여덜'
- 일곱을 알고 여덟을 [여더를] 알아 가는 매일 매일이 〈슬리핑포엣, 하나부터 열까지〉

참조

명사의 자음군 어간 말음이 단자음으로 바뀐 더 많은 예는 유필재, 『서울방언의 음운론』(월인, 2006, pp.92-94)을 참조할 수 있다. 서울방언을 대상으로 한 것이지만 구어의 양상도 크게 다르지 않다.

26. 대명사

> '니가 왜 거기서 나와' 음원 사재기 혐의 … 영탁 소속사 대표 송치

26.1. 표준어 규범과 설명

'대명사(代名詞, pronoun)'란 품사의 한 종류로, 이름 그대로 명사를 대신 나타내는 단어들을 가리킨다. 사람이나 사물의 이름, 다시 말해서 명사를 대신 나타내는 단어들이 대명사에 속한다. 예를 들어 '이철수'와 '김영희'가 같은 식탁에서 해산물 파스타, 감자 샐러드를 먹고 있는 상황을 생각해 보자. '나'라는 단어는 '김영희'가 쓸 때는 '김영희'를, '이철수'가 쓸 때는 '이철수'를 나타낸다. '그거, 나 다 먹어도 돼?'에서 '그거'는 '해산물 파스타'도, '감자 샐러드'도 나타낼 수 있다. '나, 그거' 같은 단어를 '대명사'라고 부른다.

'표준국어대사전'에 실린 대명사와 이에 대한 설명 중 필요한 부분만을 보이면 다음과 같다.

너
- '너'는 청자를 가리키는 2인칭 대명사이다. 청자가 친구나 아랫사람일 때 쓴다.
- 조사 '-가'가 붙으면 '네'가 되어 '네가'가 된다.

저

- '저'는 화자를 가리키는 1인칭 대명사이다. 윗사람이나 그다지 가깝지 않은 사람을 상대하여 자기를 가리킬 때 쓴다.
- 조사 '-가'가 붙으면 '제'가 되어 '제가'가 된다. '제가 가겠습니다.'가 그 예이다.
- 그런데 '저'는 3인칭 대명사로도 쓰인다. 앞에서 이미 말하였거나 나온 바 있는 사람을 도로 가리킬 때 쓴다. 같은 의미를 가진 '자기'보다 "낮잡는 느낌을 준다."고 설명되어 있다.
- 조사 '-가'가 붙으면 '제'가 되는 것은 1인칭 대명사 '저'와 같다. '제가 먹고 싶으니까 사 오라고 하는 거지.'가 그 예이다.

너희

- '너희'는 2인칭 대명사이다. 청자가 친구나 아랫사람들일 때 쓴다. 청자가 여러 명일 때 쓴다.
- 그런데 '아버지, 학교, 회사' 같은 일부 명사 앞에서는 "자기와 비슷하거나 자기보다 높지 아니한 사람을 상대하여, 가리키는 대상이 듣는 이와 친밀한 관계임을 나타낼 때 쓰는 말"로 설명된 용법도 있다.

우리

- '표준국어대사전'에는 '우리'는 세 가지 의미가 있는 것으로 설명되어 있다.
- 첫째는 1인칭 대명사이다. 화자가 자기와 청자, 또는 자기와 청자를 포함한 여러 사람을 가리킬 때 쓴다. '우리 같이 커피 마시러 갈까요?'가 그 예이다.
- 둘째는 1인칭 대명사인 점은 같지만 화자가 자기보다 높지 아니한 사람을

상대하여 자기를 포함한 여러 사람을 가리킬 때 쓴다. 이때는 청자가 포함되지 않는다. '우리는 커피 마시러 갈 건데 너도 갈래?'가 그 예이다.
- 셋째는 '엄마, 마누라, 신랑' 같은 일부 명사 앞에서 화자가 자기보다 높지 아니한 사람을 상대하여 어떤 대상이 자기와 친밀한 관계임을 나타낼 때 쓴다. '우리 엄마'의 '우리'가 그 예인데 이때의 '우리'는 '나의'를 의미한다.

저희
- 두번째 의미로 쓰인 '우리'의 낮춤말이다. 다시 말해서 이 경우는 청자는 포함되지 않는다.
- 한편 '저희'는 3인칭 대명사로도 쓰인다. 앞에서 보인 3인칭으로 쓰인 '저'와 관련된 형태이다.

당신
- '표준국어대사전'에는 '당신'을 다섯 항목으로 분류하여 설명하고 있다. 이 중 대표적인 용법을 보이면 다음과 같다.

(1) 2인칭 대명사이다. 하오체에 쓰인다.
(2) 부부 사이에서, 상대편을 높여 부를 때도 쓰인다.
(3) 문어체에서는 부부 사이가 아닌 경우에도 쓰인다.
(4) 한편 싸움을 할 때 "상대편을 낮잡아" 부를 때도 쓰인다.

- 대명사 '자기'를 아주 높여 이르는 말로도 쓰이는 '당신'도 있다. '할아버지는 당신이 추울 때만 보일러를 켜셔.'의 '당신'은 2인칭 대명사가 아니라 '자기'를 높여 이르는 대명사이다.

'한국어 학습용 어휘'에 실린 대명사 중 일부를 들면 다음과 같다.

 A 등급 : 나, 우리, 너, 그, 저(1인칭), 저(3인칭), 누구, 이것, 그것, 저것, 이거,
    그거, 저거
 B 등급 : 자기(自己), 당신(2인칭), 당신(3인칭), 너희, 저희(1인칭), 저희(3인칭)
 C 등급 : 자네, 그녀

'표준국어대사전'에는 1인칭의 '저'와 3인칭의 '저'가 다의어(多義語)로 처리되어 있다. '한국어 학습용 어휘'에서는 '표준국어대사전'의 '저^3'를 A 등급으로 분류하면서 '일인칭 대명사'라고 주를 달아 두었다.

대명사 '나'는 조사 결합에서 불규칙적인 양상을 보인다. 조사 '-가'가 결합되면 '내가'가 된다. 관형격 형태는 조사 '-의'가 결합한 '나의'도 있고 '내'도 있다.

- 나의 투쟁
- 내 마음

조사 '-에게'가 결합된 형태는 '나에게'도 있고 '내게'도 있다.

- 나에게
- 내게

대명사 '너'는 조사 결합에서 불규칙적인 양상을 보인다. 조사 '-가'가 결합되면 '네가'가 된다. 관형격 형태는 조사 '-의'가 결합한 '너의'도 있고

'네'도 있다.

- 너의 목표
- 네 마음

조사 '-에게'가 결합된 형태는 '너에게'도 있고 '네게'도 있다.

- 너에게
- 네게

대명사 '저'는 두 가지가 있다. 하나는 '나'를 낮추어 이르는 말이고 다른 하나는 '자기'와 같은 의미를 가진 말이다.

- 저에게 말씀해 주세요. - 나에게 말해 주세요.
- 저 하고 싶은 대로 하라고 해 - 자기 하고 싶은 대로 하라고 해.

'자기'와 같은 뜻을 가진 '저'는 앞에서 이미 말하였거나 나온 적이 있는 사람을 다시 가리키는 경우에 쓰인다. 언어학에서는 이런 대명사를 '재귀대명사(再歸代名詞, reflexive pronoun)'라고 부른다.

대명사 '저'는 '나'의 뜻이든 '자기'의 뜻이든 조사 결합에서 불규칙적인 양상을 보인다. 조사 '-가'가 결합되면 '제가'가 된다. 관형격 형태는 조사 '-의'가 결합한 '저의'도 있고 '제'도 있다.

- 저의 희망, 제 희망

- 저의 갈 길, 제 갈 길

조사 '-에게'가 결합된 형태는 '저에게'도 있고 '제게'도 있다.

- 저에게
- 제게

'저'의 복수형(複數形)은 '저희'이다. '나'의 뜻이든 '자기'의 뜻이든 형태는 '저희'로 같다.

- 저희에게 말씀해 주세요. - 우리에게 말해 주세요.
- 저희 하고 싶은 대로 하라고 해 - 자기들 하고 싶은 대로 하라고 해.

대명사 '누구'는 조사 '-가'가 결합되면 '누가'가 된다.
대명사 '당신'은 두 가지가 있다. 하나는 '너'를 약간 높여 이르는 말이고 다른 하나는 '자기'를 높여 이르는 말이다.

- 당신을 결코 잊지 않겠습니다. - 너를 잊지 않을게.
- 철수가 자기가 먹고 싶으니까 저러지. - 할아버지는 당신이 드시고 싶으니까 저러시지.

'자기'와 같은 뜻을 가진 '당신'은 앞에서 이미 말하였거나 나온 적이 있는 사람을 다시 가리키는 경우에 쓰인다. 이 역시 '재귀대명사'이다. 요즘은 거의 쓰이지 않게 되었다.

'자네'는 하게체와 함께 쓰인다. 현재는 하게체는 거의 쓰이지 않기 때문에 '자네'도 거의 쓰이지 않는다.

26.2. 구어(口語) 기술과 설명

대명사 '너'는 구어에서는 '니'로 쓰이는 경우가 많다. 조사 '-가'가 결합되면 '니가'가 된다.

- 니가 왜 거기서 나와

'너'의 관형격 형태는 '네'이지만 구어에서는 '니'로 쓰인다.

- 내가 니 편이 되어줄게

'너'의 복수형은 '너희'이지만 구어에서는 주로 '니네'로 쓰인다.

- 그걸 왜 니네가 상관이야?

앞에서 본 것처럼 대명사 '저'는 '나'를 낮추어 이르는 말과 '자기'와 같은 의미를 가진 말, 둘이 있다.
'나'를 낮추어 이르는 '저'는 구어도 표준어와 차이가 없다. 한편 '자기'와 같은 뜻을 가진 '저'는 '지'로 쓰이는 경우가 많다. '자기'의 뜻을 가진 '지'는 조사 '-가'가 결합되면 '지가'가 된다.

- 지가 뭔데 내 맘을 울리고 가나

3인칭 '저'의 관형격 형태는 '제'이지만 구어에서는 '지'로 쓰인다.

- 지 말만 하고 전화를 끊어 버렸어

조사 '-에게'는 구어에서는 주로 '-한테'로 쓴다. 조사 '-한테'가 결합된 형태는 '지한테'로 쓰인다.

- 우리가 지한테 벌어준 게 얼만데

다시 말해서 구어에서는 '나'의 뜻을 가진 대명사는 '저'이고 '자기'의 뜻을 가진 대명사는 '지'이다. 형태가 다르다.

'나'를 낮추어 이르는 '저'의 복수형은 표준어와 같이 '저희'이지만 '자기'와 같은 뜻을 가진 '저'의 복수형은 '지네'로 쓰이는 경우가 많다.

- 지네 인생, 지네가 개척하라구 그래요

조사 '-더러'와 결합할 때 대명사 '나, 너, 저(1인칭, 3인칭)'에서는 구어에서 'ㄹ'이 덧나 '날더러, 널더러, 절더러'로 쓰이는 경우가 있다. 표준어로는 '나더러, 너더러, 저더러'가 맞다.

- 그 말을 지금 날더러 믿으라구?
- 누가 널더러 여기 오랬어?

- 설마 서른 넘은 절더러 결혼상대 마음대로 골랐다고 뭐라고 하시진 않으실 거죠? (1인칭)
- 누가 절더러 결혼해 달랬어? (3인칭)

영어의 'he, she'에 해당되는 말은 표준어로는 '그, 그녀'이지만 말할 때는 거의 쓰이지 않는다. '그, 그녀'는 영어의 'he, she'에 대응하는 말을 근래에 들어 만든 것이다. 실제 말할 때는 '그 사람, 그분' 등을 쓴다.

참조

대명사가 구어에서 사용되는 더 자세한 양상은 유필재, 「서울방언의 代名詞 - 사람을 가리키는 대명사를 대상으로」(『국어학』 90, 2019, pp.139-172)를 참조할 수 있다. 서울방언 대명사의 양상은 구어와 거의 같다.

27. 격조사, 보조사, 의존명사

> 서핑을 할 수 있을 만한 파도
> 집채만 한 파도

27.1. 표준어 규범과 설명

한국어에서 명사에 후행하는 것 중 조사와 의존명사는 구별하기 어려운 경우가 있다. 이 둘을 구별해야 하는 이유는 띄어쓰기 때문이다. 제대로 구별하지 못하면 띄어쓰기에서 잘못이 생긴다. 이와 관련해서 '한글맞춤법'에서는 제5장 띄어쓰기에서 다음과 같이 규정되어 있다.

> 제41항 조사는 그 앞말에 붙여 쓴다.
>
> 예)
>
> | 꽃이 | 꽃마저 | 꽃밖에 | 꽃에서부터 |
> |---|---|---|---|
> | 꽃으로만 | 꽃이나마 | 꽃이다 | 꽃입니다 |
> | 꽃처럼 | 어디까지나 | 거기도 | 멀리는 |
> | 웃고만 | | | |

> 제42항 의존 명사는 띄어 쓴다.
>
> 예)
> 아는 것이 힘이다.　　　나도 할 수 있다.
> 먹을 만큼 먹어라.　　　아는 이를 만났다.
> 네가 뜻한 바를 알겠다.　그가 떠난 지가 오래다.

'한글맞춤법' 규정에는 모두 용언의 관형형 뒤에서 나타나는 의존명사 예만 제시했지만 의존명사는 명사 뒤에 나타나는 경우도 있다. 이때는 조사와 구별이 어려운 경우도 있다.

문장 안에서 명사에 뒤이어 오는 단어는 용언이나 부사를 제외하면 다음의 세 가지 경우가 있다.

- 철수 마음에
- 철수 때문에
- 철수만

'철수 마음에'의 '마음'은 일반적인 명사이다. '마음'만을 단독으로 쓸 수 있다.

- 철수 마음이 문제다.
- 마음에 드는데, 이 옷.

'철수 때문에'의 '때문'은 명사이기는 하지만 '마음'과는 성격이 약간 다르다. '마음'처럼 단독으로 문장의 맨 앞에 쓸 수가 없는 것이다. '때문'은 항상 다른 명사나 용언의 명사형 '-기' 뒤에 온다.

- 철수 때문에
- 철수가 오기 때문에

'때문'처럼 자립적으로 쓰이지 못하고 항상 다른 단어 뒤에서만 나타나는 명사를 '의존명사(依存名詞)'라고 한다.

'때문'이 의존명사이면 '마음'은 '자립명사(自立名詞)'라고 할 수 있다. 의존명사를 '불완전명사(不完全名詞)'라고 부르는 문법서도 있다. '불완전명사'에 상대되는 명사는 '완전명사(完全名詞)'라고 한다.

'철수만'의 '-만'은 '때문'보다 더 '철수'에 의존적이다. '때문'은 문장 안에서 단독으로 못 쓸 뿐이지만 '-만'은 단독으로는 전혀 사용하지 못한다. 언제나 '철수'에 붙어서 '한정(限定)'이라는 뜻만 나타내 준다.

'-만'처럼 명사(구)에 결합되어 해당 명사의 의미를 보조해 주는 말을 문법서에서는 '조사(助詞)'라고 부른다. 그리고 명사(구)에 결합되어 그 문장 안의 서술어와의 관계를(다른 명사(구)와의 관계를 나타내는 경우도 있다.) 나타내는 말도 '조사'라고 한다. '-만'은 전자의 예이고 '-을/-를'은 후자의 예이다. '-만'처럼 해당 명사의 의미를 보조해 주는 조사는 '보조사(補助詞)'라고 부르고 '-을/-를'처럼 서술어와의 관계를 나타내 주는 조사는 '격조사'라고 부른다. '보조사'는 문법서에 따라서는 '특수조사'라고 부르는 경우도 있다.

'철수를 때렸다.'의 '-를'은 '철수'가 문장 안에서 서술어 '때렸다(때리다)'의 대상이 됨을 알려 준다. 이러한 조사를 '격조사(格助詞)'라고 부르는 이유는 문장 안에서 명사(구)가 서술어 혹은 다른 명사(구)와 가지는 관계를 문법에서 '격(格, case)'이라고 부르기 때문이다. 예를 들어 '철수를 때렸다'에서 '철수를'은 '때렸다(때리다)'의 대상이 되므로 '대격(對格)'이라고 할 수 있다. 요즘은 '목적격'이라고 더 많이 부른다. 문법서에서 '-를'을 가리켜 '목적격 조사'라고 부르는 데에는 이러한 뜻이 있다.

이 책의 설명과 달리 학교문법에서는 '-이다'를 조사로 처리한다. 서술격 조사이다. '한글맞춤법' 제41항에 '꽃이다'가 있는 것도 이 때문이다. '꽃이다'의 '-이다'를 조사로 설명하게 되면 '꽃이었다'는 조사 뒤에 어미 '-었-'이 결합되었다고 하게 된다. 이 책에서는 '-이다'는 '아니다'와 함께 용언의 한 부류로 설명하고 있다.

표준어 사용에 있어서 의존명사와 조사의 구별은 현실적인 문제가 된다. 띄어쓰기가 그것이다. 표준어에서 띄어쓰기의 단위는 단어이다. 의존명사는 '명사'이기 때문에, 다시 말해서 단어이기 때문에 띄어 쓴다. 조사는 단어이기는 하지만 예외적으로 띄어 쓰지 않는다. 다시 말해서 앞 말에 붙여 쓴다. 결국 띄어쓰기를 정확히 하려면 명사 뒤에 오는 말이 조사인지 의존명사인지 알아야 하는 것이다. 이 둘의 구별은 어렵고 규범도 까다로운 경우가 있다.

현재의 어문규범상으로는 조사 '-만'과 의존명사 '만'의 구별이 어려운 경우가 있다. 우선 대체로 영어의 'only'에 해당되는 '한정(限定), 강조(強調)'의 뜻을 가진 말은 조사 '-만'이다.

- 모임에 그 사람만 참석했다.
- 너무 피곤해서 눈만 감아도 잠이 올 것 같다.
- 그를 만나야만 모든 문제가 해결될 수 있다.

명사 뒤에 오더라도 '-이다', 조사 '-에'가 결합된 형태는 의존명사이다. 이때 '만' 앞에 오는 명사는 '시간, 거리, 횟수'를 나타내는 경우가 많다. 의존명사는 그 앞에 오는 선행 요소에 제약이 있고 의존명사에 결합되는 요소도 한정된 경우가 대부분이다. 의존명사 '만'이 이러한 사실을 잘 보여 준다.

- 그때 이후 삼 년 <u>만이</u>다.
- 나는 세 번 <u>만에</u> 그 시험에 합격했다.

한편 조사 '-만', 의존명사 '만'과는 별개로, 형태가 비슷한 용언 '만하다'도 있다.

- 그런 것쯤은 참을 <u>만하다</u>.

'자랑하다, 근면하다(勤勉-), 섹시하다'처럼 한국어에서는 명사 또는 이에 준하는 말에 '하다'를 결합시켜 용언을 만들 수 있다. 의존명사 '만'에 '하다'를 결합시켜 만든 용언이 '만하다'이다. '-을' 관형형 뒤에 와서 '-을 만하-'로 쓰인다.

'근면하다'를 '근면도 하다'처럼 쓸 수 있는 사실에서 보듯이 '하다' 용언은 '하다' 앞의 요소에 조사를 붙여서 분리할 수 있다. 앞 예문의 '만하다'에 조사를 붙여서 분리시키면 다음처럼 된다.

- 그런 것쯤은 참을 <u>만도</u> 하다.

'하다' 용언의 이런 문법적 특징을 알게 되면 '그가 화를 낼 만도 하다'는

'그가 화를 낼 만하다'에서 온 것임을 알 수 있다. 한편 '표준국어대사전'에는 '그가 화를 낼 만도 하다'의 '만'은 '만하다'의 활용형이 아니라 의존명사 '만'의 용례로 설명하고 있다.

'만'의 용례 중 가장 설명이 까다로운 부분은 "앞말이 나타내는 대상이나 내용 정도에 달함을 나타내는" 경우이다. 예문은 '표준국어대사전'의 것을 그대로 가져 왔다.

- 집채만 한 파도가 몰려온다.
- 청군이 백군만 못하다.
- 안 가느니만 못하다.

이 예들도 '근면하다, 근면도 하다'처럼 '하다' 용언에서 조사에 의해 '하다' 앞 부분이 분리되는 현상으로 설명할 수도 있다. 그런데 위의 예문들은 보조사가 아니라 부정을 표시하는 '못'이 쓰였다. '하다' 용언 중 동사는 '안, 못'으로 분리되지만 형용사는 그렇지 않다.

- (올림픽을) 유치(誘致)한다, 유치 안 한다, 유치 못 한다,
- (생각이) 유치(幼稚)하다, ×유치 안 하다, ×유치 못 하다

'만하다'는 동사가 아니라 형용사이므로 위의 예문 중 '청군이 백군만 못하다, 안 가느니만 못하다'는 이들이 '만하다'에서 온 것이라고 설명하기 어렵게 되어 있다. '표준국어대사전'에서는 이러한 예문에 사용된 '만'은 후행 요소가 '하다'이든 '못하다'이든 모두 조사인 것으로 설명하고 있다.

한편 조사 '-만'은 활용형 '해도'와 함께 쓰여 굳어진 구(句)로 사용되는

경우가 있다. '-만 해도'가 그것이다.

- 몇 년 전만 해도 이곳은 논밭이었던 땅이다.
- 3월까지만 해도 수온이 차가워서 바닷물에 들어갈 수 없다.
- 무덤이 발견될 때에만 해도 수백 기의 석관묘가 있었다.

예문들에 사용된 '-만 해도'는 '한정, 강조'를 나타내는 조사 '-만'과는 다르다. '-만' 뒤에 오는 '해도'는 다른 활용형으로는 대치할 수 없다.

- ×몇 년 전만 하면 이곳은 논밭이었던 땅이다.

'한정, 강조'의 '-만'은 그렇지 않다.

- 웃기만 해도 탈락이야.
- 웃기만 하면 어떡해?
- 웃기만 하고 아무 일도 안 할 거야?

'-에 따라, -에 비하여, -에 의하여, -에도 불구하고'도 '-만 해도'와 같은 유형의 구(句)이다. '-에 대하여(대한), -으로 인하여(인한), -에 관하여(관한)'처럼 활용형이 둘 이상인 유형도 있다.

'만' 이외에도 형태가 같아서 의존명사인지 조사인지 구별하기 어려운 경우가 여럿 있다. '만, -만' 이외에는 대체로 용언 관형형 뒤에는 의존명사, 명사 뒤에는 조사가 온다. 대표적인 경우 몇을 예로 들어 보인다.

'뿐'은 의존명사인 경우와 조사인 경우가 있다. 다음은 의존명사 '뿐'의 예이다.

- 모두들 구경만 할 뿐 누구 하나 거드는 이가 없었다.

다음은 조사 '-뿐'의 예이다.

- 이제 믿을 것은 오직 실력뿐이다.

'대로'도 의존명사인 경우와 조사인 경우가 있다. 다음은 의존명사 '대로'의 예이다.

- 본 대로 말하라
- 내일 동이 트는 대로 떠나겠다.

다음은 조사 '-대로'의 예이다.

- 처벌하려면 법대로 해라.

'만큼'도 의존명사인 경우와 조사인 경우가 있다. 다음은 의존명사 '만큼'의 예이다.

- 노력한 만큼 대가를 얻다.
- 까다롭게 검사하는 만큼 준비를 철저히 해야 한다.

다음은 조사 '-만큼'의 예이다.

- 나도 당신만큼은 할 수 있다.

의존명사는 조사뿐 아니라 어미와의 구별이 어려운 경우도 있다. 의존명사 '데'와 어미 '-는데'가 그 예이다. '데'는 의존명사로 '장소, 일, 경우' 등의 다양한 의미로 쓰인다.

- 다른 데 가서 찾아 보세요.
- 소통하는 데 막힘이 없도록 윤활유 역할을 하겠다.
- 문제를 해결하는 데 최선을 다 할 것입니다.

그런데 형태가 비슷한 어미 '-는데'도 있다. 이 '-는데'는 동사, 있다, 없다, '-었-, -겠-'의 뒤에 나타나고 형용사, -이다, 아니다 뒤에서는 '-은데'로 나타난다.

- 아까 전화하는데 기분이 이상하더라.
- 사설은 다른데 내용은 비슷합니다.

의존명사 '지'와 어미 '-은지/-는지, -을지'도 구별하기 어려운 경우가 많다. 의존명사 '지'는 관형형 '-은' 뒤에서만 온다. 시간의 경과를 표현한다.

- 대학을 졸업한 지 벌써 3년이 지났다.
- 대부분 지은 지 20년이 지난 낡은 집들이다.

형태가 비슷한 어미 '-은지/-는지'도 있다. 이 '-은지/-는지'는 '-은데/-는데'와 교체 조건이 같다. '-는지'는 동사, 있다, 없다, '-었-, -겠-'의 뒤에 나타나고 형용사, -이다, 아니다 뒤에서는 '-은지'로 나타난다.

- 현장이 어떻게 돌아가는지 봐야 합니다.
- 어느 쪽이 많은지 모르겠다.
- 뒷모습만으로는 남자인지 여자인지 구분이 안 된다.

27.2 구어(口語) 기술과 설명

의존명사 '것'은 구어에서는 '거'로 쓰인다. 의존명사 '거'에 조사 '-이/-가'가 결합되면 '게'가 된다.

- 좋은 게 좋은 거지 그럼 좋은 게 싫은 건가?

조사 '-으로'가 결합되면 '거로'로도 쓰이지만 '걸로'처럼 'ㄹ'이 덧난 형태가 더 많이 쓰인다.

- 나중에 대학 가면 그땐 젤 좋은 거로 사줄테니깐…
- 결혼 10주년 기념일엔 더 좋은 걸로 사줄게요.

'-이다'가 결합되면 '거다'가 된다. '-이-'가 드러나는 경우가 없다. 모음 뒤에서 '-이다'의 '-이-'가 생략되는 현상은 한국어에서 흔하지만 늘 필수적인 것은 아니다. 같은 환경을 가진 '처(妻)'의 예를 들어 본다.

- 소크라테스 틀린 것 없다, 악처도 <u>처다</u>. ~ 소크라테스 틀린 것 없다, 악처도 <u>처이다</u>.

그러나 '거'는 그렇지 않다.

- 이 구두, 아버지 <u>거다</u>.   ×이 구두, 아버지 <u>거이다</u>.
- 부추 이게 사람 몸에 참 좋은 <u>거다</u>.   ×부추 이게 사람 몸에 참 좋은 <u>거이다</u>.

이러한 사실은 '거'가 포함된 대명사 '이거, 그거, 저거'에서도 마찬가지이다.

- <u>이게</u> 어떤 기흰지 몰라서 이래?
- 너, 혹시 <u>그걸로</u> 나 발목 잡을라 그런거 아냐?
- 지온 두리번거리다가 "<u>저거다!</u>"

{wind}를 의미하는 '바람'은 같은 형태로 의존명사도 있다. 의존명사 '바람'은 주로 '의복'을 나타내는 명사 뒤에서 '바람으로'로 쓰인다. 이때는 사이시옷이 들어가 [빠람으로]로 발음된다.

- 파자마 바람으로 우는 아이를 데리러 나가서

관형사 '그'와 결합하여 '이유'를 뜻하는 '그 바람에'로 쓰인다. '이 바람에, 저 바람에'로는 쓰이지 않는다.

- 남편이 그샐 못참고 술 먹고 불을 질러 죽었어. <u>그 바람에</u> 미자는 졸지에 고아가 되고 …

용언의 관형형 뒤에서 '바람에'로 쓰인다. '표준국어대사전'은 이때의 '바람'은 '-는 바람에' 구성으로 쓰이는 것으로 설명하고 있다. 그러므로 동사 뒤에서만 쓰이게 된다.

- 어제는 눈이 <u>오는 바람에</u> 길이 미끄러웠다.

그러나 실제 구어에서는 관형형 어미 '-은' 뒤에 '바람에'가 오는 예도 가능하다. 관형형 어미 '-은'은 형용사와도 결합하므로 형용사가 어간인 예도 쓰인다.

- 예주가 술에 <u>취한 바람에</u> 고생 많이 했어요.
- 이모가 옛날에 한 번 오셨었는데 그 때 다녀가시고는 <u>연락이 없으신</u> 바람에 그렇게 됐어요.
- 전세가 뭐냐 … 와이프 <u>아픈 바람에</u> 월세로 옮겼다.

구어에서는 조사의 형태가 다른 경우가 있다. 우선 조사 '-의'는 언제나 /에/로 발음된다. 이 때문에 '그림의 떡'을 '그림에 떡'으로 잘못 알고 있는 사람이 많다.

또 조사 '-도, -으로, -하고'는 실제 구어에서는 '-두, -으루, -하구'로 쓰인다.

- 혼자 몸으루 애들 여섯을 데리구 공부두 다 시키시구.
- 그러게 집으루 들어오라니까!
- 전교 1등하구 20등하구 같애?

예문의 '데리구'에서 보듯이 조사가 아닌 어미 '-고'도 구어에서는 '-구'로 나타난다. 이러한 현상은 조사 '-도, -으로, -하고'와 관련된 것이 아니라 비어두 위치에서 일어난 'ㅗ〉ㅜ' 변화가 반영된 결과이다.

조사 '-은/-는'과 '-을/-를'은 각각 자음 뒤와 모음 뒤에서 쓰인다. '책은, 차는, 책을, 차를'처럼 사용된다. 구어에서는 '-는, -를' 대신에 '-ㄴ, -ㄹ'로 사용된다.

- 근데 엄만 나 못 알아 봐.
- 왜냐면 널 믿으니까.

28. 조사 '-요, -이요'

> 뭘 드릴까요?, 불고기 2인분이요.

28.1. 표준어 규범과 설명

문법서에서는 현대한국어의 상대경어법은 여섯 등급이 있는 것으로 설명하고 있지만 실제 주로 쓰이는 것은 '-요'가 있는 존댓말과 '-요'가 없는 반말, 둘이다. 한국어 문법서에 있는 '하십시오체, 해라체'는 격식적인 상황, 문어(文語) 등에서 쓰이고 '하오체, 하게체'는 사용되는 환경이 제한되어 있다. 한국어 문법서에서는 '-요'가 있는 존댓말을 '해요체', '-요'가 없는 반말을 '해체'라고 설명한다. 이 '-요'는 한국어 문법에서는 보조사로 설명된다.

'-요'는 한글맞춤법 제17항에 관련 규정이 있다.

> 제17항 어미 뒤에 덧붙는 조사 '-요'는 '-요'로 적는다.
>
> 읽어   읽어요
> 참으리   참으리요
> 좋지   좋지요

한편 '-요'는 '저는요'처럼 어미 뒤가 아닌 환경에서도 쓰인다. '표준국어대사전'에서는 이 사실을 고려해 '-요'에 대한 설명을 했다. 2023년 11월 현재 '표준국어대사전'에 실린 '-요'의 설명을 정리하면 다음과 같다.

요[14]
- '-요'는 보조사인데 종결어미에 결합하는 것과 그 외의 경우에 결합하는 것, 두 가지가 있다.
- 종결어미에 결합하는 '-요'는 주로 해체 어미에 붙지만 하게체 어미에 결합하는 경우도 있다. 청자에게 존대의 뜻을 나타낸다. 다만 격식을 차려야 하는 상대에게는 잘 쓰지 않는다.
- 이 외에 '마음은요, 어서요, 하면요'처럼 '체언, 부사, 연결어미'에 결합하는 '-요'도 있다. 이 역시 청자에게 존대의 뜻을 나타낸다.

조사 '-요'는 용언의 종결형(해체, 일부 하게체), 연결형, 명사형 '-기'에 붙는다. 관형형에는 결합하지 않는다.

'문법평정목록'에 실린 어미 중 '-요'가 결합하는 종결어미는 다음과 같다.

1급 : -고4, -을까, -어
2급 : -는군, -을게, -지, -는데, -네, -을래
3급 : -거든, -던데, -잖아
4급 : -는다니1, -더군, -게, -는다면서, -나, -을걸, -어야지
5급 : -으려고, -고말고, -는가, -는걸, -데, -더라고
6급 : -는구먼, -거들랑, -게, -던가

이들 중 표기와 발음이 다른 경우도 있다. '-는군요'는 [는군뇨]로 발음된다. ㄴ첨가에 의한 것이다. '-는다니요'는 실제로는 [는다뇨]로 축약되어 쓰인다.

이들은 대체로 해체 어미이다. '-요'가 결합하는 하게체 어미는 '-는가/-은가, -나(의문형), -던가'뿐이다.

감탄을 나타내는 해체 어미 '-는군/-군, -는구먼/-구먼'에는 '-요'가 붙어서 '-는군요/-군요, -는구먼요/-구먼요'로 쓰인다. 그러나 같은 감탄을 나타내는 어미더라도 해라체인 '-는구나/-구나', 하오체인 '-는구려/-구려'에는 '-요'가 결합하지 않는다.

'-으세요, -이에요'처럼 '-요'가 유착(癒着)되어 분리할 수 없게 된 어미도 있다. '-으세요'는 '-으셔요'에서 온 것인데 이전 시기에는 '이리 앉으셔요, 이리 앉으셔'처럼 '-요'가 분리될 수 있었다. '-이에요'는 '-이다'의 해체 종결형인 '-이야(예: 책이야)'에 '-요'가 결합된 '-이야요'에서 온 것인데 몇 가지 형태 변화를 거쳐 '-이에요'가 되었다.

연결형에는 대부분 '-요'가 결합된다. '-요'가 결합하지 않는 연결어미는 다음과 같다.

-으나, -어야, -으니, -고자, -으므로, -을래야, -더니, -으며, -느니, -건대, -되, -이라야, -은들, -을망정

명사형 어미 '-기'에 결합되는 경우도 있다.

- 혹시 몰라서 다시 말하지만 계약서 뒤에서 딴 짓 하기 <u>없기요</u>.

'-요'는 부사에 붙는다. 다만 사전에는 '글쎄'는 감탄사로 되어 있다.

- 빨리요.
- 글쎄요.

같은 부사라도 단독형으로 쓰일 수 없는 부정(否定)의 '안, 못', 접속(接續)의 '및' 등에는 결합하지 않는다.

'-요'는 체언 단독형 혹은 체언에 조사가 결합된 형태에 붙는다. 단 조사 '-의'가 결합한 형태에는 붙지 않는다. '-의'가 결합한 형태는 단독형으로 쓰일 수 없기 때문으로 생각된다.

체언 단독형에 쓰인 예는 흔하다.

- 요기요.
- 아파트요.

조사 결합형도 예가 많으므로 '문법평정목록' 1급에 속하는 조사가 결합된 예만 든다.

- 뭐가요?
- 앞마당 텃밭에서 나는 <u>야채하고요</u> 김치, 고추장, 된장, 간장이 우리집 부식이야
- 언제까지요?
- <u>아버님께서요</u> … 뭐라고 하셨는지 아세요?
- 저는요

- 냉커피도요

- 무슨 충고를요?

- 저 아줌마가요, 옷이랑요 구두랑요 음… 모자랑요, 음… 반지 사줬다아?

- 되도록 빠른 시일 안으로요

- 언제부터요?

- 집에요. 집에서 만화책 봐요.

- 모두에게요

- 어떤 면에서요?

- 잠깐만요

- 누구한테요?

- 단장님, 전 쟤보다요 훨씬 더 많이 드릴 수 있거든요.

그러나 '-와/-과'처럼 구어에서 쓰이지 않는 조사 뒤에는 결합한 예가 나타나지 않는다.

28.2. 구어(口語) 기술과 설명

구어에서는 '-요'가 자음 뒤에서 '-이요'로 나타나는 경우가 있다. 그러나 '-요'와는 달리 나타나는 환경은 크게 제약되어 있다.

'-이요'는 자음 뒤에서 나타난다.

- 뭐 드시겠어요?

- 불고기 2인분이요.

- 요건 얼마나 합니까?
- 세 개에 2천원이요.

- 어디 가는데?
- 화장실이요.

- 너, 정직 3개월이야.
- 3개월이요?

- 가방을 들고 있었어요. 여행갈 때 쓰는 큰 가방이요.

'-이요'는 체언 단독형, 부사에 결합되어 나타난다. 자음 뒤라고 해도 선행 요소가 조사이면 '-이요'는 쓰이지 않는다. '저는이요, 무슨 충고를이요?, 잠깐만이요' 등은 쓰이지 않는다.

또한 '-이요'는 문중(文中)에서는 나타나지 않고 문말(文末)에서 응답 등에 쓰일 때 주로 나타난다. 식당에서 '뭘 드릴까요?'라고 들었을 때는 '불고기 2인분이요.'라고 답할 수 있다. 그러나 여기에 '불고기 2인분은이요, 좀 적지 않아요?'라고는 말하지 않는다. '불고기 2인분은요, 좀 적지 않아요?'라고 한다.

2021년에 구어에서 쓰이는 '-이요'도 표준어로 인정받게 되었다. '표준국어대사전'의 설명을 정리하면 다음과 같다. 구어의 양상이 그대로 표준어의 설명에 반영되어 있다.

이요³

- '-이요'는 보조사인데 자음으로 끝난 체언이나 부사어에 결합한다.
- 주로 발화 끝에 쓰여 청자에게 존대의 뜻을 나타낸다.

참조

김유림, 「'-요'의 분포와 변이형」(울산대학교 대학원 석사학위논문, 2021)에는 현대한국어 '-이요'의 여러 예문이 제시되어 있다.

29. 조사 '-밖에, -뿐이'

> 나한텐 너뿐이 없어.

29.1. 표준어 규범과 설명

'-밖에'는 명사(구)에 결합되어 해당 명사의 의미를 보조해 주는 말, 다시 말해서 조사(보조사)이다. '-밖에'가 어떤 의미를 가지고 있는지를 알아보기 위해 '표준국어대사전'의 설명을 정리하면 다음과 같다.

-밖에
- '-밖에'는 체언이나 명사형 어미 뒤에 결합된다.
- '그것 말고는', '그것 이외에는', '기꺼이 받아들이는', '피할 수 없는'의 의미를 가지고 주로 뒤에 부정을 나타내는 말이 온다.

'문법평정목록'에 따르면 '-밖에'는 초급 단계(2급)에 속하는 보조사이다. 조사는 해당 조사가 결합하는 체언 등의 선행 요소, 뒤에 오는 서술어 등의 후행요소, 다른 조사들과의 결합 관계로 문법적 특징을 기술할 수 있다. '-밖에'의 선행 요소, 후행 요소, 그리고 다른 조사와의 결합 관계를 설명하면 다음과 같다.

'-밖에'는 명사(의존명사 포함)에 결합되는 경우가 대부분이다. 의존명사 '수'에 결합되어 '수밖에 없다'로도 많이 쓰인다. 명사형 어미 '-기'에 결합하는 경우도 가끔 있다. 부사어 '그렇게, 이렇게'에 결합되는 경우도 있다.

- 나한텐 <u>너밖에</u> 없어.
- 술 따른 것도 아니고, 노래 부른 <u>것밖에</u> 없잖아요.
- 우린 헤어질 <u>수밖에</u> 없거든요.

- <u>죽기밖에</u> 더 하겠어?

- <u>그렇게밖에</u> 말 못해?, <u>이렇게밖에</u> 못해?

한편 '-밖에'는 부정(否定)에 쓰이는 '안, 못, 않다, 못하다', 혹은 단어의 의미가 부정을 나타내는 '모르다, 없다' 등과 함께 쓰인다.

- 틀림없이 한달밖에 <u>안</u> 갈 거야.
- 우리 오빠 고등학교밖에 <u>못</u> 나왔고요.
- 수능이 겨우 6개월밖에 남지 <u>않았다</u>.
- 20년 후에 그런 말밖에 하지 <u>못한다면</u> 너무 슬플거 같아요
- 그 사람, 일밖에 <u>모르는</u> 사람이잖아.
- 내 맘을 알아주는 건 너밖에 <u>없구나</u>.

'알다'의 부정은 '안 알다, 못 알다'가 아니라 '모르다'라는 단어로 쓴다. '있다' 역시 '소유'의 의미일 때는 '안 있다, 못 있다'가 아니라 '없다'라는 단

어로 부정을 표현한다. 다른 단어들과 달리 '모르다, 없다'가 '안, 못' 같은 부정 표현 없이 부정의 의미를 나타내는 이유가 여기에 있다.

수사의문문(修辭疑問文)에서 쓰일 때에는 '안, 못, 않다, 못하다' 등의 부정을 나타내는 단어가 없어도 된다. 이때는 부사 '더'와 함께 나타난다.

- 결혼 일찍 해 봤자, 아줌마 소리밖에 더 들어요?

'-밖에'는 명사에 직접 결합되는 경우가 대부분이다. 명사에 이미 다른 조사가 결합되어 있는 상태인 조사 결합형에도 결합되는 예가 있는데 '-으로'가 꽤 많이 나타난다. 그 외에 '-만큼, -까지, -한테, -에' 등도 예가 가끔 보인다.

-으로밖에
- 변명으로밖에 안 들린다구요

-만큼밖에, -까지밖에, -한테밖에, -에밖에
- 너 정말 나를 그만큼밖에 이해 못하니?
- 나도 여기까지밖에 몰라요.
- 자기한테밖에 의지할 데가 없는데 정말 너무 하는 거 아니야?
- 밤에밖에 세차를 못 해서 밤에 하는데.

한편 '-밖에' 뒤에는 보조사 '-는'이 올 수 있다.

-밖에는

- 고맙다는 말밖에는 생각이 안 나네요.

29.2. 구어(口語) 기술과 설명

구어에서는 '-밖에' 자리에 '-뿐이'를 쓰는 경우가 있다. '-뿐이'는 '-밖에'와 분포가 거의 같다. 조사 결합형 환경에서 차이를 보일 뿐이다.

'-뿐이'는 명사(의존명사 포함)에 결합되는 경우가 대부분이다. 의존명사 '수'에 결합되어 '수뿐이 없다'로도 쓰인다. 명사형 어미 '-기'에 결합하는 경우도 가끔 있다. 부사어 '그렇게, 이렇게'에 결합되는 경우도 있다. 다시 말해서 '-밖에'와 분포가 같다.

- 당신 업구 갈 사람, 나뿐이 없어?
- 타구난 팔자구 복이 다 고것뿐이 안 돼서 그런 걸
- 니가 이럴 수뿐이 없다는 것두, 나 다 알아 …

- 죽기뿐이 더 하랴? (블로그)

'-뿐이'는 부정(否定)에 쓰이는 '안, 못, 않다, 못하다', 혹은 단어의 의미가 부정을 나타내는 '모르다, 없다' 등과 함께 쓰인다. 수사의문문(修辭疑問文)과 함께 쓰일 때에는 부사 '더'와 함께 나타난다. '-밖에'와 분포가 같다.

- 밥두 아침하구 저녁뿐이 안 드세요.

- 남산의 부장들뿐이 못 봤어요.(네이버 카페)
- 다보탑의 주변에는 원래 해태가 4마리이었으나 일본이 이 해태 3마리를 가져가서 지금은 1마리뿐이 남지 않았어요. (네이버 지식인)
- 이 녀석은 그저 공부뿐이 모른단 말이야.
- 남은 게 그것뿐이 없네요.
- 그 어떤 말이든 변명뿐이 더 돼?

'-뿐이'는 명사에 직접 결합되는 경우가 대부분이다. 조사 결합형에도 결합되는 예가 있는데 '-으로'가 꽤 많이 나타난다. 그 외에 '-까지, -에' 등도 예가 가끔 보인다. '-밖에'와 달리 '-뿐이' 뒤에는 다른 보조사가 오는 경우가 없는 듯하다. 정리하면 '-뿐이'의 조사 결합형은 '-밖에'보다 분포가 좁고 해당 예도 많지 않다.

-으로뿐이
- 너 나를 고작 그 정도로뿐이 안 봤냐?

-까지뿐이, -에뿐이
- 영어 유치원은 맞벌이 경우에도 4시까지뿐이 운영 안 하나요?(네이버 카페)
- 너무 더워서 낮에뿐이 산책을 못 시켜서 (네이버 카페)

'-밖에'는 명사 '밖'에 조사 '-에'가 결합된 형태가 조사로 바뀐 것이다. 이처럼 어휘형태소가 문법형태소로 바뀌는 현상을 '문법화(文法化, grammaticalization)'라고 한다. 현대 한국어의 조사 '-보다'는 동사 '보다'의 활용형 '보다가'에서 온 것인데 이런 경우가 문법화의 대표적인 예이다. '밖에'도 20세기 초에는 명사, 용언 관형형 뒤에서 나타나는 의존명사였는데 지금은 용언 관형형 뒤에 나타나는 용법이 없어지면서 보조사가 된 것으로 생각된다.

관형형 '-을' 뒤에 '밖에'가 나타나는 예는 20세기 초에는 매우 흔했다. '밖'은 이 시기에는 '밧'으로 표기했다.

- 급히 그 비를 타고 별궁으로 갈 밧게 업쇼 〈비행선 13〉
- 늬가 옥희가 될 밧게 다른 슈는 업다 〈현미경 47〉
- 화ㅅ김에 그런것이지오 용셔후실 밧게 잇습닛가 〈목단화 414〉
- 내 수중에는 푼젼이 업스니 이것을 줄 밧게 업다 〈명월정 472〉
- 릐일이라도 우리 치힝 추려 올나갈 밧게 〈원앙도 4〉

'-뿐이' 역시 의존명사 '뿐'에 조사 '-이'가 결합된 것으로 생각된다. '-뿐이'가 어떤 과정을 거쳐 '-밖에'와 같은 의미를 가지는 조사로 쓰이게 되었는지는 알려져 있지 않다.

참조

구어에서 쓰이는 조사 '-뿐이'에 대해서는 구종남, 「뿐이」의 형태와 통사에 대하여」(『언어학』 8-2, 2000, pp.197-216)를 참조할 수 있다.

30. 사이시옷

해님과 달님

30.1. 표준어 규범과 설명

한국어에서는 명사와 명사를 결합하여 새로운 명사를 만들 때 발음이 바뀌는 경우가 있다. 예를 들어 명사 '가(邊)'와 명사 '길(路)'을 합쳐 '노견(路肩, shoulder)'을 의미하는 새로운 명사를 만들 수 있다. 이 새 명사는 [가낄, 갇낄]로 발음되는데 이 바뀐 발음을 표기상 표시해 주는 것이 이른바 '사이시옷'이다.

이 '사이시옷'과 관련된 어문규정은 한글맞춤법 제30항에 있다.

한글맞춤법 제30항
제30항 사이시옷은 다음과 같은 경우에 받치어 적는다.

1. 순 우리말로 된 합성어로서 앞말이 모음으로 끝난 경우

   (1) 뒷말의 첫소리가 된소리로 나는 것

고랫재	귓밥	나룻배	나뭇가지	냇가
댓가지	뒷갈망	맷돌	머릿기름	모깃불
못자리	바닷가	뱃길	볏가리	부싯돌
선짓국	쇳조각	아랫집	우렁잇속	잇자국
잿더미	조갯살	찻집	쳇바퀴	킷값
핏대	햇볕	혓바늘		

(2) 뒷말의 첫소리 'ㄴ, ㅁ' 앞에서 'ㄴ' 소리가 덧나는 것

| 멧나물 | 아랫니 | 텃마당 | 아랫마을 | 뒷머리 |
| 잇몸 | 깻묵 | 냇물 | 빗물 | |

(3) 뒷말의 첫소리 모음 앞에서 'ㄴㄴ' 소리가 덧나는 것

| 도리깻열 | 뒷윷 | 두렛일 | 뒷일 | 뒷입맛 |
| 베갯잇 | 욧잇 | 깻잎 | 나뭇잎 | 댓잎 |

2. 순 우리말과 한자어로 된 합성어로서 앞말이 모음으로 끝난 경우

(1) 뒷말의 첫소리가 된소리로 나는 것

귓병	머릿방	뱃병	봇둑	사잣밥
샛강	아랫방	자릿세	전셋집	찻잔
찻종	촛국	콧병	탯줄	텃세
핏기	햇수	횟가루	횟배	

(2) 뒷말의 첫소리 'ㄴ, ㅁ' 앞에서 'ㄴ' 소리가 덧나는 것

| 곗날 | 제삿날 | 훗날 | 툇마루 | 양칫물 |

> (3) 뒷말의 첫소리 모음 앞에서 'ㄴㄴ' 소리가 덧나는 것
>
> 가욋일   사삿일   예삿일   훗일
>
> 3. 두 음절로 된 다음 한자어
>
> 곳간(庫間)   셋방(貰房)   숫자(數字)   찻간(車間)
> 툇간(退間)   횟수(回數)

언어학적으로 보면 사이시옷은 해당 명사가 복합명사임을 표시하는 복합명사 표지(標識)를 표기법에 반영한 것이다. 일본어에도 비슷한 현상이 있다. 예를 들어 명사 'ao(青)'와 명사 'sora(空)'를 합쳐 '푸른 하늘'을 뜻하는 새로운 명사를 만드는데 이 명사는 'aozora(青空)'라고 발음된다. 'sora'가 'zora'로 발음이 바뀐 것이다. 일본어는 발음의 변화를 그대로 표기에 반영한다. 한국어로 생각하면 '가낄'이라고 표기하는 것이다.

한편 사이시옷은 표준어 규범과도 관련되어 있다. 이 점이 연구자가 아닌 일반인이 사이시옷에 대해 어렵다고 느끼는 주요한 이유가 된다. 이 점을 고려해 이하에서는 사이시옷의 언어학적 측면을 먼저 설명하고 그 후에 규범(표준어, 한글맞춤법)에 대해 다룬다.

한국어에서 '갓길 [가낄, 갇낄]'처럼 복합명사를 만들 때 발음이 바뀌는 경우가 있고 이는 복합명사임을 알려 주는 표지 때문이다. 그러나 모든 복합명사에 이 복합명사 표지가 나타나는 것은 아니다. '불고기'는 분명히 '불'과 '고기'가 합쳐져 만든 복합명사이지만 어떤 발음 변동도 없다. 다시 말해서 복합명사 표지가 나타나지 않는다.

그러면 어떤 복합명사에는 복합명사 표지가 나타나고(발음이 바뀌고) 어떤 복합명사에는 복합명사 표지가 나타나지 않을까?(발음이 바뀌지 않을까?) 현재까지 이와 관련된 분명한 문법 규칙은 알지 못하고 있다. 복합명사를 이루는 두 요소 사이의 의미 관계와 관련된 것으로 추정하고 있을 뿐이다. 예를 들어 복합명사 표지가 나타나는 '물고기 [물꼬기]'에서 '고기'에 대한 '물'의 관계는 '장소'이다. 그러나 복합명사 표지가 나타나지 않는 '불고기 [불고기]'에서 '고기'에 대한 '불'의 관계는 '조리법'인 것이다.

대부분의 복합명사는 한국어 화자라면 같은 방식으로 발음한다. 예를 들어 한국어 모어 화자는 '물고기 [물꼬기]'는 복합명사 표지를 넣어서 발음하고 '불고기 [불고기]'는 복합명사 표지를 넣지 않고 발음한다.

그러나 그렇지 않은 복합명사도 있다. '장마'와 '비'로 복합명사를 만드는 경우를 예로 들어 보자. 어떤 사람은 [장마뻬, 장만뻬]처럼 발음하는데 어떤 사람은 [장마비]처럼 발음하기도 한다. 앞의 사람은 '장맛비'처럼 사이시옷을 써야 한다고 생각할 것이고 뒤의 사람은 '장마비'처럼 사이시옷이 필요 없다고 생각할 것이다.

그런데 한국어에는 '표준어(標準語, standard language)'가 있다. 한국어를 말하는 사람들이 공통으로 사용하는 실제 한국어를 문법 규칙이나 역사적 사실을 고려하여 정한 '이상적인 한국어'이다. '약속'이라고 생각하면 이해하기 쉽다.

표준어는 '서울말'을 기반으로 정한 것이지만 '약속'이므로 서울에 사는 사람도 자기 말이 표준어가 아닌 경우가 꽤 있다. 예를 들어 많은 사람들이 '바뻐요'라고 말하지만 약속(표준어)은 '바빠요'이다. '장마'와 '비'로 만든 복합명사는 [장마뻬, 장만뻬]로 약속을 정했다. 그러므로 '장맛비'로 쓰게 된다. 자신의 발음이 '[장마비]'인데 왜 '장맛비'처럼 사이시옷을 쓸까 고민할 필요가 없다. 단순히 자신의 발음이 약속(표준어)과 다른 것이다. 표준어는 '표준국어대사전'에 실려 있는 단어가 표준어이다. 자신이 서울에 살고 있다고 해서 자신의 말을 기준으로 삼으면 안 된다.

위에서 설명한 예는 모두 고유어의 예이다. 그런데 한국어 한자어에서도 발음이 바뀌는 경우가 있다. '성(成)'과 '과(果)'로 이루어진 '성과(成果)'의 발음은 [성꽈]이다. 이 역시 '물꼬기'의 경우와 같이 복합명사 표지가 들어 있다고 해석하는 편이 합리적이다. 그러면 한자어 '성과(成果)'도 '물고기'처럼 복합명사인가 하는 문제가 생긴다. 이에 대해서는 아직 분명한 결론이 나지 않았다.

고유어에서 '물 + 고기'일 때는 발음이 바뀌지만 '불 + 고기'일 때는 발음이 바뀌지 않는 것처럼 한자어에서도 같은 현상이 일어난다. '성(成) + 과(果)'는 [성꽈]이지만 '결(結) + 과(果)'는 [결과]이다.

'장마'와 '비'로 만든 합성어를 [장마삐, 장맏삐]로 발음하는 사람도 있고 [장마비]로 발음하는 사람도 있는 것과 마찬가지로 '효(效) + 과(果)'는 [효꽈]로 발음하는 사람이 많고 [효과]로 발음하는 사람도 일부 있는 듯하다. [효꽈]와 [효과] 모두 약속으로 정해졌다.(표준어이다.) 이전에는 [효과]만 표준어였다.

한자어에서는 '곳간(庫間), 셋방(貰房), 숫자(數字), 찻간(車間), 툇간(退間), 횟수(回數)'를 제외하면 발음이 바뀐 것을 표기에 반영하지 않는다. 다시 말해서 사이시옷을 쓰지 않는다.

그러면 복합명사에서 발음이 바뀔 때 이를 표기하기 위해 사이시옷은 어떻게 쓸까? 대원칙은 다음의 세 가지이다.

첫째, 발음이 바뀐 것을 확인할 수 있을 때 쓴다.

둘째, 쓸 자리가 있을 때 쓴다.

셋째, 두 요소가 모두 한자어이면 쓰지 않는다.

'뒤 + 풀이'처럼 발음이 바뀐 것을 분명히 알 수 없으면 사이시옷은 쓰지 않는다. '뒤풀이'처럼 쓴다. '뒤 + 뜰'도 마찬가지 이유로 '뒤뜰'로 쓴다. 다시 말해서 뒷 요소가 평음(ㄱ, ㄷ, ㅂ, ㅅ, ㅈ)일 때만 사이시옷을 쓰게 된다. 격음이나 경음일 때는 쓰지 않는다. 이 때문에 '콧방귀, 코털'처럼 사이시옷 표기에 차이가 생긴다.

발음이 바뀌어도 사이시옷을 쓸 자리가 있을 때만 쓴다. '가 + 길'은 [가낄, 갇낄]로 발음이 바뀌고 앞 요소의 받침 자리도 비어 있으므로 '갓길'로 쓴다. 한편 '물 + 고기'는 [물꼬기]로 발음은 바뀌었지만 앞 요소의 받침 자리가 비어 있지 않아서 사이시옷을 쓸 자리가 없다. 그래서 '물고기'처럼 쓴다.

발음이 바뀌고 사이시옷을 쓸 자리가 있어도 한자어일 때는 사이시옷을 쓰지 않는다. '내(內) + 과(科)'는 [내꽈]로 발음도 바뀌고 앞 요소의 받침자리도 비어있지만 한자어 '內科'이므로 '내과'라고 쓴다. '귀 + 병(病)'처럼 둘 중 한 쪽이라도 고유어이면 '귓병(귓病)'처럼 사이시옷을 쓴다. '최댓값 (最大값)'에는 사이시옷이 있는데 같은 의미의 한자어인 '최대치(最大値)'에는 사이시옷이 없는 이유는 이 때문이다.

30.2. 구어(口語) 기술과 설명

앞에서 사이시옷은 해당 명사가 복합명사임을 표시하는 복합명사 표지(標識)를 표기법에 반영한 것이라고 설명하였다. 대부분의 한자어처럼 복합명사 표지가 있어도 이를 표기에 사이시옷으로 반영하지 않는 경우에는 발음만이 구어에서 문제가 된다.

'효과(效果)'와 마찬가지로 '김밥' 역시 전에는 복합명사 표지가 없는 형태가 표준어여서 표준발음 역시 [김밥]만 인정되었다. 최근에는 복합명사 표지가 있는 [김빱] 역시 표준어로 인정되었다. 그러나 이러한 변화가 있어도 표기는 바뀌지 않는다.

복합명사 표지를 표기에 사이시옷으로 반영할 환경을 가진 단어는 여전히 구어와 표준어의 차이가 크다. '인사말, 머리말, 화병, 해님' 등은 복합명사 표지가 없는 형태가 표준어로 정해졌기 때문에 표기 역시 사이시옷이 없는 형태이다. 구어에서는 복합명사 표지가 있는 [인산말, 머린말, 화뼝, 핸님] 이어서 사이시옷이 있는 '인삿말, 머릿말, 홧병, 햇님'으로 잘못 표기하는 경우가 흔하다.

참조

사이시옷의 언어학적 해석과 한국어의 다양한 예에 대해서는 배주채, 『한국어의 발음』 (개정판, 삼경문화사, 2013, pp.260-265)을 참조할 수 있다. '성과(成果), 결과(結果)'처럼 한자어에서도 사이시옷에 의한 경음화가 일어나고 고유어와 마찬가지로 복잡하다. 이에 대해서는 정연표, 「한자어의 사이시옷에 대한 연구」(울산대학교 대학원 석사학위 논문, 2010)에 많은 예가 정리되어 있다.

31. '-이, -히' 부사

> 찬물에 잘 녹아 구석구석 깨끗히 액체세제 800ml 3개 9260원!

31.1. 표준어 규범과 설명

한국어 부사 중에는 '-이' 혹은 '-히'로 끝나는 것이 매우 많다. 그리고 '-이' 혹은 '-히'로 끝나는 부사와 관련된 어문규정은 한글맞춤법 제51항에 있다.

한글맞춤법 제51항
제51항 부사의 끝음절이 분명히 '이'로만 나는 것은 '-이'로 적고, '히'로만 나거나 '이'나 '히'로 나는 것은 '-히'로 적는다.

1. '이'로만 나는 것

가붓이	깨끗이	나붓이	느긋이	둥긋이
따뜻이	반듯이	버젓이	산뜻이	의젓이
가까이	고이	날카로이	대수로이	번거로이
많이	적이	헛되이		
겹겹이	번번이	일일이	집집이	틈틈이

---

2. '히'로만 나는 것

　　극히　　급히　　딱히　　속히　　작히
　　족히　　특히　　엄격히　　정확히

3. '이, 히'로 나는 것

　　솔직히　　가만히　　간편히　　나른히　　무단히
　　각별히　　소홀히　　쓸쓸히　　정결히　　과감히
　　꼼꼼히　　심히　　열심히　　급급히　　답답히
　　섭섭히　　공평히　　능히　　당당히　　분명히
　　상당히　　조용히　　간소히　　고요히　　도저히

비슷한 내용이 한글맞춤법 제25항에도 있다.

한글맞춤법 제25항
제25항 '-하다'가 붙는 어근에 '-히'나 '-이'가 붙어서 부사가 되거나, 부사에 '-이'가 붙어서 뜻을 더하는 경우에는 그 어근이나 부사의 원형을 밝히어 적는다.

1. '-하다'가 붙는 어근에 '-히'나 '-이'가 붙는 경우

　　급히　　꾸준히　　도저히　　딱히　　어렴풋이　　깨끗이

[붙임] '-하다'가 붙지 않는 경우에는 소리대로 적는다.

> 갑자기   반드시(꼭)   슬며시
>
> **2. 부사에 '-이'가 붙어서 역시 부사가 되는 경우**
>
> 곰곰이   더욱이   생긋이   오뚝이   일찍이   해죽이

'부사(副詞, adverb)'는 주로 용언(동사, 형용사 등)을 수식하여 해당 용언의 뜻을 분명하게 하는 단어들의 부류를 가리키는 품사이다. 한편 '바로'처럼 명사를 수식하는 부사도 일부 있다.

- 바로 뒤에 앉다.

부사에는 '다'처럼 애초부터 부사인 단어도 있고 '같이'처럼 다른 단어에 접미사를 붙여서 새로 만든 단어도 있다. '같이'는 형용사 '같다'에 접미사 '-이'를 붙여서 새로 만든 단어인데 '같다'와 달리 '같이'의 품사는 부사이다.

- 다 갑시다.
- 같이 갑시다.

부사를 만드는 접미사는 '-이'가 가장 많이 쓰인다. '한국어학습용어휘'에서 '-이'가 결합되어 만들어진 부사를 모아 제시하면 다음과 같다.

A 등급 : 많이, 같이,

　　　　천천히, 열심히, 안녕히

B 등급 : 높이, 깊이, 가까이, 똑같이, 없이, 굳이,

　　　　다행히, 단순히, 당연히, 대단히, 조용히, 정확히, 적당히, 꾸준히, 분명히, 유난히, 우연히, 완전히, 영원히, 솔직히, 흔히, 가만히, 간단히, 확실히, 특별히, 특히, 굉장히, 편히, 괜히, 깨끗이

C 등급 : 말없이, 끝없이, 끊임없이, 상관없이, 수없이, 쓸데없이, 힘없이, 틀림없이, 관계없이, 이같이, 지극히, 도저히, 나란히, 자연히, 철저히, 부지런히, 상당히, 서서히, 소중히, 소홀히, 여전히, 급히, 충분히, 급속히, 급격히, 극히, 가득히, 활발히, 간신히, 감히, 강력히, 튼튼히,

　　　　공연히,

　　　　깊숙이,

　　　　더욱이, 일찍이, 새로이,

　　　　일일이

　C 등급의 '일일이'는 명사가 연달아 나타나는 단어에 '-이'를 붙여 부사가 된 것이다. 명사 '일'이 연이어 나타난 '일일'에 '-이'를 붙인 것이다. 등급 외 단어인 '겹겹이'도 같은 방식으로 된 부사이다.

　부사인 단어에 다시 '-이'를 붙여서 부사를 만들기도 한다. 예는 많지 않다. C 등급의 '더욱이, 일찍이'가 그 예이다. 부사 '더욱, 일찍'에 '-이'를 붙여 다시 부사를 만들었다.

　형용사에 '-이'를 붙여서 부사를 만드는 경우가 가장 많다. A 등급의 '많이, 같이'는 형용사 '많다, 같다'에 '-이'를 붙여 만든 부사이다. B 등급의 '높이, 깊이, 굳이, 없이'는 '높다, 깊다, 굳다, 없다'에 '-이'를 붙여 만든

부사이다.

'가까이'에서 알 수 있듯이 ㅂ불규칙용언인 형용사에 '-이'를 붙이면 어간말의 'ㅂ'이 탈락한다. '가깝다'에서 'ㅂ'을 탈락시키고 '-이'가 결합된 것이다. '날카로이, 대수로이, 번거로이' 역시 '날카롭다, 대수롭다, 번거롭다'에서 'ㅂ'을 탈락시키고 '-이'를 붙여 만든 부사이다.

형용사 중 '하다'로 끝난 단어들은 약간 복잡하다. 기본적으로 '하다'로 끝난 단어들에 '-이'를 붙여 부사를 만들 때는 '하-'의 'ㅏ'를 빼고 '-이'를 결합해서 '-히'로 끝나게 된다.

급하다, 급히
꼼꼼하다, 꼼꼼히
단순하다, 단순히
솔직하다, 솔직히
안녕하다, 안녕히
확실하다, 확실히
철저하다, 철저히

그러나 '하다'의 앞 부분의 말음(末音)이 'ㄱ, ㅅ'이면서 고유어이면 '하-'를 빼고 '-이'가 결합된다.

깊숙하다, 깊숙이
그윽하다, 그윽이
깨끗하다, 깨끗이
따뜻하다, 따뜻이

이 경우에 속하는 등급 외 단어는 다음과 같다.

끔찍이, 나직이, 멀찍이, 소복이, 진득이, 촉촉이,
깍듯이, 꿋꿋이, 뚜렷이, 반듯이, 오롯이, 지긋이, 호젓이

그런데 '하다'의 앞 부분이 한자어이면 '솔직(率直)하다, 솔직히'처럼 이 규칙의 적용을 받지 않는다.
이 경우에 속하는 등급 외 단어는 다음과 같다.

간곡(懇曲)히, 간략(簡略)히, 강력(强力)히

한자어에는 'ㅅ'으로 끝난 단어가 없다.
한편 '하다' 앞 부분의 말음이 'ㄱ'인 고유어 단어 중에 이 규칙에 맞지 않은 예외들이 있다.

가득히, 걸쭉히, 넉넉히, 빼곡히, 아득히

31.2. 구어(口語) 기술과 설명

'하다'로 끝난 단어들에 '-이'를 붙여 만든 부사는 표준어 규정 자체가 복잡하다. 구어에서는 '하다' 앞의 부분이 'ㄱ'로 끝날 경우에는 '-히'로 통일되어 사용되는 경향이 강하다. 표준어는 아니다.

- 내가 오빠 말 들어주는 거 끔찍히 싫어해서
- 멀찍히 좀 떨어져
- 그걸 맞으니까 진짜 몸이 촉촉히 젖어 오드라.

'깨끗히'는 '하다' 앞의 부분이 'ㅅ'로 끝난 경우의 예이다. 표준어는 '깨끗이'이지만 구어에서는 '깨끗히'로 사용되는 경우가 많다. '깨끗히'의 발음은 [깨끄치]이다.

- 결혼해서 아니다 싶을 때 깨끗히 [깨끄치] 헤어진 거요 …
- 후회하고 있다면 깨끗히 [깨끄치] 잊어버려 가위로 오려낸 것처럼

'깨끗히 [깨끄치]'는 구개음화를 겪은 것이다.

깨끗히 → 깨끝히 → 깨끄티 → [깨끄치]

'깨끗하다 [깨끋하다 → 깨끄타다]'처럼 '하다' 용언에서도 평폐쇄음화가 일어난다. 이 때문에 '깨끗히 → 깨끝히' 같은 변동을 설명할 수 있다.

참조

'하다' 용언에 '-이'를 결합시켜 부사를 만드는 현상은 이미 중세한국어 시기부터 있었다. 표준어는 이를 규범화하는 과정에서 중세한국어의 규칙과 조금 달라졌다. 중세한국어에서 '하다' 용언에 '-이'를 결합시켜 만든 부사의 목록, 그리고 이와 관련된 규칙에 대해서는 유필재, 「후기중세국어 부사파생접미사 '-이'의 형태음운론」(『국어학』 49, 2007, pp.3-32)을 참조할 수 있다.

32. 이중피동

> 잊혀진 계절

32.1. 표준어 규범과 설명

'표준국어대사전'의 내용을 보면 '피동사, 피동, 행동을 입음' 등의 단어나 표현이 있는 부분이 있다. 이 설명들에 나타나는 '피동(被動)'이란 한자의 뜻을 해석하면 '동작을 입는다'는 뜻이다.

예를 들어 '잡히다'를 찾아 보면 "'잡다'의 피동사"라고 설명되어 있다. '사용되다, 형성되다' 등에 포함된 '-되다'는 '-되다⁵'로 실려 있는데 이 '-되다⁵'는 "일부 명사 뒤에 붙어 '피동'의 뜻을 더하고 동사를 만드는 접미사"로 되어 있다. 동사 '지다⁴'는 다른 동사에 '-어지다' 형태로 결합하여 "남의 힘에 의하여 앞말이 뜻하는 행동을 입음을 나타내는 말"임을 표시한다. 단독으로는 이런 의미를 가질 수 없고 언제나 '-어' 뒤에 오기 때문에 보조 동사라고 설명한다.

동사가 문장 안에서 서술어로 쓰일 때 해당 동사의 동작주(動作主, agent)가 주어로 나타나는 경우와 피동작주(被動作主, patient)가 주어로 나타나는 경우, 두 가지가 있을 수 있다.

- 철수가 지하철에서 도촬범을 잡았다.
- 도촬범이 지하철에서 철수한테 잡혔다.

'잡았다(잡다)'가 쓰인 첫 번째 문장에서는 동작주인 '철수'가 주어로 나타나 있는 데 비해 '잡혔다(잡히다)'가 쓰인 두 번째 문장에서는 피동작주였던 '도촬범'이 주어로 나타나 있다.

이처럼 동작주가 주어로 나타나는 동사의 형태를 '능동형(能動形, active form)', 피동작주가 주어로 나타나는 동사의 형태를 '피동형(被動形, passive form)'이라고 한다. '피동형'은 '수동형(受動形)'이라고도 한다. 영어의 'catch, be caught'나 일본어의 'tsukamu(つかむ 잡다), tsukamareru(つかまれる 잡히다)는 각각 능동형, 피동형이라고 할 수 있다.

한편 한국어 '잡다, 잡히다'의 경우는 같은 동사의 다른 형태가 아니고 별개의 단어이다. '잡다'는 '능동사(能動詞)', '잡히다'는 '피동사(被動詞)'라고 해야 할 것이다.

이처럼 주어가 동작주냐 피동작주냐에 따라 동사 형태가 달라지는(혹은 별개의 동사가 선택되는) 문법 현상을 '태(態, voice)'라고 한다. 문법서에서 '피동'이라고 말할 때는 '피동태'를 줄여서 쓴 것으로 생각된다. 동작주가 주어로 나타나는 태는 '능동태(能動態, active voice)', 피동작주가 주어로 나타나는 태는 '피동태(被動態, passive voice)'(혹은 '수동태(受動態)'라고 한다.) 동사가 피동태를 취하든 능동태를 취하든 문장의 기본적인 의미는 바뀌지 않는다. 화자가 강조하고자 하는 부분이 달라질 뿐이다.

'잡다, 잡히다'와 달리 '만들다'의 경우에는 이에 대응되는 별개의 단어가 없다. '만들다'의 경우에는 '만들어지다'라는 단어가 있다.

- 세종이 한글을 <u>만들었다</u>.
- 한글은 세종에 의해 <u>만들어졌다</u>.

'만들다'와 '만들어지다'를 비교해 보면 '만들어지다'는 피동작주가(예문에서는 '한글') 주어로 나타나는 형태임을 알 수 있다. '만들어지다'는 피동태를 나타낸다.

'표준국어대사전'에 의하면 '만들어지다'는 '만들다'의 활용형 '만들어'에 보조동사 '지다'를 결합시킨 것이다. 타동사의 '-어/-아' 활용형에 '지다'를 결합시켜 피동태를 표현하는 방법은 현대 한국어에서 매우 흔하다. 이들은 보조동사가 결합된 구 구성이므로 사전에는 등재되지 않는다.

(그림을) 그리다, 그려지다
나누다, 나누어지다
세우다, 세워지다
지우다, 지워지다
켜다, 켜지다
정하다(定), 정해지다
행하다(行), 행해지다

단어에 따라서는 '-어지다'가 결합된 형태가 하나의 단어가 되었다고 인정되어 '표준국어대사전'에 올라간 단어도 있다.

가려지다(← 가리다)
꺼지다(← 끄다)

끊어지다(← 끊다)

버려지다(← 버리다)

쏟아지다(← 쏟다)

이루어지다(← 이루다)

찢어지다(← 찢다)

펼쳐지다(← 펼치다)

알려지다(← 알리다)

밝혀지다(← 밝히다)

한편 타동사, 자동사를 가리지 않고 동사의 '-어/-아' 활용형에 '지다'가 결합된 형태도 있다. 이때는 피동태는 아닌 것으로 생각된다. 연구자에 따라 '앞 말이 뜻하는 대로 하게 됨', '자발적(自發的) 의미', '가능(可能)' 등을 나타낸다고 해석한다. 이러한 '-어지다' 형태가 어떤 의미를 나타내는지는 아직 분명히 밝혀지지 않은 듯하다. 자동사인 점만 분명하다.

- 이사 가고 나선 그 카페는 잘 안 가져. (가지다, 가다)
- 오히려 눈에 띌까 다시 걸어도 되오면 그 자리에 서졌습니다 (서지다, 서다) 〈이은상, 그집앞〉
- 그저 살다 보면 살아진다.

'가지다(← 가아지다), 서지다(← 서어지다), 살아지다'처럼 자동사인데도 '-어/-아' 활용형에 '지다'가 결합된 형태가 있는 경우는 피동태를 나타내는 것이 아니다.

형용사의 '-어/-아' 활용형에 '지다'가 결합된 형태도 있다. 이때는 '지다'가 동사이기 때문에 동사 활용을 하게 된다.

낮다, 낮은
낮아진다, 낮아지는, 낮아진

'가까워지다, 심해지다(甚), 약해지다(弱), 어두워지다, 어려워지다, 좋아지다, 친해지다(親)' 모두 이런 구성에 속한다.

한편 동사와 마찬가지로 단어에 따라서는 '-어/-아지다'가 결합된 형태가 하나의 단어가 되었다고 인정되어 '표준국어대사전'에 올라간 단어도 있다. '예뻐지다'는 파생어로 처리하여 사전에 올라 있다.

이런 예는 다음과 같은 것들이 더 있다.

굳어지다(← 굳다)
길어지다(← 길다)
나빠지다(← 나쁘다)
나아지다(← 낫다)
넓어지다(← 넓다)
높아지다(← 높다)
늦어지다(← 늦다)
달라지다(← 다르다)
많아지다(← 많다)
멀어지다(← 멀다)
밝아지다(← 밝다)
작아지다(← 작다)

적어지다(← 적다)

짧아지다(← 짧다)

커지다(← 크다)

흐려지다(← 흐리다)

없어지다(← 없다)

'미끌어지다'는 의태어 '미끌'에 '-어지다'가 결합된 것으로 설명된다.

'-어/-아지다'가 결합된 형태가 구인 경우와 단어인 경우가 있는 것은 언어에서 볼 수 있는 일반적인 현상이다. 처음에는 구(句, phrase)로 사용되다가 복합어로 굳어지는 경우가 매우 흔한 것이다. 현재의 구성이 구인지 단어(복합어)인지는 분명히 판정하기 어려운 경우가 많고 사전의 처리도 그러하다. '물어보다'와 '들어 보다', '밤바람'과 '아침 바람'을 표준국어대사전에서 검색해 보면 이러한 사정을 알 수 있다. '물어보다, 밤바람'은 복합어로 인정되어 사전에 올라 있지만 '들어 보다, 아침 바람'은 그렇지 못해서 사전의 표제항이 아니다.

'잡다'와 비슷한 뜻을 가진 단어로 '검거하다(檢擧)'가 있다. 한국어 용언 중에는 '하다'가 후부요소인 단어들이 많은데 이들 중 타동사는 '하다'를 '되다'로 바꾸면 피동사가 되는 경우가 있다.

- 철수가 지하철에서 도촬범을 <u>검거했다</u>.
- 도촬범이 지하철에서 철수한테 <u>검거됐다</u>.

이런 유형의 단어를 '한국어학습용어휘' A 등급에서 뽑아 제시하면 다음과 같다.

사용되다, 사용하다(使用)

준비되다, 준비하다(準備)

초대되다, 초대하다(招待)

'시작하다'는 타동사인데도 다음 예문의 '시작되다'는 피동태를 나타내고 있지 않다. 이러한 '-되다' 형태가 어떤 의미를 나타내는지는 아직 분명히 밝혀지지 않은 듯하다. 자동사인 점만 분명하다.

- 앞자리가 052로 시작되는 번호는 울산이에요. (시작되다, 시작하다)

한편 '도착하다(到着), 발전하다(發展)'처럼 자동사인데도 '되다'형이 있는 경우가 있다. 이때도 피동태를 나타내는 것이 아니다.

- 네, 어제 인쇄소에서 메뉴까지 도착됐고, 인폼(inform)도 모두 배부했습니다. (도착되다, 도착하다)
- 과학이 발전되면 우리가 행복해지는 거 맞냐? (발전되다, 발전하다)

이상의 사실을 정리하면 한국어의 경우 '피동(태)'을 표현하는 방법에는 세 가지가 있음을 알 수 있다.

첫째, 대응하는 피동사가 있는 경우가 있다. 주로 접미사 '-이-, -히-, -리-, -기-'가 결합된 것이다.

놓이다, 놓다

잡히다, 잡다

깔리다, 깔다

안기다, 안다

둘째, '하다' 용언에 대응되는 '되다' 용언이 '피동'을 나타내는 경우가 있다.

검거되다(檢擧), 검거하다

셋째, 보조용언 '지다'에 의한 구성이 있다. '-어/-아' 활용형에 결합한다.

만들어지다, 만들다

32.2. 구어(口語) 기술과 설명

앞에서 '-어/-아' 활용형에 '지다'가 결합된 형태에는 세 가지 부류가 있음을 보았다. 첫째, 어간이 타동사일 때는 피동태를 표현한다.

만들다, 만들어지다

둘째, 어간이 동사일 때 자동사를 만든다. 의미는 분명하지 않다.

가다, 가지다(← 가아지다)

셋째, 어간이 형용사일 때 동사구를 만든다.

낮다, 낮아지다

어간이 형용사일 때에는 '예뻐지다'처럼 동사로 파생된 경우도 많다.

구어에서는 접미사 '-이-, -히-, -리-, -기-'가 결합된 피동사의 '-어/-아' 활용형에 '지다'가 결합된 예가 많이 나타난다. 일부 문법서에서는 이를 '이중피동(二重被動)'이라고 부른다. 이 예들을 한국어 규범문법에 어긋난 경우로 설명하는 연구자도 있다.

이렇게 피동사 접미사에 다시 '-어/-아 지다'가 결합된 다른 예를 들면 다음과 같다.

갇혀지다, 감겨지다, 걷혀지다, 깎여지다, 깔려지다, 꺾여지다, 꽂혀지다, 끊겨지다, 끼여지다, 놓여지다, 눌려지다, 닦여지다, 닫혀지다, 덮여지다, 뒤집혀지다, 떠밀려지다, 뚫려지다, 뜯겨지다, 모여지다, 묶여지다, 묻혀지다, 믿겨지다, 보여지다, 불려지다, 붙여지다, 붙잡혀지다, 뽑혀지다, 섞여지다, 신겨지다, 실려지다, 심겨지다, 싸여지다, 쌓여지다, 쓰여지다, 씌어지다, 얹혀지다, 열려지다, 읽혀지다, 잊혀지다, 잘려지다, 잡혀지다, 적혀지다, 접혀지다, 짜여지다, 찍혀지다, 찢겨지다, 파여지다, 풀려지다

이런 예 중 '잊혀지다' 같은 경우는 '잊히다'로는 거의 쓰이지 않는다.

• 잊혀질까 봐 두려워서?

'잊히다'가 쓰인 예는 정지용의 '향수' 정도이다. 20세기 초반(1923년)의 예이다.

- 그곳이 차마 꿈엔들 잊힐리야

두 형태가 다 쓰이지만 의미에 따라 다른 양상을 보이는 경우도 있다. 예를 들어 '보다'의 피동사는 '보이다'이다. '보다'에는 'look, 視'를 의미하는 경우도 있고 'regard, 생각하다'를 의미하는 경우도 있는데 '보이다' 역시 마찬가지이다.

- 안개 때문에 산이 보이지 않는다.
- 그 일은 곧 성사될 것으로 보인다.

이 중 '보여지다'로 쓰이는 것은 'regard, 생각하다'의 경우뿐이다.

- ×안개 때문에 산이 보여지지 않는다.
- 그 일은 곧 성사될 것으로 보여진다.

피동사에 '-어지다'가 결합된 형태의 문법적 특징에 대해서는 잘 알려져 있지 않다.

'잊혀지다'처럼 피동사에 다시 피동태를 나타내는 형태(구어에서는 '-어지다')가 결합되는 현상은 한국어 전반에서 일어나고 있는 듯하다. 피동사 '몰리다'는 현대 동북방언(함경도방언)에서는 '몰기우다', 현대 동남방언(경상도방언)에서는 '몰리이다(실제 발음은 [몰리:다])', 현대 강릉방언에서는

'몰리키다'이다. '몰기우다'의 '-우-', '몰리이다'의 '-이-', '몰리키다'의 '-키-'는 각각 해당 방언의 피동사 접미사이다. 표준어의 '(~라고) 불리다, 가리다'는 구어에서는 흔히 '불리우다, 가리우다'로 쓰이는데 이 역시 같은 현상이다.

참조

피동사와 관련된 일반적인 설명은 이익섭, 이상억, 채완, 『한국의 언어』(신구문화사, 1997, pp.214-218)를 참조할 수 있다. '-어지다'의 문법적 설명은 아직 분명한 상태는 아닌 듯하다. 김창섭, 『국어의 단어형성과 단어구조 연구』(태학사, 1996, pp.103-106)에 본고와 다른 설명이 있으므로 비교해 볼 수 있다. 피동사에 다시 '-어지-'가 결합된 더 많은 예는 안소진, 「피동접미사 + -아/어지-' 구성에 대하여」(『언어와 언어학』 74(한국외국어대학교 언어연구소), 2017, pp.207-228)를 참조할 수 있다.

33. 모음체계

'웬지'와 '왠지'의 차이

33.1. 표준어 규범과 설명

한국어 표준어와 관련된 규정은 네 가지이다. '한글 맞춤법, 표준어 규정, 외래어 표기법, 국어의 로마자 표기법'이 그것이다. '표준어 규정'은 어떤 단어가 표준어인지를 규정하는 부분과 어떤 발음이 표준 발음인가를 규정하는 부분으로 나누어져 있다. 후자는 '표준 발음법'이라고 부른다.

자음은 경상도 동쪽 지역의 노년층 발음 외에는 어느 방언이든지 표준어와 같다. 경상도 동쪽 지역의 노년층은 'ㅅ'와 'ㅆ'를 구분하지 않는다. 그러나 모음은 방언에 따라 차이가 많고 실제 사용되는 한국어도 표준어와 차이가 있다.

모음과 관련된 표준어 규정은 '표준어규정'의 '표준 발음법' 중 제4, 5항에 있다.

> 제4항 'ㅏ ㅐ ㅓ ㅔ ㅗ ㅚ ㅜ ㅟ ㅡ ㅣ'는 단모음(單母音)으로 발음한다.

> [붙임] 'ㅚ, ㅟ'는 이중 모음으로 발음할 수 있다.
>
> 제5항 'ㅑ ㅒ ㅕ ㅖ ㅘ ㅙ ㅛ ㅝ ㅞ ㅠ ㅢ'는 이중 모음으로 발음한다.

표준어의 모음 중 단모음(單母音, monophthong)은 '표준어 규정' 제2부 표준 발음법, 제4항에서 제시한 것처럼 10개이다.

각각의 모음을 발음기호로 표시하면 다음과 같다.

ㅏ [a]
ㅐ [ɛ]
ㅓ [ə] – [ʌ] 또는 [ɔ]로 설명하는 연구자도 있다.
ㅔ [e]
ㅗ [o]
ㅚ [ö] – [ø]로 표기하는 경우도 있다.
ㅜ [u]
ㅟ [ü] – [y]로 표기하는 경우도 있다.
ㅡ [ɨ] – [ɯ]로 설명하는 연구자도 있다.
ㅣ [i]

'붙임'에 밝힌 것처럼 'ㅚ, ㅟ'는 이중모음(二重母音, diphthong)으로 발음해도 표준어이다. 이중모음인 'ㅚ, ㅟ'를 발음기호로 표시하면 다음과 같다.

ㅚ [we]

ㅟ [wi]

'이중모음(二重母音, diphthong)'이란 두 모음이 하나의 음절에 들어 있는 모음을 말한다. 예를 들어 '이아 [ia]'라고 발음하면 모음 'ㅣ'와 모음 'ㅏ'가 연달아 발음된 것이며 '이아'는 두 개의 음절이다. 그러나 '야 [ja]'라고 발음하면 반모음 'j(제이)'와 모음 'ㅏ'가 연달아 발음된 것이며 '야 [ja]'는 한 개의 음절이다. '야 [ja]' 같은 모음을 이중모음이라고 한다. 한편 'ㅏ [a]'는 하나의 모음이 하나의 음절을 이룬 것이다. 이런 모음은 '단모음'이라고 한다.

단모음과 이중모음을 확인하는 가장 간단한 방법은 길게 발음할 때 입 모양이 변하는지 보는 것이다. 'ㅏ' 같은 단모음은 아무리 길게 발음해도 입 모양이 변하지 않는다. 그러나 'ㅑ' 같은 이중모음은 발음 중 어느 순간에 입술 모양이 변한다. 'ㅑ'는 발음 초반에 변한다.

'ㅚ, ㅟ'의 표준 발음은 다른 모음보다 사정이 복잡하다. 이 둘은 단모음 [ö, ü]로 발음하는 것이 표준어이다. 한편 이중모음 '[we, wi]'로 발음해도 표준어이다. 'ㅚ, ㅟ'의 발음이 방언과 세대에 따라 큰 차이를 보이는 현실을 반영한 조처이다.

위에서 설명한 것처럼 'ㅚ, ㅟ'를 이중모음으로 발음할 때는 입술 모양이 변한다. [w]와 [e], [w]와 [i] 발음을 모두 하기 때문이다. 한편 단모음 'ㅚ [ö], ㅟ [ü]'를 발음할 때는 입술 모양이 변하지 않는다. 현재 대부분의 한국인들은 'ㅚ, ㅟ'를 이중모음으로 발음한다.

표준어의 모음 중 이중모음(二重母音, diphthong)은 '표준어 규정' 제2부 표준 발음법, 제5항에서 제시한 것처럼 11개이다.

각각의 모음을 발음기호로 표시하면 다음과 같다.

ㅑ [ja] - [j]를 [y]로 표기하는 경우도 있다.
ㅐ [jɛ]
ㅕ [jə]
ㅖ [je]
ㅘ [wa]
ㅙ [wɛ]
ㅛ [jo]
ㅝ [wə]
ㅞ [we]
ㅠ [ju]
ㅢ [ɨj] - [ɰi]로 설명하는 연구자도 있다.

발음기호를 보면 알 수 있듯이 'ㅞ [we]'는 이중모음으로 발음한 'ㅚ [we]'와 발음이 같다. 'ㅘ [wa], ㅙ [wɛ]'에서는 반모음 [w]가 한글 자모 'ㅗ'로, 'ㅝ [wə], ㅞ [we]'에서는 한글 자모 'ㅜ'로 표기된 사실은 주의를 요한다.

33.2. 구어(口語) 기술과 설명

표준어와 달리 구어에서는 'ㅏ, ㅐ/ㅔ, ㅓ, ㅗ, ㅜ, ㅡ, ㅣ' 7개의 단모음이 쓰인다. 다시 말해서 구어에서는 단모음 'ㅔ'와 'ㅐ'는 구별되지 않는다. 구어에서는 'ㅚ, ㅟ'는 이중모음으로 발음된다.

이 때문에 'ㅔ'와 'ㅐ'를 구별해야 할 때는 "'ㅓㅣ'의 'ㅔ', 'ㅏㅣ'의 'ㅐ'"라고 설명하기도 한다. 필자 역시 은행이나 관공서에서 '유필재'라고 이름을 말하면 '재'의 표기에 대해 다시 질문을 받는 일이 흔하다. '도대체'의 맞춤법이 헷갈리는 것은 'ㅔ'와 'ㅐ'가 구별되지 않기 때문이다. 의미가 다른 '결제(決濟)'와 '결재(決裁)'가 헷갈리는 것도 구어에서 둘의 발음이 같기 때문이다.

구어에서는 단모음 'ㅔ'와 'ㅐ'가 구별되지 않기 때문에 이중모음 역시 표준어와 다르다. 구어에서는 'ㅖ'와 'ㅒ'가 구별되지 않는다. 'ㅖ'의 발음은 [je]이고 'ㅒ'의 발음은 [jɛ]인데 'ㅔ [e]'와 'ㅐ [ɛ]'가 구분되지 않으니 'ㅖ, ㅒ' 역시 구분되지 않는다.

구어에서는 'ㅞ'와 'ㅙ'가 구별되지 않는다. 'ㅞ'의 발음은 [we]이고 'ㅙ'의 발음은 [wɛ]인데 'ㅔ [e]'와 'ㅐ [ɛ]'가 구분되지 않으니 'ㅞ, ㅙ' 역시 구분되지 않는다. 이 때문에 구어에서는 "어찌 된"이라는 뜻을 가진 단어 '웬'은 '왠'과 발음이 같아서 자주 잘못 쓴다. 참고로 '왠'이라는 단어는 없다. "뚜렷한 이유 없이"라는 뜻의 '왠지'로 쓰인다.

그런데 앞서 말한 것처럼 구어에서 'ㅚ'는 이중모음 [we]로 발음되기 때문에, 다시 말해서 'ㅞ'로 발음되기 때문에 결과적으로 발음만 듣고서는 'ㅚ, ㅞ, ㅙ'를 구분할 수 없다. '되다'의 활용형은 '되고, 돼, 돼서, 됐다, 되면' 등인데 'ㅚ'와 'ㅙ'가 발음상으로 구별되지 않기 때문에 문법 지식이 없으면 이 활용형들을 한글 맞춤법에 맞게 쓰기 어렵다. 이 활용형들과 관련된 문법 지식에 대해서는 '12. 모음 'ㅚ'로 끝나는 용언 어간과 모음어미 '-아/-어' 결합'에서 자세히 다루었다.

구어에서는 이중모음 'ㅢ'는 위치에 따라 'ㅡ, ㅣ'로 발음된다. 조사일 때는 'ㅔ'로 발음된다. 이에 대한 설명은 '34. 문자 '의'의 발음'에서 자세히 다룬다.

34. 문자 '의'의 발음

> 민주주의의 의의

34.1. 표준어 규범과 설명

'이중모음(二重母音, diphthong)'이란 두 모음이 하나의 음절에 들어 있는 모음을 말한다. 이중모음과 관련된 표준어 규정은 '표준어규정'의 '표준 발음법' 중 제5항에 있다. 이 중 이중모음 'ㅢ'와 관련된 부분만을 제시한다.

제5항 'ㅑ ㅒ ㅕ ㅖ ㅘ ㅙ ㅛ ㅝ ㅞ ㅠ ㅢ'는 이중 모음으로 발음한다.

…

다만 3. 자음을 첫소리로 가지고 있는 음절의 'ㅢ'는 [ㅣ]로 발음한다.

| 늴리리 | 닁큼 | 무늬 | 띄어쓰기 | 씌어 |
| 틔어 | 희어 | 희떱다 | 희망 | 유희 |

다만 4. 단어의 첫음절 이외의 '의'는 [ㅣ]로, 조사 '의'는 [ㅔ]로 발음함도 허용한다.

> 주의[주의/주이]
> 우리의[우리의/우리에]
> 협의[혀븨/혀비]
> 강의의[강ː의의/강ː이에]

영어 'go'의 발음인 [goʊ](혹은 [gəʊ])의 [oʊ, əʊ], 중국어의 'mài(賣, 팔다)'의 [ài]가 이중모음이다. 한국어의 '야 [ja], 와 [wa]' 같은 모음도 이중모음이다.

한국어 표준어의 이중모음은 모두 두 모음 중 하나는 '반모음(半母音, semivowel)'이다. '반모음'이란 모음처럼 발음되면서도 혼자서는 음절을 이루지 못하는 음을 말한다. 연구자에 따라서는 '활음(滑音, glide)'이라고도 부른다. 한국어의 반모음에는 'j(제이)'와 'w(더블유)'가 있다. '야 [ja], 여 [jə], 요 [jo], 유 [ju]'의 앞 부분 소리가 'j'이고 '와 [wa], 워 [wə]'의 앞 부분 소리가 'w'이다.

'표준발음법'에서는 'ㅢ'가 이중모음이라고만 규정하고 어떤 이중모음인지는 설명하지 않고 있다. 'ㅢ'를 [ɨj] 처럼 'ㅡ'와 'j'로 이루어진 이중모음이라고 설명하는 경우가 많다. 'ㅢ'를 [ɯi] 처럼 'ㅇ'의 반모음 'ɯ'과 'ㅣ'로 이루어진 이중모음이라고 설명하는 경우도 있다. 'ɯ'는 영어로 'long-leg turned m'이라고 부른다. '33. 모음체계'에서 한국어 모음 'ㅡ'의 음가를 '[ɨ] 혹은 [ɯ]'로 설명한다고 했는데 이 [ɯ]의 반모음이 바로 [ɰ]이다. 참고로 한국어에서 'j'는 'ㅣ'의, 'w'는 'ㅗ, ㅜ'의 반모음이다.

'표준발음법'에서 '다만'으로 시작하는 부칙(附則)에서 알 수 있듯이 'ㅢ'는 이중모음으로 발음하지 않는 경우도 있다. 'ㅢ' 앞에 자음이 있으면 모음 'ㅣ'로 발음하는 것이 표준어이다. '희다'의 발음은 [히다]이고 '무늬'의 발음은 [무니]인 것이다. '희다'는 표기와 달리 '피다, 시다, 기다'처럼 어간이

'ㅣ'로 끝나는 용언인 셈이다.

이에 해당되는 '한국어교육용어휘'는 다음과 같다. A 등급은 없다.

B 등급 : 너희, 저희, 무늬, 줄무늬, 희망, 희다
C 등급 : 희곡, 띠다, 띄우다, 씌우다, 희망하다, 희생, 희생하다

단어의 맨 앞이 아니면 'ㅢ'는 'ㅣ'로 발음해도 표준어이다. '주의'는 [주의]처럼 이중모음으로 발음해도, 혹은 [주이]로 'ㅣ'로 발음해도 표준어인 것이다.

한국어의 조사 중에 '-의'가 있는데 이 조사 '-의'는 [에]로 발음해도 표준어이다. '나의'는 [나의]처럼 이중모음으로 발음해도, 혹은 [나에]로 발음해도 표준어이다. '그림의 떡'을 '그림에 떡'으로 잘못 알고 있는 사람이 많은데 이 역시 조사 '-의'를 [에]로 발음하기 때문이다.

모음 'ㅢ'는 이중모음이면서 이렇게 예외적인 경우가 여럿 있기 때문에 모음 'ㅢ'가 있는 단어, 구의 표준발음은 여럿인 경우가 많다. 예를 들어 '민주주의의 의의'는 가능한 표준발음이 여덟 가지나 된다. '민주주의'의 마지막 '의'는 단어의 맨 앞이 아니므로 'ㅢ'로도 'ㅣ'로도 발음할 수 있다. 조사 '-의'는 조사이므로 'ㅢ'로도 'ㅔ'로도 발음할 수 있다. '의의'의 두번째 '의'는 역시 단어의 맨 앞이 아니므로 'ㅢ'로도 'ㅣ'로도 발음할 수 있다. 이 경우의 수를 계산하면 $2 \times 2 \times 2$ 로 모두 8가지이다.

34.2. 구어(口語) 기술과 설명

그러나 구어에서는 'ㅢ'는 이중모음으로 발음되지 않는다. 단어의 맨 앞이 아닌 경우에서는 주로 'ㅣ'로 발음한다. '회의, 거의, 논의하다'는 구어에서 [회이, 거이, 논이하다]로 발음된다.

단어의 맨 앞에서는 표기에 주의해 발음하는 경우에는 'ㅢ'로 발음하는 경우도 있다. 그러나 대부분은 'ㅡ'로 발음한다. '의사, 의자, 의견, 의미, 의미하다, 의심하다, 의하다' 등은 구어에서 모두 'ㅡ'로 시작하는 단어로 발음된다.

'국회의원'처럼 복합어일 때 'ㅢ'의 발음은 원래 단어의 위치에 따라 달라진다. '국회의원'에서 '의'는 단어의 맨 앞이 아니라 'ㅣ'로 발음될 것 같지만 실제로 이 '의'는 '의원'의 맨 앞 위치이므로 'ㅡ'로 발음된다. 다시 말해서 [구쾨으원]처럼 발음된다.

조사 '-의'는 구어에서는 [ㅔ]로 발음된다. [ㅢ]로 발음되는 경우는 없다.

- 우리의 [우리에] 소원은 통일

참조

문자 '의'의 실제 발음이 단어 내의 위치에 따라 'ㅡ, ㅣ'로, 조사인 경우는 'ㅔ'로 발음되는 사실은 이미 李基文, 『國語史槪說』(新訂版, 태학사, 1998, p.240)에서 분명히 제시된 바 있다. 이 부분을 포함해서 이 책의 '제9장 現代國語'를 읽으면 현대 구어의 양상을 이해하는 데 큰 도움이 된다.

35. 음장

> 언니보다 훨~씬 훨~씬 오래 전부터 오빠 좋아했다구!
> 걱정 마~ 누나네보다 훨~~씬 잘 살 거야.

35.1. 표준어 규범과 설명

표준어는 모음의 길이를 구별하여 발음하도록 규정하고 있다. 예를 들어 '말:(言)'과 '말(馬)'처럼 같은 'ㅏ'라도 긴 소리로 나는 'ㅏ:'와 짧은 소리로 나는 'ㅏ'는 단어의 의미를 구별시킬 수 있다. 뜻을 구별하지는 않지만 활용형에 따라 긴 소리로 나는 'ㅏ:'와 짧은 소리로 나는 'ㅏ'를 구별해서 발음해야 표준어인 경우도 있다. '(머리를) 감:고, 감아서'가 그 예이다.

모음의 길이와 관련된 표준어 규정은 '표준어규정'의 '표준 발음법' 중 제6, 7항에 있다.

> 제3장 음의 길이
>
> 제6항 모음의 장단을 구별하여 발음하되, 단어의 첫음절에서만 긴소리가 나타나는 것을 원칙으로 한다.

(1) 눈보라 [눈:보라]   말씨 [말:씨]   밤나무 [밤:나무]
    많다 [만:타]   멀리 [멀:리]   벌리다 [벌:리다]

(2) 첫눈 [천눈]   참말 [참말]   쌍동밤 [쌍동밤]
    수많이 [수:마니]   눈멀다 [눈멀다] 떠벌리다 [떠벌리다]

[붙임] 용언의 단음절 어간에 어미 '-아/-어'가 결합되어 한 음절로 축약되는 경우에도 긴소리로 발음한다.

보아 → 봐 [봐:]   기어 → 겨 [겨:]   되어 → 돼 [돼:]
두어 → 둬 [둬:]   하여 → 해 [해:]

다만, '오아 → 와, 지어 → 져, 찌어 → 쪄, 치어 → 쳐' 등은 긴소리로 발음하지 않는다.

제7항 긴소리를 가진 음절이라도, 다음과 같은 경우에는 짧게 발음한다.

1. 단음절인 용언 어간에 모음으로 시작된 어미가 결합되는 경우

감다 [감:따] — 감으니 [가므니]   밟다 [밥:따] — 밟으면 [발브면]
신다 [신:따] — 신어 [시너]   알다 [알:다] — 알아 [아라]

다만, 다음과 같은 경우에는 예외적이다.

끌다 [끌:다] — 끌어 [끄:러]   떫다 [떨:따] — 떫은 [떨:븐]
벌다 [벌:다] — 벌어 [버:러]   썰다 [썰:다] — 썰어 [써:러]
없다 [업:따] — 없으니 [업:쓰니]

> 2. 용언 어간에 피동, 사동의 접미사가 결합되는 경우
>
> 감다 [감:따] — 감기다 [감기다]   꼬다 [꼬:다] — 꼬이다 [꼬이다]
> 밟다 [밥:따] — 밟히다 [발피다]
>
> 다만, 다음과 같은 경우에는 예외적이다.
>
> 끌리다 [끌:리다]   벌리다 [벌:리다]   없애다 [업:쌔다]

'표준국어대사전'의 '하늘'을 찾아보면 '발음 [하늘]'처럼 되어 있다. '하늘'의 발음이 [하늘]임을 표시한 것이다. 그런데 '사람'을 찾아보면 '발음 [사:람]'처럼 '사' 뒤에 ':' 표시가 되어 있다.

':' 표시는 장음(長音)을 나타낸다. 다시 말해서 '사람'의 '사'는 [사:]처럼 길게 발음하는 것이 표준어임을 알려 준 것이다. '람'에는 아무 표시가 없으므로 길게 발음하지 않는다. 다시 말해서 짧게 발음한다. [하늘]은 ':' 표시가 없으므로 '하, 늘' 모두 길게 발음하지 않는다.

표준어는 음장을 가지고 있고 어느 단어를 길게 발음할지는 단어에 따라 정해져 있다. 그리고 표준발음법 제6항에서 제시하고 있는 것처럼 단어의 첫음절에서만 긴소리가 나타나는 것이 원칙이다. 단어의 맨 앞이 아닌 곳에서 장음이 있는 경우는 특수한 경우가 아니면 없다.

예를 들어 {雪, snow}를 의미하는 '눈'은 [눈:]처럼 장음으로 발음하는 것이 표준어이다. 그러나 '눈'이 후부요소인 복합어 '첫눈'에서 '눈'은 장음으로 발음되지 않는 것이 표준어이다. 단어의 맨 앞이 아니기 때문이다. '흰 눈'처럼 단어의 맨 앞이기는 하지만 '흰 눈'을 연달아 발음하여 [힌눈]처럼 발음

할 때도 장음으로 발음되지 않는 것이 의미중립적인 발음이다.

어간이 1음절인 용언은 장음 발음이 복잡한 경우가 많다. 예를 들어 '알다'의 발음은 '표준국어대사전'에 다음과 같이 되어 있다.

알다 [알:다], 알아 [아라], 아니 [아:니], 아오 [아:오]

'알다, 아니, 아오'에서는 장음인 [알:] 혹은 [아:]로 발음하는데 '알아'에서는 장음으로 발음하지 않는 것이다.

'아오' 같은 예외를 제외하면 장음, 단음(短音)으로 발음하는 규칙은 비교적 간단하다. 자음 앞에서는 장음으로, 모음 앞에서는 단음(短音)으로 발음하는 것이 표준어이다.

신다 [신:따], 신어 [시너], 신으니 [시느니]
감다 [감:따], 감아 [가마], 감으니 [가므니]

이 규칙에는 예외가 있다. 다음과 같은 단어들은 예외이다.

끌다, 벌다(돈을~), 썰다, 좋다, 없다, 많다, 떫다, 엷다, 굵다

예를 들어 '벌다'의 발음은 '표준국어대사전'에 다음과 같이 되어 있다.

벌다 [벌:다], 벌어 [버:러], 버니 [버:니], 버오 [버:오]

영어 단어에 악센트를 표시하지 않는 것처럼 표준어의 장음도 표기는 하

지 않는다. 앞에서 본 것처럼 발음을 표시할 때는 'ː'로 표기하는 것이 원칙이지만 이는 자판에 없기 때문에 일반적으로는 ' : '(쌍점)으로 대신한다. 'ː'은 '흔글' 프로그램이라면 문자표 중 '국제 음성 기호'에 있다.

35.2. 구어(口語) 기술과 설명

구어에서는 음장으로 단어를 구별하는 경우는 거의 없다. 다시 말해서 구어에서는 변별적 음장은 없다.

다음 단어들은 표준어에서는 음장에 의해서 발음이 구별된다. 앞의 단어는 짧게, 뒤의 단어는 길게 발음하는 것이 표준어이다. 구어에서는 같게 발음된다. 모두 짧게 발음된다.

일(一), 일(하다)
눈(目), 눈(雪)
발(足), 발(簾)
되다(얼음이 물이~), 되다(물이 적어서 밥이~)
그리다(그리워하다), 그리다(그림을~)

앞에서 설명한 '알다'의 표준 발음은 '알다 [알ː다], 알아 [아라], 아니 [아ː니]'이지만 구어에서는 모두 짧게 발음한다.

다만 축약되어 발음할 때 생기는 장음은 구어에서도 나타나는 경향이 있다. '보아'를 줄여서 '봐'라고 하거나 '기어'를 줄여서 '겨'라고 할 때는 구어에서도 '[봐ː], [겨ː]'처럼 길게 발음하는 경우가 있다.

'돌보아, 이기어'를 '돌봐, 이겨'로 줄여 발음할 때는 길게 발음하지 않는다. 앞에서 설명한 것처럼 한국어의 장음은 단어의 맨 앞에서만 실현된다.

이른바 ㅅ불규칙용언들은 모음 앞에서는 받침 'ㅅ'이 없어진다.

붓다(물을~), 부어서, 부으면

ㅅ불규칙용언에서는 받침 'ㅅ'만 없애는 것이 표준어이다.

긋다, 그어서, 그으면
낫다(병이~), 나아서, 나으면
젓다(죽을~), 저어서, 저으면

그러나 구어에서는 이를 줄여 발음하고 이때는 장음으로 발음하는 경우도 많다.

붓다(물을~), 뷔서 [뷔ː서], 부면 [부ː면]
긋다, 거서 [거ː서], 그면 [그ː면]
낫다(병이~), 나서 [나ː서], 나면 [나ː면]
젓다(죽을~), 저서 [저ː서], 저면 [저ː면]

이제까지 설명한 장음들과는 달리 정도를 표시하기 위해 사용하는 장음도 있는데 이러한 장음은 구어에서도 나타난다.

부사 '훨씬'은 단음(短音)으로 발음하는 것이 표준어이다. 그러나 '훨씬'은 '[훨ː씬]'처럼 길게 발음하거나 '[훨ːː씬]'처럼 매우 길게 발음하는 경우가 많다. 이는 '훨씬'이 나타내는 정도를 표현하기 위한 것이다. 글만으로는 알 수 없지만 장음을 살려 발음해 보면 아래 예문에서 가장 잘생긴 사람은 '지수'임을 알 수 있다.

- 철수가 나보다 훨씬 잘생겼어.
- 민수가 나보다 훨씬 [훨:씬] 잘생겼어.
- 지수가 나보다 훨씬 [훨::씬] 잘생겼어.

이러한 장음을 '표현적 장음(表現的 長音, expressive lengthening)'이라고 한다. 표현적 장음은 어느 언어에나 있다.

참조

한국어의 음장과 관련된 내용은 김성규, 정승철, 『소리와 발음』(개정판, 한국방송통신대학교 출판부, 2013)의 '제6강 운소'에 설명되어 있다.

36. 모음조화

할 줄 알아? (박지윤, 2003)

36.1. 표준어 규범과 설명

'(손을) 잡아요'의 '-아요'와 '(종이를) 접어요'의 '-어요'는 형태는 다르지만 뜻은 같다. '-아요'와 '-어요'는 모두 해요체 종결어미이지만 어간의 모음이 무엇이냐에 따라 '-아요' 혹은 '-어요'를 선택해서 쓰게 되어 있다. 이러한 규칙과 관련된 어문규정은 한글맞춤법 제16항에 있다.

한글맞춤법 제16항
제16항 어간의 끝음절 모음이 'ㅏ, ㅗ'일 때에는 어미를 '-아'로 적고, 그 밖의 모음일 때에는 '-어'로 적는다.

1. '-아'로 적는 경우

나아	나아도	나아서
막아	막아도	막아서
얇아	얇아도	얇아서

| 돌아 | 돌아도 | 돌아서 |
| 보아 | 보아도 | 보아서 |

2. '-어'로 적는 경우

개어	개어도	개어서
겪어	겪어도	겪어서
되어	되어도	되어서
베어	베어도	베어서
쉬어	쉬어도	쉬어서
저어	저어도	저어서
주어	주어도	주어서
피어	피어도	피어서
희어	희어도	희어서

'표준국어대사전'을 찾아보면 표제어가 '-다'로 끝난 단어가 많이 있다. 몇 예를 들어 보인다.

먹다, 가다, 살다, 작다, 크다, 멀다, 있다, 없다, 아니다, -이다

이 단어들 중에는 '먹다, 가다, 살다'처럼 동작을 나타내는 단어들이 있다. 이러한 단어들을 '동사(動詞)'라고 한다. 이 단어들 중에는 '작다, 크다, 멀다'처럼 상태를 나타내는 단어들이 있다. 이러한 단어들을 '형용사(形容詞)'라고 한다. 동사, 형용사와 '있다, 없다, 아니다, -이다' 같은 단어를 모두 묶어서 '용언(用言)'이라고 부른다.

'표준국어대사전'에는 용언들의 '기본형(基本形, basic form)'이 올라와 있다. 기본형은 '-다' 형태로 되어 있는데 '-다' 앞 부분을 해당 용언의 '어간(語幹, stem)'이라고 한다.

용언인 단어들은 문장 안에서 여러 형태로 모양이 바뀐다. '표준국어대사전'에도 '활용'이라는 제목으로 몇 가지 대표적인 예를 들어 놓고 있다. '먹다'를 예로 들어 보면 '먹어, 먹으니, 먹는'이 제시되어 있다.

어간 '먹-'을 제외한 나머지 부분을 '어미(語尾, ending)'라고 한다. '먹어, 먹으니, 먹는'을 예로 들면 '-어, -으니, -는'이 어미가 된다.

한국어의 어미에는 '아' 혹은 '어'로 시작하는 것들이 있다. '문법 평정 목록'에서 해당 예를 가져 오면 다음과 같다. 편의상 '어'로 시작하는 형태만을 제시한다. 2급의 예는 없다.

    1급 : -었-, -어서, -어
    3급 : -었었-, -어다가, -어도, -어야, -어야지[1], -었더니
    4급 : -어라, -어야지[2]

한국어에는 의존명사나 보조용언이 구성요소가 되어 하나의 문법적 의미를 가지는 '구(句, phrase)'가 있다. 보조용언은 다른 어미와 함께 이러한 문법적 의미를 가진 구를 이루는 경우가 많다. 예를 들어 '-고 싶다'는 어미 '-고'와 보조용언 '싶다'로 구성된 구인데 '의향, 욕구' 등의 의미를 가진다. 이들을 '표준국어대사전'에서는 '구성'이라고 부르고 있고 '문법 평정 목록'에서는 '표현'이라는 이름으로 묶어 제시하고 있다.

'문법 평정 목록'에서 제시된 문법적 의미를 가지는 구(句), 다시 말해서 '표현' 중 '아' 혹은 '어'로 시작하는 것은 다음과 같다. 편의상 '어'로 시작하

는 형태만을 제시한다.

1급 : -어야 되다

2급 : -어 보다, -어 있다, -어 주다, -어도 되다

3급 : -어 가다, -어 오다, -어 가지고, -어 놓다, -어 두다, -어 드리다, -어야 겠-, -어지다, -어 보이다

4급 : -어 대다, -어서인지, -어 버리다

5급 : -어 내다

'아' 혹은 '어'로 시작하는 어미와 표현은 모두 '아'로 시작하든 '어'로 시작하든 의미가 같다. 예를 들어 '잡아서'의 '-아서'와 '접어서'의 '-어서'는 의미가 같고 '잡아 보다'의 '-아 보다'와 '접어 보다'의 '-어 보다' 역시 의미는 같다.

'아' 혹은 '어' 중 어느 것으로 시작하는 형태가 쓰이느냐는 어간의 끝음절 모음이 무엇이냐 따라 다르다. '한글맞춤법' 제16항에 설명되어 있는 것처럼 어간의 끝음절이 'ㅏ, ㅗ'일 때는 '아'로 시작하는 어미가 쓰이고, 그 밖의 모음일 때는 '어'로 시작하는 어미가 쓰인다. '-아서, -어서'로 예를 들어 본다.

'-아서'가 쓰인 경우는 어간 끝음절 모음이 'ㅏ, ㅗ'인 경우이다.

ㅏ 작아서

ㅗ 높아서

'-어서'가 쓰인 경우는 어간 끝음절 모음이 'ㅏ, ㅗ'가 아닌 모음의 경

우이다.

ㅣ 입어서
ㅔ 세어서 (~ 세서)
ㅐ 뺏어서
ㅟ 쉬어서
ㅚ 되어서 (~ 돼서)
ㅡ 늦어서
ㅓ 벗어서
ㅜ 웃어서

어간 끝음절의 모음에 따라 '아' 혹은 '어'로 시작하는 어미가 서로 달리 나타나는 현상을 한국어 문법서에서는 '모음조화(母音調和, vowel harmony)'라고 부른다.

어간이 'ㅡ'로 끝난 용언의 모음조화는 조금 더 설명이 필요하다. 어간 끝음절 모음이 'ㅡ'이고 뒤에 자음이 오는 어간은 앞에서 본 모음조화 규칙의 적용을 받는다.

다듬다, 다듬어서

'다듬다'의 어간 끝음절 모음이 'ㅡ'이기 때문에 '-어서'가 결합된 것이다. 한글맞춤법에도 나와 있는 것처럼 어간의 끝음절이 조건이 되기 때문에 어간 첫음절이 'ㅏ'인 것은 모음조화와 관계가 없다.

어간 끝음절 모음이 'ㅡ'이고 모음으로 끝난 어간 중 1음절 어간은 앞에서 본 모음조화 규칙의 적용을 받는다. 그리고 이때 어간 끝음절 모음 'ㅡ'는 탈락한다. 이에 대해서는 '14. 모음 'ㅡ'로 끝나는 용언 어간과 모음어미 '-아/-어' 결합'을 참조 바란다.

  크다, 커서
  쓰다, 써서
  뜨다, 떠서
  끄다, 꺼서

  그런데 어간 끝음절 모음이 'ㅡ'이고 2음절 이상인 어간은 'ㅡ' 앞에 있는 어간 모음에 따라 모음조화 규칙의 적용을 받는다. 'ㅡ'는 탈락한다.
  다음은 '-아서'가 결합하는 경우이다.

  ㅗ 고프다, 고파서
    모으다, 모아서

  ㅏ 바쁘다, 바빠서
    아프다, 아파서
    담그다, 담가서
    잠그다, 잠가서

  '고프다, 바쁘다'를 예로 들어 설명하기로 한다. '고프다, 바쁘다'는 어간 끝음절이 'ㅡ'이므로 '-어서'가 결합할 것으로 예상된다. 그런데 이때의 'ㅡ'는 탈락되고 그 앞의 음절 모음이 'ㅗ(고프다), ㅏ(바쁘다)'이므로 'ㅗ, ㅏ' 뒤에 오는 '-아서'를 결합시킨다.

다음은 '-어서'가 결합하는 경우이다.

ㅔ 예쁘다, 예뻐서

ㅡ 슬프다, 슬퍼서

ㅣ 기쁘다, 기뻐서
   치르다, 치러서

'기쁘다'를 예로 들어 설명하면 어간 끝 음절 'ㅡ'가 탈락되지만 그 앞의 음절 모음이 'ㅣ'이므로 (다시 말해서 'ㅏ, ㅗ'가 아니므로) '-어서'가 선택된다. '예쁘다'의 첫음절 모음 'ㅖ'는 반모음 j 와 모음 'ㅔ'의 결합이므로 'ㅔ'의 경우에 속한다.

36.2. 구어(口語) 기술과 설명

그런데 구어에서는 어간 끝음절이 'ㅏ'일 때는 '어'로 시작하는 어미가 쓰이는 경우가 많다. 특히 종결어미로 쓰인 '-어'에서 이런 경향이 강하다.

- 왜 이렇게 시간이 짧어 … 얘기두 제대루 못했는데
- 너, 돈이 그렇게 많어?
- 아우 빨리 닫어어 ~

- 몸은 좀 괜찮어?

종결어미 '-어' 이외에도 이런 경향이 보인다.

- 어떡해서든 안 죽을 방법을 찾어야지 …
- 아줌마, 손 닦었어요?
- 그러니까 이 집 팔어서 주고 나도 모은 거 좀 있는데 그거 주고
- 미옥이 말대로 당장이라도 날 잡어서 결혼해.
- 너 회사 생활 몇 년인데, 아직 경상수지란 말도 모르냐, 챙피한 줄 알어라.
- 앉어 봐, 얼굴 좀 보자.
- 죽어도 같이 죽고 살어도 같이 사는 우리는 부부일심동첸데.

한편 '같다, 똑같다'는 '같어, 똑같어'도 쓰이지만 '같애, 똑같애'처럼 '-어'가 아닌 '-애'로 더 많이 쓰인다. 이에 대해서는 '7. '하다' 용언의 활용('여' 불규칙)' 부분을 참조 바란다.
어간 끝음절 모음이 'ㅡ'이고 2음절 이상인 어간은 'ㅡ' 앞에 있는 어간 모음에 따라 모음조화 규칙의 적용을 받는다. 이때도 구어에서는 'ㅡ' 앞에 있는 어간 모음이 'ㅏ'일 때 '어'로 시작하는 어미가 쓰이는 경우가 많다.

- 사모님이 아르바이트하느라 바뻐, 뭐가 바뻐요?
- 좀 아펐으면 좋겠는데 멀쩡하네요.

참조

모음조화에 있어서 어간 끝음절의 모음이 'ㅏ'일 때도 '어'로 시작되는 어미를 취하는 것이 구어의 특징이다. 본문에서도 언급한 것처럼 종결어미 '-어'일 때 이런 경향이 강하다. 또한 어간말 자음에도 영향을 받는 듯하다. 이에 대한 구체적인 내용은 유필재, 『서울방언의 음운론』(월인, 2006, pp.203-206)을 참조할 수 있다. 서울방언을 대상으로 한 것이지만 구어의 양상도 크게 다르지 않다고 생각된다.

37. 자음군단순화

> 고양이는 혀가 닿을 수 있는 몸의 구석구석을 핥는다.

37.1. 표준어 규범과 설명

한국어에는 모두 19개의 자음이 있다. 'ㅂ, ㅍ, ㅃ, ㄷ, ㅌ, ㄸ, ㅅ, ㅆ, ㅈ, ㅊ, ㅉ, ㄱ, ㅋ, ㄲ, ㅁ, ㄴ, ㅇ, ㄹ, ㅎ'가 그것이다. 이 19개의 자음은 음절에서의 위치에 따라 쓰임에 제약이 있다.

종성에는 이 19개의 자음들 중 'ㅂ, ㄷ, ㄱ, ㅁ, ㄴ, ㅇ, ㄹ', 7개의 자음만이 나타난다. '입'은 그대로 발음할 수 있지만 '잎'은 '입(ㅁ)'과 같은 발음이 된다. '잎'의 'ㅍ'는 위의 7개의 자음에 포함되지 않아 'ㅂ'로 발음된다.

초성이든 종성이든 하나의 자음만이 허용된다. 그런데 한글맞춤법은 기본형을 적는 표기법이기 때문에 표기에는 두 개의 자음이 있는 경우도 있다. '값, 없다'는 표기상으로는 종성 위치에 'ㅂ, ㅅ' 두 자음이 있지만 발음은 [갑, 업따]처럼 둘 중 [ㅂ]만 발음된다.

종성에 표기된 두 자음 중 어느 것을, 어떻게 발음하는 것이 표준 발음인지는 '표준어 규정, 제2부 표준 발음법' 제10항과 제11항에 있다.

제10항 겹받침 'ㄳ', 'ㄵ'(ㄶ), 'ㄼ, ㄽ, ㄾ', 'ㅄ'은 어말 또는 자음 앞에서 각각 [ㄱ, ㄴ, ㄹ, ㅂ]으로 발음한다.

넋 [넉]   넋과 [넉꽈]   앉다 [안따]   여덟 [여덜]   넓다 [널따]
외곬 [외골]   핥다 [할따]   값 [갑]   없다 [업ː따]

다만, '밟-'은 자음 앞에서 [밥]으로 발음하고, '넓-'은 다음과 같은 경우에 [넙]으로 발음한다.

(1) 밟다 [밥ː따]   밟소 [밥ː쏘]   밟지 [밥ː찌]
  밟는 [밥ː는 → 밤ː는]   밟게 [밥ː께]   밟고 [밥ː꼬]

(2) 넓-죽하다 [넙쭈카다]   넓-둥글다 [넙뚱글다]

제11항 겹받침 'ㄺ, ㄻ, ㄿ'은 어말 또는 자음 앞에서 각각 [ㄱ, ㅁ, ㅂ]으로 발음한다.

닭 [닥]   흙과 [흑꽈]   맑다 [막따]   늙지 [늑찌]
삶 [삼ː]   젊다 [점ː따]   읊고 [읍꼬]   읊다 [읍따]

다만, 용언의 어간 말음 'ㄺ'은 'ㄱ' 앞에서 [ㄹ]로 발음한다.

맑게 [말께]   묽고 [물꼬]   얽거나 [얼꺼나]

한국어에서 종성 위치(음절말)에서는 하나의 자음밖에 발음할 수 없다. 그래서 뒤에 자음이 오거나 단독으로 발음하게 되어 겹받침(자음군)이 종성 위치에 올 때는 겹받침을 이루는 두 개의 자음 중 하나만을 발음하고 나머지 하나는 탈락시킨다. 이를 한국어 문법에서는 '자음군 단순화'라고 한다.

삶이 [살:미], 삶 [삼:], 삶도 [삼:도]

'삶'은 종성 위치에 겹받침 'ㄻ'이 있기 때문에 뒤에 모음이 오면 두 번째 자음 'ㅁ'을 뒤로 옮기고 첫 번째 자음 'ㄹ'은 받침 위치에서 발음하여 '삶이 [살:미]'가 된다. 그러나 '삶'처럼 단독으로 발음하거나 '삶도'처럼 뒤에 자음이 올 때는 [삼:, 삼:도]처럼 'ㄹ'을 탈락시키고 'ㅁ'만 발음한다.
두 개의 자음 중 어떤 자음을 탈락시키고 어떤 자음을 남겨 발음하느냐는 겹받침이 어떤 자음들로 이루어져 있느냐에 따라 다르다. 또한 해당 단어가 명사냐 용언(동사, 형용사 등)이냐에 따라서도 다른 경우가 있다. 각각의 경우에 대해 차례대로 알아 본다.
한국어학습용어휘 중 겹받침 'ㄻ'으로 끝난 용언은 다음과 같다.

B 등급 : 닮다, 삶다, 젊다
C 등급 : 굶다

A 등급에 해당되는 단어는 없다. 명사는 등급 외로 '삶'이 있다.
겹받침 'ㄻ'은 품사에 관계없이 'ㄹ'이 탈락되고 'ㅁ'이 남는 자음군단순화가 일어난다.

삶도 [삼:도]
삶더라 [삼:떠라]

'삶도 [삼:도], 삶더라 [삼:떠라]'에서 보듯이 용언일 때는 자음군 단순화 외에 경음화도 일어난다. 용언 '닮다, 삶다, 젊다, 굶다'는 뒤에 평음으로 시작하는 어미가 결합되면 경음화가 일어난다.

닮고 [담:꼬]
삶습니다 [삼:씀니다]
젊던데 [점떤데]
굶지 마 [굼:찌 마]

이는 용언 어간이 'ㄴ, ㅁ'으로 끝났을 때 일어나는 경음화에 해당된다.

신고 [신:꼬]
감지 마 [감:찌 마]

한국어학습용어휘 중 겹받침 'ㅄ'으로 끝난 용언은 '없다'와 '없다'가 후부요소인 복합어들이다.

A 등급 : 값, 없다, 맛없다, 재미없다
B 등급 : 소용없다, 틀림없다
C 등급 : 끝없다, 끊임없다, 다름없다, 상관없다, 쓸데없다

겹받침 'ㅄ'은 'ㅅ'이 탈락되고 'ㅂ'이 남는 자음군단순화가 일어난다.

값 [갑], 값과 [갑꽈], 값도 [갑또]

없다 [업:따], 없고 [업:꼬], 없습니다 [업:씀니다], 없지 [업:찌]

한국어학습용어휘 중 겹받침 'ㄵ'으로 끝난 용언은 '앉다'뿐이다. 등급 외로는 '얹다, 끼얹다'가 있다. 명사는 해당되는 단어가 없다.
겹받침 'ㄵ'은 'ㅈ'이 탈락되고 'ㄴ'이 남는 자음군단순화가 일어난다.

앉고 [안꼬]

'앉고 [안꼬], 앉더라 [안떠라], 앉습니다 [안씀니다]'에서 보듯이 자음군단순화 외에 경음화도 일어난다. 이 경음화는 '음절말 평폐쇄음화 → 장애음 뒤의 경음화 → 자음군단순화'의 과정을 거친 것으로 설명하게 된다.

앉고 ⟶ 앋고 ⟶ 앋꼬 ⟶ 안꼬
　음절말 평폐쇄음화　　장애음 뒤 경음화　　자음군 단순화

'앉다'의 종성에 있는 'ㄴ' 때문에 경음화가 일어났다고 설명할 수 없다. '앉아 [안자]'에서는 경음화가 일어나지 않기 때문이다. 그러나 위의 설명은 복잡하고 부자연스럽다. 이 현상은 현재의 발음 규칙으로는 설명하기 어렵다.

한국어학습용어휘 중 겹받침 'ㄼ'으로 끝난 명사, 용언은 다음과 같다.

A 등급 : 여덟, 넓다, 짧다
B 등급 : 얇다, 밟다

'여덟'은 명사의 일종인 수사이다. C 등급에 해당되는 단어는 없다.

겹받침 'ㄼ'은 품사에 관계없이 'ㅂ'이 탈락되고 'ㄹ'이 남는 자음군단순화가 일어난다.

여덟도 [여덜도]
짧더라 [짤떠라]

다만 '밟다'만은 예외이다. 'ㄹ'이 탈락되고 'ㅂ'이 남는 자음군 단순화가 일어난다.

밟더라 [밥:떠라], 밟고 [밥:꼬], 밟지만 [밥:찌만]

'여덟도 [여덜도], 짧더라 [짤떠라]'에서 보듯이 용언일 때는 자음군 단순화 외에 경음화도 일어난다. 용언 '넓다, 짧다, 얇다'는 뒤에 평음으로 시작하는 어미가 결합되면 경음화가 일어난다. 이 경음화는 '장애음 뒤의 경음화 → 자음군단순화'의 과정을 거친 것으로 설명하게 된다.

짧더라 ──────▶ 짧떠라 ──────▶ 짤떠라
　　　　　　장애음 뒤 경음화　　　　자음군 단순화

자음군단순화가 먼저 적용되면 '넓더라 [널떠라], (이불을) 널더라 [널더라]'의 차이를 설명할 수 없게 된다. 그러나 이 설명은 복잡하고 부자연스럽다. 이 현상 역시 현재의 발음 규칙으로는 설명하기 어렵다.

한편 '밟더라 [밥떠라]'의 경음화는 장애음 뒤의 경음화이다. '입더라 [입떠라]'처럼 자연스럽게 설명된다.

한국어학습용어휘 중 겹받침 'ㄺ'으로 끝난 명사, 용언은 다음과 같다.

명사
A 등급 : 닭
B 등급 : 흙, 까닭

용언
A 등급 : 읽다, 맑다
B 등급 : 늙다, 밝다, 굵다, 늙다
C 등급 : 긁다

겹받침 'ㄺ'의 자음군 단순화 양상은 품사에 따라 다르다. 명사일 때는 'ㄹ'이 탈락되고 'ㄱ'이 남는 자음군단순화가 일어난다.

닭 [닥]
흙도 [흑또]
까닭만 [까닥만 → 까당만]

용언일 때는 뒤에 오는 어미의 자음에 따라 다르다. 일반적으로는 명사처럼 'ㄹ'이 탈락되고 'ㄱ'이 남는 자음군단순화가 일어난다. 그러나 어미가 'ㄱ'으로 시작될 때는 반대로 'ㄱ'이 탈락되고 'ㄹ'이 남는다.

읽더라 [익떠라], 읽지만 [익찌만], 읽습니다 [익씀니다]

읽고 [일꼬], 읽겠다 [일껟따], 읽게 [일께], 읽기 [일끼]

'읽고 [일꼬]'처럼 'ㄱ'이 탈락되고 'ㄹ'이 남을 때도 경음화가 일어난다. 이 경음화는 '장애음 뒤의 경음화 → 자음군단순화'의 과정을 거친 것으로 설명하게 된다.

읽고 ⟶ 읽꼬 ⟶ 일꼬
    장애음 뒤 경음화 자음군 단순화

자음군단순화가 먼저 적용되면 '읽고 [일꼬], (파도가) 일고 [일고]'의 차이를 설명할 수 없게 된다. 이 설명은 복잡하고 부자연스럽다. 이 현상 역시 현재의 발음 규칙으로는 설명하기 어렵다.

한편 '읽더라 [익떠라]'의 경음화는 장애음 뒤의 경음화이다. '(고기가) 익더라 [익떠라]'처럼 자연스럽게 설명된다.

두 번째 자음이 'ㅎ'인 겹받침에서는 하나의 자음이 남으면서도 자음군단순화가 아닌 경우가 많다. '잃다 [일타], 잃고 [일코], 잃지만 [일치만]'은 겹받침 'ㅀ'의 'ㅎ'과 뒤에 오는 자음 'ㄷ, ㄱ, ㅈ'이 축약되어 격음 'ㅌ, ㅋ, ㅊ'가 된 것이다. '좋다 [조타], 좋고 [조코], 좋지 [조치]'와 같다. 'ㅎ'이 탈락한 것이 아니므로 자음군 단순화가 아니다.

격음화가 일어나지 않는 '잃는다 [일른다]'에서는 'ㅎ'이 탈락하는 자음군 단순화가 일어났다고 할 수 있다. 자음군 단순화에 이어서 'ㄹ' 뒤의 'ㄴ'이 'ㄹ'로 바뀌는 '유음화'가 일어나 [일른다]로 발음된다고 설명한다.

잃는다 ⟶ 일는다 ⟶ 일른다
    자음군 단순화   유음화

받침에 오는 'ㅆ, ㄲ'은 겹받침이 아니다. 따라서 자음군단순화도 일어나지 않는다. '있다 [읻따], 깎다 [깍따]'는 자음 'ㅆ [s]', ㄲ [k']'이 음절말 위치에서 평폐쇄음화를 겪은 것이다. 앞에서 설명한 것처럼 자음 'ㅆ, ㄲ'는 음절말 위치에서 허용되는 7개의 자음에 포함되지 않기 때문이다.

37.2. 구어(口語) 기술과 설명

겹받침 'ㄼ'으로 끝난 명사(수사)는 '여덟'뿐인데 구어에서 이 단어는 겹받침이 아니다. 받침 'ㄹ'로 끝난 '여덜'로 쓰인다. 이는 '25. 명사 어간 말음 – 자음군'에서 다룬 바 있다.

- 일곱을 알고 <u>여덟</u>을 [여더를] 알아 가는 매일 매일이 〈슬리핑포엣, 하나부터 열까지〉

표준어에서는 용언일 때 겹받침 'ㄼ'의 자음군 단순화는 'ㄹ'이 남는다. '밟다'만이 예외적으로 'ㅂ'이 남는데 구어에서는 '밟다'도 'ㄹ'이 남는 경우가 많다. 다시 말해서 예외를 없애고 있다.

- 그댈 보낸 길마저도 <u>밟지</u> [발찌] 않아요 〈휘성, 일년이면〉
- 네가 [니가] <u>밟고</u> [발꼬] 걷는 땅이 되고 싶던 난 〈샵, 내 입술 … 따뜻한 커피처럼〉
- 텃밭에도 안 된다 상추 씨앗 <u>밟는다</u> [발른다] 〈동요, 꼭꼭 숨어라〉

'밟는다'의 발음은 표준어로는 [밤는다]이다. 겹받침 'ㄼ'에서 'ㄹ'이 탈락하고 비음화를 겪은 것이다.

밟는다 ⟶ 밥는다 ⟶ 밤는다
　　　　자음군 단순화　　　비음화

위의 동요에서 '밟는다'가 [발른다]로 발음되는 이유는 겹받침 'ㄼ'에서 'ㅂ'이 탈락하고 유음화를 겪었기 때문이다.

밟는다 ⟶ 발는다 ⟶ 발른다
　　　　자음군 단순화　　　유음화

한국어학습용어휘 중 겹받침 'ㄺ'으로 끝난 명사는 '닭, 흙, 까닭'인데 구어에서는 '닭, 흙'은 겹받침이 아니다. 받침 'ㄱ'로 끝난 '닥, 흑'으로 쓰인다. 이는 '25. 명사 어간 말음 - 자음군'에서 다룬 바 있다.

- 꿩 대신 <u>닭을</u> [다글] 잡아 먹었지 〈황신혜 밴드, 닭대가리〉
- <u>흙으로</u> [흐그로] 만든 양탄자를 타자 〈김초록, 김영대, 문지영, 흙은 내 친구〉

표준어에서는 용언일 때 겹받침 'ㄺ'의 자음군 단순화는 뒤에 오는 자음에 따라 다르다. 뒤에 오는 자음이 'ㄱ'이면 'ㄹ'이 남고 그렇지 않으면 'ㄱ'이 남는다. 구어에서는 출신 지역에 따라 그리고 세대에 따라 다양한 양상을 보이는 듯하다.

참조

이 책에서는 한국어의 발음 규칙과 관련된 내용은 포괄적으로 다루지 못했다. 이에 대해서는 '국어 음운론'이라는 제목이 들어간 개론서를 읽어 보면 된다. 특히 김성규, 정승철, 『소리와 발음』(개정판, 한국방송통신대학교 출판부, 2013)을 추천한다. 이해하기 쉽게 정리되어 있다.

38. 외래어의 발음

게임(game), 껌(gum)

38.1. 표준어 규범과 설명

다른 언어들과 마찬가지로 한국어도 다른 언어로부터 들어 온 단어들이 있다. 이를 '외래어(外來語, loan word)'라고 한다.('차용어(借用語)'라고 하기도 한다.) 영어에서 들어 온 '키(key)' 같은 단어가 그 예이다. 외래어는 현재는 한국어가 된 단어들이기 때문에 '한글맞춤법'처럼 따로 표기 규정을 두었다. 이 표기 규정의 이름은 '외래어 표기법'이다.

외래어는 영어를 비롯한 여러 언어에서 들어 오기 때문에 기본원칙 외에 원 언어에 따라 세부원칙이 따로 있다. 기본원칙은 아래와 같다.

외래어 표기법
제1장 표기의 기본원칙

제1항 외래어는 국어의 현용 24 자모만으로 적는다.
제2항 외래어의 1 음운은 원칙적으로 1 기호로 적는다.

> 제3항 받침에는 'ㄱ, ㄴ, ㄹ, ㅁ, ㅂ, ㅅ, ㅇ'만을 쓴다.
> 제4항 파열음 표기에는 된소리를 쓰지 않는 것을 원칙으로 한다.
> 제5항 이미 굳어진 외래어는 관용을 존중하되, 그 범위와 용례는 따로 정한다.

세부원칙 중 발음기호(국제음성기호)와 한글 대조표만을 제시한다. 외래어의 대부분을 차지하는 영어 기원 외래어는 이 세부원칙을 따른다.

일본어, 중국어 등의 다른 외국어의 세부원칙도 '외래어 표기법'에 제시되어 있지만 이곳에서는 제시하지 않는다.

한국어의 단어를 기원에 따라 분류하면 '고유어, 한자어, 외래어', 셋으로 나뉜다. '고유어'란 '몸무게, 열쇠'처럼 원래부터 있던 한국어 단어이다. '외래어'란 다른 언어로부터 들어 와 현재는 한국어가 된 단어를 말한다. 예를 들어 '키(key)'가 그 예이다. 외래어 중 특히 한자로 표기되는 단어는 '한자어'라고 한다. '체중(體重), 사회(社會)' 등이 그 예이다. 20세기 이전에는 주로 중국어에서, 이후에는 일본어에서 온 단어가 많다.

그런데 외래어 역시 한국어 단어이기 때문에 한글로 표기된다. 이 점을 잘 이해하지 못하는 사람들이 많다. 'orange'는 원래 영어 단어이지만 한국어에 들어 와 한국어 단어로 쓰인다. 한글로 '오렌지'라고 쓰고 그대로 발음한다. 'orange'는 영어 단어이지만 '오렌지'는 현재는 한국어 단어이기 때문에 'orange'를 영어에서 어떻게 발음하느냐는 한국어 규범과 직접적인 관계가 없다. '오렌지'가 한국어 단어라는 사실을 믿을 수 없는 사람은 '표준국어대사전'을 찾아보면 된다. '오렌지'라는 단어가 있다.

[표 1] 국제 음성 기호와 한글 대조표

자음			반모음		모음	
국제음성기호	한글		국제음성기호	한글	국제음성기호	한글
	모음 앞	자음 앞 또는 어말				
p	ㅍ	ㅂ, 프	j	이*	i	이
b	ㅂ	브	ɥ	위	y	위
t	ㅌ	ㅅ, 트	w	오, 우*	e	에
d	ㄷ	드			ø	외
k	ㅋ	ㄱ, 크			ɛ	에
g	ㄱ	그			ɛ̃	앵
f	ㅍ	프			œ	외
v	ㅂ	브			œ̃	욍
θ	ㅅ	스			æ	애
ð	ㄷ	드			a	아
s	ㅅ	스			ɑ	아
z	ㅈ	즈			ɑ̃	앙
ʃ	시	슈, 시			ʌ	어
ʒ	ㅈ	지			ɔ	오
ts	ㅊ	츠			ɔ̃	옹
dz	ㅈ	즈			o	오
tʃ	ㅊ	치			u	우
dʒ	ㅈ	지			ə**	어
m	ㅁ	ㅁ			ɚ	어
n	ㄴ	ㄴ				
ɲ	니*	뉴				
ŋ	ㅇ	ㅇ				
l	ㄹ, ㄹㄹ	ㄹ				
r	ㄹ	르				
h	ㅎ	흐				
ç	ㅎ	히				
x	ㅎ	흐				

* [j], [w]의 '이'와 '오, 우', 그리고 [ɲ]의 '니'는 모음과 결합할 때 제3장 표기 세칙에 따른다.

** 독일어의 경우에는 '에', 프랑스어의 경우에는 '으'로 적는다.

외래어는 영어를 비롯한 여러 언어들에서 들어오기 때문에 원칙을 정하지 않으면 일관된 표기를 하기 어렵다. 그래서 앞에서 보듯이 표기의 기본원칙을 정해 두었다.

기본원칙 제1항은 '외래어는 국어의 현용 24 자모만으로 적는다.'는 것이다. 외래어도 한국어 단어이기 때문에 한글 자모로만 적는다는 것은 어찌 보면 당연한 사실이다. 영어 'file'을 원음에 가깝게 적으려면 'ㆄ' 같은 자모를 새로 써서 'ㆄ일'처럼 적어야 한다고 주장하는 경우도 있는데 이는 잘못이다. 'file'은 영어 단어이고 '파일'은 한국어 단어이다. 'file'을 영어에서 어떻게 발음하느냐는 한국어 규범과 관계가 없다.

기본원칙 제4항은 '파열음 표기에는 된소리를 쓰지 않는 것을 원칙으로 한다.'는 것이다. 외래어의 주요 원천이 되는 영어, 독일어, 프랑스어, 이탈리아어 등을 보면 'p, t, k'를 어떻게 발음하느냐에 따라 두 부류로 나뉜다. 영어, 독일어는 'p, t, k'를 한국어의 'ㅍ, ㅌ, ㅋ'처럼 발음하고 프랑스어, 이탈리아어는 'ㅃ, ㄸ, ㄲ'처럼 발음한다. 제4항은 이 중 격음인 'ㅍ, ㅌ, ㅋ'만으로 표기한다는 원칙을 밝힌 것이다. '나는 빠리의 택시 운전사'에서 '빠리'는 '파리'보다 프랑스어 원음에 가까울지는 몰라도 외래어 표기법에는 맞지 않는다.

기본원칙 제5항은 '이미 굳어진 외래어는 관용을 존중하되, 그 범위와 용례는 따로 정한다.'는 것이다. '껌(gum), 잉꼬(일본어 いんこ [inko])'는 기본원칙 제4항을 어긴 단어이다. 그렇지만 이미 굳어진 단어이기 때문에 '검, 잉코'로 고치지 않고 그대로 쓴다는 것이다.

그러므로 외래어 단어의 표기법은 표기 원칙을 암기하기보다는 '표준국어대사전'을 통해 그때그때 확인하는 편이 가장 좋다. 다만 '스터디'처럼 실제로는 많이 쓰이지만 '표준국어대사전'에 실리지 않은 단어도 있다. '표준국어대사전'에 실려 있지 않은 단어는 외래어가 아니므로 이런 단어의 표기는 규범에 의해 정해져 있지 않다. '스터디'는 현재는 한국어 단어가 아니다.

38.2. 구어(口語) 기술과 설명

그런데 외래어 단어는 표기와 발음이 다른 경우가 매우 많다. 앞에서 본 것처럼 외래어 표기법은 원 언어의 발음을 기준으로 일률적으로 정해진다. 그러나 발음은 그렇지 않다. 다른 언어의 단어가 한국어에 들어오면 한국어의 음운체계에 맞추어 발음이 바뀌게 된다. 그런데 이 '한국어 발음화'의 양상은 일률적이지 않다.

영어의 'banana'는 유성음 /b/로 시작하는 단어이다. 'banana'는 구어에서는 '빠나나'로 발음한다. 아마도 어두에서 유성음이 나는 경우가 없는 한국어의 사정이 반영된 듯하다. 그러면서도 'bell'은 '벨'로 발음한다. 'ski, season'도 원 언어인 영어에서 어두의 's'가 /s/로 같은 발음이지만 한국어 구어에서는 '스키, 씨즌'으로 달리 발음된다.

한국어는 일률적으로 표기를 정하는 방향으로 규범을 정했다. 이 때문에 외래어 단어는 구어에서 표기와 달리 발음되는 경우가 많다. 이 발음은 표준 발음은 아니다.

'한국어학습용어휘'에 실린 외래어를 대상으로 하여 영어의 [s, b, d, g] 발음을 중심으로 이 사실을 검토해 본다.

영어 [s] 발음에 대응하는 외래어 표기 원칙은 'ㅅ, 스'이지만 구어에서는 대체로 표기상 's' 뒤에 모음이 오면 'ㅆ'로, 's' 뒤에 자음이 오면 'ㅅ'로 발음 난다. '표준어, 구어의 발음, 원어' 순으로 예를 제시한다. 표준어와 구어의 발음이 같을 경우는 표준어만 제시한다.

ㅆ

- 샌드위치, 쌘드위치 sandwitch
- 쇼핑, 쑈핑 shopping
- 쇼, 쑈 show
- 소파, 쏘파 sofa
- 서비스, 써비쓰 service
- 시리즈, 씨리즈 series
- 소시지, 쏘세지 sausage
- 소스, 쏘쓰 sauce
- 시즌, 씨즌 season
- 세미나, 쎄미나 seminar
- 세트, 쎄트 set
- 섹시하다, 쎅시하다 sexy
- 소프트웨어, 쏘프트웨어 software
- 시스템, 씨쓰템 system
- 서클, 써클 circle
- 시디롬, 씨디롬 CDrom

ㅅ

- 스키 ski
- 스타일 style
- 스타 star

- 스케이트 skate
- 스케줄 schedule

단어의 맨 앞이 아닌 경우, 즉 비어두에서는 늘 모음이 뒤따르기 때문에 'ㅆ'로 발음된다.

ㅆ

- 뉴스, 뉴쓰 news
- 주스, 주쓰 juice
- 아이스크림, 아이쓰크림 icecream
- 프랑스, 프랑쓰 France
- 콘서트, 콘써트 concert
- 패션, 패쎤 fashion
- 블라우스, 블라우쓰 blouse
- 피시, 피씨 PC
- 마사지, 마싸지 massage
- 미스, 미쓰 Miss
- 키스, 키쓰 kiss
- 코스, 코쓰 course
- 코스모스, 코쓰모쓰 cosmos

영어 [b, d, g] 발음에 대응하는 외래어 표기 원칙은 'ㅂ, 브, ㄷ, 드, ㄱ, 그'이지만 구어에서는 대체로 단어의 맨 앞이고 뒤에 모음이 올 때는 'ㅃ, ㄸ, ㄲ'로 발음난다.

ㅃ

- 바나나, 빠나나 banana
- 버스, 뻐쓰 bus
- 빌딩, 삘딩 building
- 박스, 빡스 box
- 보너스, 뽀나쓰 bonus
- 바, 빠 bar

ㄸ

- 달러, 딸러 dollar
- 댐, 땜 dam

ㄲ

- 게임, 께임 game
- 가스, 까스 gas
- 골프, 꼴프 golf
- 골, 꼴 goal

'ㅂ, ㄷ, ㄱ'로 발음되는 경우는 두 가지이다. 하나는 뒤에 자음 'r, l'이 오는 경우이다.

ㅂ

- 블라우스 blouse

ㄷ
- 드라마 drama

ㄱ
- 그래픽 graphic
- 그램 gram
- 그룹 group

또한 최근에 영어에서 들어 와 외래어가 된 단어는 모음 앞에서도 'ㅂ, ㄷ, ㄱ'로 발음하는 경향이 강하다.

ㅂ
- 배드민턴 badminton
- 버터 butter
- 버튼 button
- 벤치 bench
- 벨트 belt
- 볼펜 ballpoint pen

ㄷ
- 다이어트 diet
- 데이트 date
- 디스크 disk
- 디자인 design

ㄱ

- 게이트 gate
- 갤러리 gallery
- 가십 gossip

이전 시기에 'ㅃ, ㄸ, ㄲ'로 발음되던 외래어가 'ㅂ, ㄷ, ㄱ'로 새로이 바뀌는 경우도 있다. 예를 들어 현재 'boy'는 '보이'가 외래어 표기법에 맞고 구어에서도 그렇게 발음되지만 20세기 전반에는 '뽀이'로 발음됐다.

표준어와 구어의 대응 규칙을 찾기 어려운 외래어 예들을 모아서 아래에 제시한다.

- 퍼센트, 프로 percentage
- 킬로그램(킬로), 키로 kilo
- 밀리미터, 미리 millimeter
- 센티미터, 쎈찌 centimeter
- 티브이, 티비 TV
- 텔레비전, 테레비 television
- 초콜릿, 쪼꼬렛 chocolate
- 탤런드, 탈렌트 talent
- 소시지, 쏘세지 sausage
- 메시지, 메쎄지 message
- 액세서리, 악세사리 accessory
- 내레이션, 나레이션 narration
- 케첩, 케찹 ketchup

- 미스터리, 미스테리 mystery
- 섀시, 샤시 chassis
- 코미디, 코메디 comedy
- 톱, 탑 top

- 재즈, 째즈 jazz
- 가톨릭, 카톨릭 Catholic
- 스티로폼, 스티로폴 styrofoam
- 알코올, 알콜 alcohol
- 파이팅, 화이팅 fighting

- 아틀리에, 아뜰리에 atelie

- 돈가스, 돈까쓰 tonkatsu(とんかつ)

참조

외래어의 발음에 대해서는 배주채, 『한국어의 발음』(개정판, 삼경문화사, 2013. 10. 외래어)에서 자세하게 다루고 있다. 예도 많고 설명도 자세하다.

39. 개별 어미의 형태

새롭게 고치던지 어떻게 해 보자.

39.1. 표준어 규범과 설명

이 장에서는 표준어와 다른 형태로 사용되는 구어의 어미들을 모아 정리한다. 이런 어미들 중 '-더라, -던, -든지'는 한글맞춤법 제56항에서도 다루고 있다.

> **한글맞춤법 제56항**
> 제56항 '-더라, -던'과 '-든지'는 다음과 같이 적는다.
>
> 1. 지난 일을 나타내는 어미는 '-더라, -던'으로 적는다.
>   (ㄱ을 취하고, ㄴ을 버림.)
>
> | ㄱ | ㄴ |
> |---|---|
> | 지난 겨울은 몹시 춥더라. | 지난 겨울은 몹시 춥드라. |
> | 깊던 물이 얕아졌다. | 깊든 물이 얕아졌다. |
> | 그렇게 좋던가? | 그렇게 좋든가? |
> | 그 사람 말 잘하던데! | 그 사람 말 잘하든데! |

> 얼마나 놀랐던지 몰라.   얼마나 놀랐든지 몰라.
>
> 2. 물건이나 일의 내용을 가리지 아니하는 뜻을 나타내는 조사와 어미는
>   '(-)든지'로 적는다.(ㄱ을 취하고, ㄴ을 버림.)
>
>   ㄱ   ㄴ
>   배든지 사과든지 마음대로 먹어라.   배던지 사과던지 마음대로 먹어라.
>   가든지 오든지 마음대로 해라.   가던지 오던지 마음대로 해라.

한글맞춤법 제56항은 어미 '-더라, -던, -든지'를 '-드라, -든, -던지'로 표기하면 표준어가 아님을 설명하고 있다. '-드라'는 이런 형태가 표준어에 없어서 상관없다. 그러나 '-든'은 '-든지'의 준말로 쓰이는 경우가 있어서 '-던'과 혼동되는 경우가 있다.

- 집에 <u>가든</u> 학교에 <u>가든</u> 마음대로 해라.
- 집에 <u>가던</u> 길이 아니라 학교에 <u>가던</u> 길이었다.

'가든'의 '-든'은 '한글맞춤법' 제56항의 '-든지'와 같은 어미이다. '표준국어대사전'에는 '-든지'의 준말로 설명되어 있다. '한글맞춤법'의 설명처럼 '어느 것을 선택해도 차이가 없음'을 나타내는 연결어미이다. '가든지'처럼 본말로 쓸 때에는 그렇지 않지만 '가든'처럼 준말로 쓰면 관형형어미 '-던'과 혼동된다.

'가던'은 문법적으로는 관형형이라는 점이 '가든'과는 다르다. '-던'이 관형형 어미이기 때문이다. '-던'은 동사에 결합하면 '과거에 일어난 일이

완료되지 않았음'을 의미한다.

연결어미인 '-든(지)'과 관형형 어미 '-던'은 문법적으로도, 의미도 다르지만 실제로는 구별되지 않고 쓰이는 경우가 많아서 '한글맞춤법'에서 이를 명시한 것이다. 본말인 '-든지'가 다른 연결어미인 '-던지'와 혼동되는 것도 이러한 사정과 관련된 것이다.

- <u>춥든지</u> <u>덥든지</u> 매일 걷는 일은 빠뜨리지 않아야 한다.
- 얼마나 <u>춥던지</u> 손이 곱아 펴지지 않았다.

연결어미 '-든지, -던지'는 종결어미로도 쓰이는데 이 경우 혼란이 심하다. 경향으로 보면 '-던지요'는 거의 쓰이지 않는다.

- 뭐, 원하시면 <u>그러시든지요</u>.
- 얼마나 <u>놀랐던지요</u>.

'-던지'는 '-는지/-은지, -을지'와 관련된 연결어미이다. '춥던지'는 같은 의미로 '추운지, 추울지'가 쓰일 수 있다.('-는지'는 동사, 있다, 없다 등에 결합된다.) '-던지'에는 '-든지'의 '선택'의 의미가 없다. '-던지'와 '-든지'는 의미와 문법적 특징이 다른 별개의 어미이다.

39.2. 구어(口語) 기술과 설명

구어에서는 개별 어미(語尾, ending)들의 형태가 표준어와 다른 경우가 있다. 이는 몇 가지 유형으로 나누어 볼 수 있다.

먼저 어미 '-더-'가 포함된 어미에 대해 알아 보도록 하자. 어미 '-더-'가 포함된 어미는 구어에서는 대체로 '-드-'로 나타난다. 이 경우 '-드-'로 나타난 어미가 표준어에 있는 경우도 있고 '-드-'로 나타난 어미가 아예 표준어 목록에 없는 경우도 있다. '-드-'로 나타난 어미가 표준어에 있는 경우에는 물론 '-더-'로 나타난 어미와 의미가 다르다.

'-던'은 선행 어간에 따라 의미가 약간 다르다. 선행 어간이 형용사, '-이다, 아니다'일 때는 '예뻤던 꽃'처럼 '과거(過去)'를 나타내지만(이때는 주로 '-었던/-았던'으로 쓰인다.), 선행 어간이 동사일 때는 여기에 '미완(未完)'의 의미가 더해진다. '먹던 사과'과 '먹은 사과'를 비교해 보면 '먹던 사과'에는 아직 사과가 남아 있는 사실이 드러난다.

표준어 '-든'은 '-든지'의 준말로 설명되어 있다. '선택'의 의미를 주로 나타낸다.

- 노래를 <u>부르든</u> 춤을 <u>추든</u>, 한 가지는 해야 한다.

구어에서는 '-던'이 '-든'으로 나타나는 경우가 많다.

- 약혼까지 <u>했든</u> 사람들인데.
- 내 <u>험담하든</u> 수빈 엄마!

이 때문인지 반대로 '-든'을 '-던'으로 표기하는 경우도 있다.

- 자기가 <u>받아주던</u> 말든 난 했어.

표준어 '-던지'는 '어휘, 문법평정 목록'에는 올라와 있지 않다. 그만큼 드물게 쓰이는 어미이다. 과거에 일어난 사실을 뒤에 오는 절과 이어주는 연결어미이다.

- 어찌니 <u>춥던지</u> 손이 곱아 펴지지 않았다.

한편 표준어에도 '-든지(4급)'가 있다. 위에서 설명한 '-든'의 본말이다.

- 노래를 <u>부르든지</u> 춤을 <u>추든지</u>, 한 가지는 해야 한다.

구어에서는 선택을 의미하는 '-든지'를 '-던지'로 쓰는 예가 일방적으로 나타난다. '-든지'가 종결어미로 쓰인 '-든지(요)'도 마찬가지이다.

- 인희한테 <u>주던지</u> <u>버리던지</u> 창렬씨가 알아서 해.
- 내가 뭐 잘 못 한 게 있어야 사괄 <u>하던지</u> <u>말던지</u> 할 거 아냐.

- 그럼 홍콩으로 <u>돌아가던지</u>.
- 궁금하면 나가 <u>보시던지요</u>.

'-드니'는 표준어에는 없는 형태이다. '-더니'가 구어에서는 '-드니'로 나타난다.

- 아유 오랜만에 백화점에 <u>갔드니</u> 살게 얼마나 많든지 …
- 급하다 <u>그러시드니</u> 다 만드셨네.

'-더라도'는 구어에서는 '-드래도, -드래두'로 나타난다. '-드래도, -드래두'는 표준어에는 없는 형태이다.

- 병원엘 <u>가드래두</u> 내일 가야하는데 큰일났다.
- 욕을 <u>하드래도</u> 알아듣게 해야지.

'-든데'는 표준어에는 없는 형태이다. '-던데'는 구어에서는 '-든데'로 나타난다.

- 그런데 종혁씨는 어디루 또 저녁 먹으러 움직인다 <u>그러든데</u>.
- 걔 또 병이 도진 <u>모양이든데</u>.

'-드라'는 표준어에는 없는 형태이다. '-더라'가 구어에서는 '-드라'로 나타난다.

- 오늘 미국에서 전화 <u>왔드라</u>.
- 나두 우리 장손이 젤 <u>좋드라</u>.

'-드라고, -드라구'는 표준어에는 없는 형태이다. '-더라고'는 구어에서는 '-드라고, -드라구'로 나타난다.

- 나중엔 메밀묵이 그렇게 <u>싫드라구</u>.
- 목소리가 정말 <u>끝내주드라고</u>.

'-드래'는 표준어에는 없는 형태이다. '-더래'는 구어에서는 '-드래'로 나타난다.

- 일이 생겨서 못 나간다고 그러드래.
- 아주 딱 잘라 말하드래.

구어에서 자주 보이는 '-더만, -드만'의 표준어는 '-더구먼'이다.

- 난 그 사람 별루더만.
- 애리는 벌써 눈치를 채고 있드만. 넌 어째 이렇게 둔하냐?

다음으로 'ㄹ'가 탈락된 형태에 대해 알아본다. 구어에서는 'ㄹ'이 'ㄲ' 앞에서 탈락된 형태가 나타난다. 표준어 '-을까'는 구어에서는 '-으까'로 나타난다.

- 내가 두 개 다 먹으까?
- 학교 때려치구 포장마차 하면서 사까? (← 살다)
- 우리끼리 하까 그럼?

표준어 '-을게(요)'(발음은 [을께(요)])는 구어에서는 '-으께(요)'로 나타난다.

- 당신 화 풀릴 때까지 받으께.
- 생각해 보께요.

구어에서는 어미의 '으'와 'ㄹ' 사이에 'ㄹ'이 덧생긴 형태가 나타난다. 구어에서 'ㄹ'이 덧생긴 어미 형태를 모아 정리하면 다음과 같다. 표준어 '-으려고'는 구어에서는 '으'와 'ㄹ' 사이에 'ㄹ'이 덧생긴 '-을려고, -을려구'로 나타난다. 모음까지 다른 '-을라구'도 많이 쓰인다.

- 엿들을려고 한 건 아니고요.
- 내가 입을려구 샀다.
- 난 그냥 선생님 볼려구 선생 된거에요!
- 애들이랑 놀려구 온 거 아니었어?

- 요거 어떻게든지 사람한테 구겨 넣을라구 그러는데.
- 어떡할라구 그랬냐?
- 다들 먹구 살라구 그러지.

표준어 '-으려니'는 구어에서는 '으'와 'ㄹ' 사이에 'ㄹ'이 덧생기고 모음이 다른 '-을래니'로 나타난다.

- 혼자 있을래니 심심한가 보다.
- 기웅이 석현이 다 신경쓰실래니 힘드시겠어요.

표준어 '-으려니까'는 구어에서는 '으'와 'ㄹ' 사이에 'ㄹ'이 덧생기고 모음이 다른 '-을래니까'로 나타난다.

- 재수가 없을래니까 증말.

- 헤어질래니까 섭섭했어요?
- 오지 말래니까 뭘 기어코 와?

표준어 '-으려다'는 구어에서는 '으'와 'ㄹ' 사이에 'ㄹ'이 덧생기고 모음이 다른 '-을래다'로 나타난다.

- 너 혼자 먹을래다 들킨 거구나.
- 잔소리 좀 할래다 말았어.
- 이 결혼 엎어버리고 말래다가 간신히 참고 왔다.

표준어 '-으려면'은 구어에서는 '으'와 'ㄹ' 사이에 'ㄹ'이 덧생기고 모음이 다른 '-을래믄'으로 나타난다.

- 냉면 먹을래믄 점심 가볍게 먹어야겠다.
- 바람을 피울래믄 몰래나 피우든가.
- 하지 말래믄 안 하구요.

표준어 '-을래'는 '-으려 해'의 구어 '-을라 해'에서 온 것으로 추정된다. 명령형 '-으라 해'가 '-으래'로 실현되는 현상과 같다. 이에 대해서는 '22. 간접화법' 부분을 참조할 수 있다.

또한 구어에서는 표준어 어미의 'ㅗ'가 'ㅜ'로 나타난다. 중부방언에서는 단어의 맨 앞이 아닌 위치에서 모음 'ㅗ'가 'ㅜ'로 바뀌는 변화가 광범위하게 일어났다. '호두, 가두다, 깡충깡충'은 이전 시기에는 각각 '호도, 가도다, 깡총깡총'이었는데 이 'ㅗ〉ㅜ' 변화를 입어 형태가 변했다.

조사 '-으로'나 '-로'가 결합되어 만들어진 부사가 구어에서 '-으루, -루'
로 나타나는 것도 이 때문이다.

- 나중에 내 며느리는 <u>절대루</u> 같이 안 산다구 내가 얼마나 굳은 결심을 했는
  지 알아요.
- 별루 안 변했구나… 다 <u>그대루야</u>.

다음 구어 어미 형태들도 모두 이 'ㅗ 〉 ㅜ' 변화를 겪은 것이다. 표준어
'-고'는 구어에서는 '-구'로 나타난다.

- 원래 뭐 이렇게 잘 흘리고 <u>다니구</u> 그러냐구요?

표준어 '-고서'는 구어에서는 '-구서'로 나타난다.

- 그래 <u>놓구서</u> 어떻게 그 집엘 가.

표준어 '-느라고'는 구어에서는 '-느라구'로 나타난다.

- <u>씻느라구</u> 못 들었나 봐.
- 생각 좀 <u>하느라구요</u>.

표준어 '-도록'은 구어에서는 '-두룩'으로 나타난다.

- 앞으루 <u>지겹두룩</u> 보면서 지내야 될거 같은데!

이하에서는 이제까지 제시한 유형에 속하지 않는 구어의 어미들을 한데 모아서 제시한다.

표준어 '-으면'은 구어에서는 '-으믄'으로 나타나기도 한다.

표준어 '-으면'(2급), 구어 '-으믄'
- 없<u>으믄</u> 우리 딸 소개해 주까?
- 나두 꼭 가야 돼, 엄마만 <u>가믄</u> 되지?
- 저 눔은 입만 <u>열믄</u> 거짓말이야.

표준어 '-으십시오'는 구어에서는 '-으십시요'로 나타난다. '시'와 '오' 사이에 반모음이 들어간 형태이다. 이 때문에 표기할 때에도 '-으십시요'라고 쓰는 사람이 적지 않다.

표준어 '-으십시오'(1급), 구어 '-으십시요'
- 어서 <u>오십시요</u>.
- 안녕히 <u>계십시요</u>.

표준어 '-거든'은 구어에서는 '-거등, -그든' 등의 형태로 나타난다. '-거든'은 연결어미로도 종결어미로도 사용되는데 종결어미에서 이러한 현상이 두드러진다.

표준어 '-거든'(3급), 구어 '-거등, -그든'
- 잘못했으면 미안하다, 사과부터 하는 게 <u>기본이거등</u>?
- 나도 지금 <u>괴롭그든</u>?

간접화법에 쓰이는 어미 '-다며, -냐며, -라며, -자며'는 구어에서는 '-며'가 '-메(혹은 '매'로 표기한다.)'로 바뀐 형태로 나타난다.

  표준어 '-다며, -냐며, -라며, -자며', 구어 '-다메, -냐메, -라메, -자메'
  • 너 어차피 시집가는 데 사랑같은 거 필요없다매 종호형이믄 너 안 굶기구 가끔 옷두 사입혀줄 거 아냐.
  • 니가 필요 없다매? 친구 둘이나 있는데 뭐 하러 부르냐메?
  • 아빠가 말시키지 말라메!
  • 너 나한테 친구하자메. 친구라면 속시원히 말해줘야 하는거 아냐?

간접인용을 나타내는 '-단다'는 구어에서는 '-댄다'로 나타난다.

  표준어 '-단다', 구어 '-댄다'
  • 좋댄다- 입이 귀에 걸렸어요.
  • 너희들 모하니. 손님 나가신댄다.

표준어 '-을는지'는 구어에서는 '-올런지'로 나타난다.

  표준어 '-을는지', 구어 '-올런지'
  • 초대를 하긴 했는데 뭐 올런지 안 올런지 모르겠네요.

표준어 '-구먼'은 구어에서는 '-구만'으로 나타난다.

  표준어 '-구먼', 구어 '-구만'

- 한 놈은 감싸주고, 한 놈은 덮어주고, 가관도 <u>아니더구만</u> 아주.

연결어미 '-기에'는 구어에서는 '-길래'로 나타난다. '-길래'도 표준어이며 '표준국어대사전'에도 '-길래'가 '-기에'의 구어임을 설명하고 있다.

표준어 '-기에', 구어 '-길래'
- 무슨 괴로운 일이 <u>있었길래</u> 이렇게 될 때까지 술을 마셨다니…

표준어 '-이라야'는 구어에서는 '-이래야'로 나타난다.

표준어 '-이라야', 구어 '-이래야'
- 바둑은 내기 바둑<u>이래야</u> 맛이 나잖아요.
- 통할 사람<u>이래야</u> 말을 해주지.

표준어 '-습니다/-ㅂ니다'는 구어에서는 '-슴미다/-ㅁ미다'로 나타난다. 다만 '-슴미다/-ㅁ미다'로 표기된 예는 찾기 어렵다.

표준어 '-습니다/-ㅂ니다'(1급), 구어 '-슴미다/-ㅁ미다'

참조

한일사전인 小學館, 金星出版社 共編,『朝鮮語辭典』(小學館, 1993)에서는 구어에서 쓰이는 개별 어미와 조사들의 형태를 표제항으로 올려서 제시하고 있다. 이러한 형태들은 해당 표준어형의 '구어체(口語體)'라고 명명하였다.

40. 어휘

이 장에서는 구어에서 사용되는 단어 중 일부를 제시한다. 제시된 단어는 원칙적으로 어휘형태소에 한정하였다. 문법형태소 중 어미는 이 책의 '39. 개별 어미의 형태' 부분에 일부 정리되어 있다.

어휘 자료의 제시는 '등급, 표준어, 구어, 용례, 출전'의 형식을 취하였다. 단어의 등급은 조남호, 한국어 학습용 어휘 선정 결과 보고서(국립국어원, 2003)을 따랐다. 등급은 A, B, C, 세 등급이고 뒤로 갈수록 높은 학습단계에 사용되는 단어이다. 이 등급 외의 단어는 빈칸으로 두었다. 표준어형은 '표준국어대사전'에서 가져왔다. 구어형은 '가재미'처럼 표준어가 아닌 경우가 대부분이지만 '그딴, 뭘'처럼 표준어인 경우도 있다. 구어형에 이어 예문과 출전을 간단히 제시하였다. 단어들은 표준어형을 기준으로 가나다순으로 배열하였다. 예문들은 주로 드라마, 영화 대본에서 가져 왔다. 노래 가사 중에서 예문을 가져온 경우는 가수와 노래제목을 써 두었다.

구어형들은 단순히 가나다형으로 제시되어 있지만 표준어형과의 비교를 기준으로 몇 가지 부류로 묶을 수 있다. 구어형들은 표준어에는 반영되지 않은 한국어의 역사적 변화가 그대로 드러난 형태가 대부분이다. 그 외에 일부 공시적인 음운현상이 적용된 예도 있다. 그리고 '38. 외래어의 발음'에서 설명한 것처럼 현재의 외래어 표기법은 현실 발음을 반영하지 않은 것이어서 외래어들은 실제 사용되는 구어형이 표준어와 다른 경우가 많다.

이하에서 이들을 부류별로 설명하도록 한다. 장음인 경우 모음이 상승되어 나타난다. 이를 '모음상승'이라고 한다. 구어에서 쓰이는 '그지, 드럽다, 승깔, 증말, 이쁘다'는 장음을 가진 '거:지, 더:럽다, 성:깔, 정:말, 예:쁘다'의 장모음 'ㅓ:, ㅔ:(ㅖ:)'가 그보다 더 위에서 발음되는 'ㅡ:, ㅣ:'로 바뀐 것이다. 이는 해당 모음이 장음이기 때문에 일어난 현상이다.

'ㅣ' 모음 앞에서 후설모음이 전설모음으로 나타난다. 이를 'ㅣ 모음역행동화'라고 한다. 표준어의 '아기, 창피, 가랑이, 가자미, 아지랑이, 덥히다, 먹이다'는 구어에서 '애기, 챙피, 가랭이, 가재미, 아지랭이, 뎁히다, 멕이다'로 쓰이는 경우가 있다. 이들은 모두 'ㅣ' 모음 앞에서 'ㅏ, ㅓ'가 'ㅐ, ㅔ'로 바뀐 것이다. 입 안의 뒤 쪽에서 발음되는 후설모음(後舌母音) 'ㅏ, ㅓ'가 앞 쪽에서 발음되는 전설모음(前舌母音) 'ㅐ, ㅔ'로 바뀐 것이다. 뒤에 오는 전설모음 'ㅣ'의 영향을 받아 일어난 현상이다. 논문이나 책에 따라서는 '움라우트(Umlaut)'라고 부르는 경우도 많다.

단어 맨 앞이 아닌 위치에서 'ㅗ'가 'ㅜ'로 나타나는 경우가 있다. 구어에서 쓰이는 '그대루, 따루, 별루, 사둔, 삼춘'은 표준어로는 '그대로, 따로, 별로, 사돈, 삼촌'이다. 'ㅗ'가 'ㅜ'로 바뀐 것이다. 이 현상은 앞에서 본 모음상승과는 다르다. 'ㅗ 〉 ㅜ'는 단어의 맨 앞이 아닌 부분(비어두)에서만 나타나고 장음과도 관계가 없다. 이 현상은 이미 18세기 후반부터 확인된다. 이 변화를 입은 형태가 표준어가 된 예도 많다. 표준어 '외우다'는 이전 시기에는 '외오다'였는데 이 현상 때문에 '외우다'로 바뀌었고 이것이 표준어가 되었다. 구어에서 '-도, -고' 같은 'ㅗ'로 끝난 조사, 어미를 '-두, -구'처럼 쓰는 것도 같은 이유이다.

단어 맨 앞의 평음이 경음으로 나타난다. 이를 '어두경음화'라고 한다. 구어에서 쓰이는 '(라면이) 뿔다, 쎄다, 쎄련되다, 쏘주, 짜르다, 쩔다, 쪼끔, 쪼르다, 쫌, 쫍다'는 표준어로는 평음을 가진 '붇다, 세다, 세련되다, 소주, 자르다, 절다, 조금, 조르다, 좀, 좁다'이다. 단어 맨 앞의 평음인 자음이 경음으로 바뀐 것이다. 이 현상은 매우 오래 전에 시작되었으며 현재도 진행 중이다. 표준어의 '끓다, 뚫다'는 15세기에는 평음을 가진 단어였다.

구어에서는 '르'불규칙용언이 거의 없다.(6. '르'불규칙용언, '러'불규칙용언 참조) 표준어의 '르'불규칙용언은 구어에서는 나타나지 않는다. '르'불규칙용언인 '모르다, 자르다, 이르다(謂)'는 구어에서는 '몰르다, 잘르다, 일르다'로 쓴다. 그러면 '몰르고, 몰라서, 몰르면'처럼 되어 규칙용언인 '들르다'와 같은 활용 양상을 보이게 된다.

뒤에 오는 자음의 조음위치에 영향을 받아서 그 앞에 오는 자음의 조음위치가 바뀌어 나타나는 경우가 있다. '웅큼, 임마'는 표준어가 아니다. 표준어로는 '움큼, 인마'인데 이 사실을 모르는 사람이 더 많다. '움큼, 인마'가 '웅큼, 임마'로 발음되는 것은 '움'의 'ㅁ', '인'의 'ㄴ'을 뒤에 오는 자음 'ㅋ, ㅁ'와 같은 자리에서 발음하기 위해서이다. 이 현상을 '조음위치동화'라고 부른다. '(냄새를) 풍기다, 경금(물감으로 쓰는 황산 철)'은 이전 시기에는 '품기다, 검금'이었다. '움큼 → 웅큼'처럼 조음위치동화를 겪은 것인데 '웅큼'과 달리 표준어가 되었다.

단어 맨 앞이 아닌 위치의 모음 'ㅡ, ㅜ'는 탈락된 형태로 자주 나타난다. '담, 맘, 첨, 쌈, 암튼, 땜에'는 '다음, 마음, 처음, 싸움, 아무튼, 때문에'에서 단어 뒷 부분의 'ㅡ, ㅜ'가 탈락한 형태이다. 구어에서 자주 쓰인다. 표준어로도 인정되고 있다. '표준국어대사전'에서는 '준말'로 설명하고 있다.

자주 쓰이는 외래어 '넉다운, 메세지, 미스테리, 쎄트, 초콜렛, 가디건, 케익, 탑, 화이팅'은 외래어표기법에 따르면 '녹다운, 메시지, 미스터리, 세트, 초콜릿, 카디건, 케이크, 톱, 파이팅'이다. 외래어는 개별 단어가 한국어에 들어와 한국어의 음운체계에 맞게 모습을 바꾸어 한국어 단어가 된다. 한국어는 외래어표기법이라는 일률적인 기준을 세웠기 때문에 이런 차이가 생겼다.

등급	표준어	구어	용례	출전
A	가랑이	가랭이	뱁새가 황새 쫓다가 가랭이 찢어진다고 했지?	〈꼭지〉15회
	가르치다	가르키다 갈키다 갈치다	역시 하나를 가르키면 열을 배우는구만. 마사장이 전화번호 갈켜 달라 그래서, 갈켜 줬거든? 어떻게 내가 그렇게 한글을 갈쳐도 맨날 그렇게 틀리냐?	〈라이벌〉16회 〈줄리엣의 남자〉15회 〈굿바이 솔로〉5회
	가리다	가리우다	그대여 길을 터주오 가리워진 나의 길	유재하, 〈가리워진 길〉
	가자미	가재미	그렇게 노려보다 가재미 눈 되겠네.	〈웃어라 동해야〉77회
	간질이다	간지르다	웃길 재간이 없으면 뭐, 좀 형이하학적이긴 하지만 달려들어서 옆구리라도 간지르든가.	〈눈사람〉8회
	거지	그지	어제 재희가 깽판치고 가서 현장분위기 아주 그지 같거든.	〈결혼 못하는 남자〉8회
	건수	껀수	오늘 뭐 껀수 있나 보네.	〈눈사람〉1회
A	게임	께임	께임하면 엄마가 싫어하니까 잠깐 께임 좀 할려고 왔지.	〈행복한 여자〉11회
	괜스레	괜시리	남한테 의지해 뭐하게? 의지하던 놈 없어지면 괜시리 서럽기만 하지.	〈우리가 정말 사랑했을까〉11회
	구레나룻	구렛나루	엘비스 프레슬리 노래 나오며 마이크 든 정민, 노래하며 뒤도는데 김으로 구렛나루 붙이고, 휴지를 스카프처럼 목에 두르고 있다.	〈올드 미스 다이어리〉152회

	구슬리다	구스르다	사람 살살 구스르다가 마지막 뒤통수 크게 한방 쳤어.	〈스타일〉 9회
	구시렁	궁시렁	그 언니 궁시렁 말도 많네.	〈바보같은 사랑〉 1회
	구시렁 거리다	궁시렁 거리다	너는 불평이 있으면 아버지 앞에서 직접 하지, 왜 뒤에서 궁시렁거리니?	〈그대 그리고 나〉 47회
	귀띔	귀뜸	오신다고 진작 좀 귀뜸 좀 해주지 그랬어?	〈남자의 향기〉 12회
B	그대로	그대루	별루 안 변했구나 … 다 그대루야.	〈그대, 그리고 나〉 26회
	그따위	그딴	아니 뭐 그딴 여자가 다 있어?	〈강적들〉 11회
A	그러니까	그니까	혜리 그니까 그게 얼마냐구? 아뇨 그니까 제 말은…	〈검사프린세스〉 1회 〈베토벤 바이러스〉 18회
A	그런데	근데	근데 왜 일정이 이 모양이냐.	〈1%의 어떤 것〉 1회
B	그렇지 (그렇다)	그르치 글치	임영웅의 모습에 감독은 '그르치'를 연발하며 만족스러워했다. 사는 게 다 글치 뭐 …	〈톱스타뉴스〉 2020. 6. 17. 영화 〈싱글즈〉
B	깨끗이	깨끗히	고생 많았지, 오늘? 집에 돌아가서 깨끗히 씻구, 푹 쉬어.	〈꼭지〉 8회
	꺼림직하다	꺼림칙하다	제 아버지가 자살했다는 사실이 그렇게 꺼림칙하셨던 겁니까?	〈케세라세라〉 12회
	께름직하다	께림직하다	영 께림직하다	〈순수〉 2회
	꼬들밥	꼬두밥	내일 아침엔 꼬두밥 해드릴게요. 어른들 부드러운 밥 좋아하는데 꼬두밥 만들어 놓구…	〈별을 따다 줘〉 8회 〈지붕 뚫고 하이킥〉 1회
	꿰매다	꼬매다	니 말대로 피 보면서 여자들 얼굴 째고 꼬매는 거 지긋지긋하면 그냥 놀아. 놀면서 제대로 된 남자 찾아 정식으로 재혼해.	〈내 남자의 여자〉 2회
	날갯짓	날개짓	햇빛이 이마를 간지르고 푸드득 푸드득 새들의 날갯짓 소리에 왕자는 잠에서 깨어납니다.	〈그대 웃어요〉 45회

	날름	낼름	야, 같이 밥 먹고 니 애인이랑 니 밥값만 낼름 내냐?	〈굿바이 솔로〉 6회
B	낳다 (낳은, 낳으면)	낳다 (난, 나면)	오죽 했음 제 속으로 난 새끼를 버렸겠어요? 애기 나면 사진 보내라	〈미안하다 사랑한다〉 16회 〈고독〉 19회
	내레이션	나레이션	선희의 편지 나레이션 흐른다.	〈내 생애 마지막 스캔들〉 16회
A	넣다 (넣으면)	늫다 (느면)	이런 걸 막 느면 어뜩해애!!	〈달콤한 나의 도시〉 10회
	노릇노릇	노릿노릿	지글지글 노릿노릿 익어가는 곱창이 보이고	〈소울메이트〉 12회
	녹다운	넉다운	벌레 쫓아내려면 초음파식 번개표 넉다운 전격 살충기	네이버뉴스 2021.6.17.
A	놀라다	놀래다	아후, 놀래라 장선생님인 줄 알았네.	〈결혼 못하는 남자〉 1회
	놈의	놈우 (노무)	도대체 이 노무 인간은 언제 사람 될거얏!	〈열아홉 순정〉 4회
	느지막이	느즈막이	느즈막히 일어난 민자, 하품 길게…	〈황금마차〉 20회
A	다니다	댕기다	핸드폰도 꺼놓고 어딜 싸돌아 댕기다 오는 거야	〈상두야 학교가자〉 12회
A	다른 (관형사)	따른	앞으로도 또 따른 땐서분들도 많이 관심을 가져주시고 이 열기가 쪼끔 식지 않으면 좋겠어요.	〈문명특급 EP.222-2〉 2021. 11. 18.
A	다음	담	담에 또 봐요	〈90일, 사랑할 시간〉 9회
	달리다 (모자라다)	딸리다	상가집에 갔는데 거기 일손도 딸리고 정신이 없어갖구요.	〈올드 미스 다이어리〉 2회
B	당기다	땡기다	이 옷이 땡기긴 하거든.	〈놀면 뭐하니?〉 113회
B	더럽다	드럽다	오늘 일진 드럽게 사납네. 아우, 드런 년들! 이빨도 안 닦고, 아우, 드러워, 드러워!!	〈낭랑 18세〉 11회 〈꽃보다 아름다워〉 2회
B	덜	들	이쪽은 좀 들 했으니까요.	〈놀면 뭐하니?〉 116회

C	덥히다	뎁히다 (데피다)	아늑한 추운 날씨에 들어가 데핀 침대 위에 이불 차가운 이내 밤을 데펴주오 그대 목소리로 뜨거운 단어는 습기 머금은 여름밤이 공기 중의 온도를 데펴	나플라, 〈꽃〉 이효리, 〈묻지 않을게요〉 이루펀트, 〈열대어(Feat. 한해)〉
	덩치	등치	우리 앤 등치가 좀 크거든요.	〈스타특강쇼 EP.45〉 CJENM 130213
B	데리다	델다	술 취한 거 알고 델러 왔구나?! 맘 변하기 전에 당장 델꼬 가세요.	〈그대, 웃어요〉 7회 〈수상한 삼형제〉 40회
	돈가스	돈까스	나, 돈까스도 먹지만, 스테키도 먹을 줄 안다?	〈거짓말〉 6회
	돋우다	돋구다	너의 흥은 나의 분을 돋구고 있어	베니니, 〈예민해〉
B	되게	디게	이거 디게 비싼 거야.	〈결혼해 주세요〉 1회
	되레	되려	이런 사기 절도는 무조건 거칠게 다뤄야지 안 그러면 되려 당하기 십상이에요.	영화 〈그녀를 믿지 마세요〉
	둑	뚝	작년 겨울에 경숙이 애비 혼자서 뚝을 한길이나 쌓아놨다!	〈황금사과〉 5회
	뒹굴다	딩굴다	낙엽은 떨어져서 땅위에 딩굴고 타향의 서러움만 낙엽따라 딩구네	주현미, 〈쓸쓸한 계절〉 김준규, 〈보헤미안 탱고〉
B	들르다	들리다	그렇죠. 3번 환자 같은 경우에는 성형외과도 들리고 식당도 들리고 호텔도 들리고. 중국에서 와서 여러 군데를 들렀지 않습니까?	YTN 뉴스, 2020.1.31.
	들이밀다	디밀다	배사장처럼 배 디밀고, 웃긴 왜 그렇게 웃어, 칠칠 맞게.	〈거짓말〉 2회
C	들이켜다	들이키다	손에 든 소주잔을 단숨에 들이키더니, 테이블 위에 탁~!	〈못된사랑〉 7부

B	따로	따루	아무리 고3이지만, 어째 애가 그렇게 말 따루 몸 따루 그러냐?	〈김가이가〉 02
	딴	따른	한번 맛보면 **따른** 김은 못 먹어요.	〈생방송 투데이〉 2021.04.13
A	때문에	땜에	엄마는 니네 선생님 **땜에** 스트레스 받아 그런거야!	〈강남엄마 따라잡기〉 10회
A	마음	맘	늘 니 **맘**을 아프게 하잖아.	〈개와 늑대의 시간〉 09회
	맞히다 (문제를)	맞추다	자 그럼 다음 문제도 잘 **맞춰주시**길 바랍니다.	영화 〈위대한 유산〉
C	머리말	머릿말	한글에서 **머릿말** 꼬릿말에 그림 삽입하기	'한글' 프로그램 사용 설명 블로그
B	먹이다	멕이다	떠 **멕여** 줄 때 감사한 줄 알어. 사장님이 나 **멕여** 살릴 겁니까?	〈신데렐라맨〉 1회 〈황금사과〉 26회
B	메시지	메세지	**메세지** 남기실래요?	〈아버지처럼 살기 싫었어〉 18회
A	모르다	몰르다	태생이 미련해놔서 옆에 있을 땐 잘 **몰르거든**.	〈고스트〉 9회
B	모자라다	모자르다	**모자르면** 말해요.	〈맛있는 청혼〉 2회
A	무슨	뭔	내 꼴이 우스워지든, 상처를 받든 당신이 **뭔** 상관이에요?	〈달자의 봄〉 1부
A	뭐	모	이게 다 **모야**?? 누구 생일이야? 니가 **몬데** 우리 형을 가라 마라야?!	〈파리의 연인〉 8회 〈미안하다 사랑한다〉 5회
	미스터리	미스테리	기주씨 만나기 전에는 **미스테리** 액션 스릴러였어요.	〈파리의 연인〉 16회
B	바람	바램	앞으로의 계획이나 개인적인 **바램** 같은 것이 있다면요?	〈결혼하고 싶은 여자〉 18회
	발가벗다	빨가벗다	소리치면서 **빨가벗고** 거리로 뛰쳐나간 거 몰라?	〈내 여자〉 1회

B	벌이다	벌리다	촛불잔치를 벌려보자 촛불잔치야	이재성, 〈촛불잔치〉
	벼르다	벼루다	이제 벼뤄 뒀던 마지막 폭탄을 터뜨릴 때가 된 것 같구만.	〈꼭지〉 47회
B	별로	별루	보통 사람 심리가… 아니 애들 심리가… 새엄마 들어 오구 새아빠 들어오구 그러는 거 별루 안 좋아하거든?	〈고맙습니다〉 4회
C	보자기	보재기	잔뜩 쌓였는데 보재기 덮는다고 구린내 가셔?	〈자명고〉 14회
	붇다	뿔다	라면 뿔어 빨리 먹어.	〈비밀의 교정〉 18회
B	불리다	불리우다	수감번호 3982로 불리워진 그 때두… 내 이름 인순이를, 누군가 한 번만 불러줬으면 좋겠다고 생각했었다.	〈인순이는 예쁘다〉 2회
C	사귀다	사기다	진지하게 사겨 보겠다는 거야?	〈그저 바라보다가〉 2회
	사달	사단	속마음은 똑같은데 겉으로 점잖은 척 하다가 사단을 내잖아	〈결혼하고 싶은 여자〉 5회
	사돈	사둔	사둔 도련님 실례지만 학생이세요?	〈그대 그리고 나〉 11회
B	삼촌	삼춘	우와아… 석현이 삼춘 짱이야.	〈고맙습니다〉 12회
	생고생	쌩고생	내가 뭐 땜에 그 쌩고생을 했는데!	〈90일 사랑할 시간〉 2회
	섀시	샤시	남해 특유의 샤시 문짝 달린 정류장이다.	〈환상의 커플〉 6회
B	서비스	써비스	음식은 사실 음식을 팔기도 하지만 사실 써비스도 판매하는 거니까.	〈골목식당〉 2021. 5. 26.
	설레다	설레이다	들뜨구 설레이구 그게 사랑이니? 중학교땐 설레였구, 고등학교 땐 아팠어.	〈초대〉 9회 〈눈꽃〉 6회

	성깔	승깔	눈구멍 막고 귓구멍 막고, 옛날 승깔 죽이면서 10년 동안 봉사해서 얻은 자리야.	〈돌아와요 순애씨〉1회
B	세다	쎄다	당신 지금 대통령 모신다고 끗발 쎄다 이거야? 사내놈이 제 주먹 쎄다 자랑하는 것도 한때지	〈강적들〉5회 〈웃어라 동해야〉152회
C	세련되다	쎄련되다	철수 너 그리고 얼마나 쎄련됐었는데.	〈환상의 커플〉11회
C	세트	쎄트	요거 두 개 쎄트로 해라. 쎄트요?	〈공부왕찐천재 홍진경〉2021. 5. 19.
	소곤소곤	소근소근	저만치에 교복 입은 남녀 고등학생 둘이 쭈뼛거리며 소근소근 속삭이고 있다.	〈백설공주〉6회
B	소주	쏘주	여기 쏘주 두병이요!	〈불꽃놀이〉1회
B	솔직히	솔직이	솔직이 말씀해 주십시오. 제 몸에 관한 거니까 제가 알아야 준비를 해도 할 것 아닙니까?	〈메디컬센터〉19회
	스티로폼	스티로폴	지금 스티로폴이 좀 많이 필요한데요.	〈남자이야기〉11회
	시리다	시렵다	손이 시려워 꽁! 발이 시려워 꽁! 허무한 사랑에 눈을 감으면 그대 생각에 가슴이 시려워요.	동요, 〈겨울바람〉 이치현과 벗님들, 〈사랑의 슬픔〉
B	싸움	쌈	생전 누구하고 쌈 한번 안하는 애가 뺨까지 때렸을 때는 보통 일이 아니었을 텐데?	〈가문의 영광〉13회
	쑥스럽다	쑥수럽다	우리 사이에 새삼스럽게 이런 거 주구받을려니 쑥수럽긴 한데… 근데 맘하고 다르게 쑥쑤러워서 못하겠드라고	〈옥탑방 고양이〉12회 〈수상한 삼형제〉43회
A	아기	애기	애기네요. 애기.	〈프렌즈〉9회
B	아무튼	암튼	암튼 공부 못하는 놈들이 꼭 돈 가지고도 속을 썩혀요.	〈로망스〉4회

B	아이고	으이그 으이구	<u>으이그</u> 내 속에서 어떻게 이런 꼴통이 나왔나 몰라아? <u>으이구</u> 그새 한마디도 못하고 있었던 거야?	〈열아홉 순정〉 30회 〈남자 이야기〉 17회
	아지랑이	아지랭이	비오면 흙냄새도 풀풀, <u>아지랭이</u> 피워대고…	〈거짓말〉 4회
	아틀리에	아뜰리에	아, <u>아뜰리에</u>는 불투명으로 해야 될걸요.	〈결혼 못하는 남자〉 15회
	알쏭달쏭하다	아리까리하다	우리 둘의 사이가 아직 <u>아리까리해</u> 골백번 풀어도 도통 모르겠는 <u>아리까리한</u> 문제는…	바이브, 〈썸타〉 〈공부의 신〉 4회
C	알코올	알콜	오늘 <u>알콜</u> 테스트 해 볼래요?	〈연애결혼〉 15회
	애달프다	애닳다	<u>애닳고</u> 애달아 보고싶은 그 말	포맨, 〈사랑 사랑 사랑〉
	앳되다	앳디다 (애띠다)	영규, 누운 채 <u>애띤</u> 사병을 부른다.	〈그대 그리고 나〉 8회
	어디로	얼루	<u>얼루</u> 가!!!	〈뭉쳐야쏜다〉 9회
	어디에다 대고	얻다대고 (어따대고)	사람 불러다놓고 <u>어따대고</u> 주먹질이야!	〈내조의 여왕〉 6회
B	어떡하다	어뜩하다	주무시면 <u>어뜩해요</u>, 오빠… 이것 좀 드세요…	〈고맙습니다〉 12회
B	어쩌면	어쩜	<u>어쩜</u> 이분이, 내 생일을 알기라도 하신 것처럼, 케잌을 사오셨잖니.	〈메리대구 공방전〉 9회
A	얼마나	을마나	누가 들으면 내가 <u>을마나</u> 싸가지 없다고 하겠어?	〈그린로즈〉 16회
	얼마큼	얼만큼	<u>얼만큼</u> 더 하실 건데요?	〈불한당〉 12회
	여기 있는	여깄는	<u>여깄는</u> 사람 언제 퇴원했어요?	〈굿바이 솔로〉 6회
A	예쁘다	이쁘다 이뿌다	나는 <u>이쁘게</u> 봐 줄 남편두 없으니까 니 앞에서 머리 빡빡 깎구 삭발투쟁 할 거야, 알겠어? 어머, 이거 봐~, <u>이뿌다</u>~.	〈강남엄마 따라잡기〉 2회 〈달콤한 나의 도시〉 5회

A	왜냐하면	왜냐면	왜냐면 널 믿으니까.	〈라이벌〉 11회
A	우리	울	교육청에서도 사실 확인하곤 더 이상 문제삼지 않기로 했대요, 울 아빠도 조용히 넘어가자 그러시구요.	〈강남엄마 따라잡기〉 8회
	움큼	웅큼	지 머리가 한 웅큼 빠진 거 보구 충격받아서 울구 있어요, 지금.	〈상두야 학교 가자〉 12회
	원수	웬수	야, 자기랑 나랑 뭐 부모 죽인 웬수 사이도 아니고, 이웃 사촌인데 그만 풀자, 야.	〈꽃보다 아름다워〉 16회
	으슬으슬	으실으실	오후부터 으실으실 춥더니...	〈별난여자 별난남자〉 21회
B	이렇게	이르케	저 알바 가야된다고 하니까 못 가게 할라구 제 팔을 이르케 확 잡아채는데	〈마이 프린세스〉 1회
C	이르다	일르다	경찰한테 일르면 현정이 영영 데려가 버린다잖아요!	〈공부의 신〉 10회
B	이리로	일루	내가 하도 말을 안 하니까 이 새끼가 머리 써서 일루 온 거야.	〈가시나무 새〉 1회
	인마	임마	형이 충고하는데, 임마 여자랑 엄말 혼동하지 마, 어?	〈고독〉 1회
B	인사말	인삿말	어떤 인삿말로 대신 해야하나	변진섭, 〈이 시간 이후〉
C	일일이	일일히	세입자가 꼭 그렇게 집주인에게 미주알 고주알 일일히 상의를 하면서 살아야 하나요?	〈김가이가〉 1회
	자그마치	자그만치	그 애가 견뎠어야 할 시간이 자그만치 15년이라구, 15년!	〈어느 멋진날〉 13회
B	자르다	짜르다	선선배가 고의적으로 짜르면 차비서가 이사장님 붙들고 매달릴지 모르니까 어떻게든 스스로 물러나도록 만들어야 돼.	〈공주가 돌아왔다〉 10회
A	재미있다	재밌다 (잼있다)	잼있게 놀아줘요?	〈건빵 선생과 별사탕〉 8회
	절다	쩔다	셔츠가 온통 땀으로 쩔어있다. 아~ 완전 술에 쩔어 사는구만! 붉게 핏발 선 두 눈은 분노와 절망감에 쩔어 있다.	〈9회말 2아웃〉 8부 〈솔약국집 아들들〉 30회 〈개와 늑대의 시간〉 13회

B	정말	증말	너 증말 나한테 죽고 싶어!!!!	〈강적들〉 6회
	젖히다	제끼다	선자 의자를 뒤로 확 제끼더니 누워버린다	〈달팽이〉 11회
A	제일	젤	세상에서 젤루 찾기 힘든 게 뭔 줄 알아?	〈김치 치즈 스마일〉 53회
A	조금	쪼끔	엄마 아빠가 나이가 쪼끔 있으신데 그래도 아이를 너무 너무 예뻐하시네.	〈대화의 희열〉 3회
	조르다	쪼르다	아직까지 어린 나는 엄마에게 쫄라 쫄라 어릴 적 조르면 [쪼르면] 받았던 장난감 선물처럼	량현 량하, 〈낯선 세상〉 인피니트, 〈엄마〉
	족집게	쪽집게	아유 너 참 쪽집게다.	〈거침없이 하이킥〉 25회
	졸다	쫄다	국물이 쫄을 때까지! 야채만 익으면 됩니다.	〈유퀴즈온 더블럭〉 제11화
C	졸리다	졸립다	아우, 나 졸립다.	〈고독〉 10회
A	좀	줌 쫌	주문 줌. 내 말투가 원래 쫌 재수없잖니.	〈프렌즈〉 9회 〈강남엄마 따라잡기〉 13회
	좀스럽다	쫌스럽다	무슨 남자가 그렇게 쫌스러?	〈김가이가〉 13회
B	좁다	쫍다	웬일이야 증말 세상 차암 쫍다.	〈별난 여자 별난 남자〉 143회
	주꾸미	쭈꾸미	쭈꾸미 말하니까 쭈꾸미 먹고 싶네요.	〈장밋빛 인생〉 5부
B	줍다	줏다	오는 길에 빵가게 들려서 이것저것 주서 담아왔어.	〈별난 여자 별난 남자〉 16회
B	진하다	찐하다	두 배로 찐해진 힙합 소울.	〈2013 무한도전 가요제〉(정형돈-GD)

	짜집기	짜집기	그냥 짜집기하는 건데 이게 시간 무지 걸리네요.	〈카이스트〉 9회
	-째	-채	뼈 채로 뜯어 먹고 싶어! 난 실연과 동시에 인생을 통채로 날리는 거잖어. 사람들 손가락질 받는 건 둘째치고, 주주들이 사장 갈아치우자고 난리날껄? 그 사람 인생 송두리채 흔들리는 거야.	〈2009 외인구단〉 9회 〈9회말 2아웃〉 10회 〈파리의 연인〉 18회
	차이다	채이다	남자한테 채이더니, 이젠 개한테까지 물리냐?	〈결혼하고 싶은 여자〉 3회
	착잡하다	착찹하다	기분이 많이 착찹하신가 봐요.	〈황금마차〉 172회
C	창피	챙피	오늘 걔 땜에 챙피 당한 걸 생각하면…	〈낙랑 19세〉 6회
A	처음	첨	나라구 뭐 첨부터 이랬는 줄 알아요?	〈강남엄마 따라잡기〉 12회
A	초콜릿	초코렛 초콜렛 쪼꼬렛	우리 엄마가 준 초코렛 내 놔봐. 제가 초콜렛 종류별로 다 사왔어요. 쪼꼬렛 싫어하는 애도 있나.	〈고맙습니다〉 5회 〈몽땅 내 사랑〉 98회 〈올드 미스 다이어리〉 92회
C	치르다	치루다	나 죽거든 초상도 치루지 말고 이혼해. 심씨 아직 잔금을 안 치뤘으니까.	〈바보같은 사랑〉 18회 〈인생화보〉 61회
	카디건	가디건	살짝 큰 듯한 가디건 아래 뚝 떨어진 긴 생머리가 참 고와	IKON, 〈취향저격〉
	케이크	케익	선물 들어온 케익이 있어서 다같이 먹으려던 참이었거든요.	〈결혼못하는 남자〉 1회
C	턱없다	택없다	내눈에 흙이 들어가기 전에 내 며느리 깜으로 택도 없소!!	〈대물〉 6회
A	텔레비전	테레비	내가 테레비 출연이 두 번째야. 아무렇지도 않다니.	〈갯마을 차차차〉 12화

	톱	탑	가요계에 탑을 찍으셨다고 하셨잖아요. 나 탑100귀를 믿으세요.	〈놀면 뭐하니?〉 86회
	트림	트름	철을 삼켜도 트름 한 번 하고 한 번만 싸고나면 괜찮아지거든요.	〈몽땅 내 사랑〉 76회
	파이팅	화이팅	난 집으로 찾아가야지. 자 화이팅 한번 하자.	〈러빙유〉 1회
	폭발	폭팔	폭팔 일보 직전이네?	〈베토벤 바이러스〉 4회
A	풀다	풀르다 푸르다	단추를 풀르고 소매를 올리고 서글픈 맘 뒤로하고 나 오늘 깁스 푸르는데 같이 가줄래?	정재형, 〈날개〉 〈거침없는 사랑〉 10회
A	피우다	피다	우리 학교 학생이 담배를 피다뇨!	〈강남엄마 따라잡기〉 6회
	하마터면	하마트면	방송국에 가서 차 빼가지구 오느라구 하마트면 늦을 뻔 했어요.	〈순수〉 3회
B	하여튼	하이튼	하이튼 하재인, 밉다, 미워.	〈달콤한 나의 도시〉 1회
	해님	햇님	햇님 달님 전래동화 봤지?	〈워킹맘〉 12회
	핼쑥하다	핼쓱하다	그래서 야채만 먹어서 그렇게 핼쓱해졌어?	〈눈사람〉 13회
	헝클리다	헝크리다	헝크러진 머릿결은 니가 챙겨준 샴푸로 감고 아직도 그리워 내 머릴 헝크리던 손길	수호, 〈나를 믿지마〉 허각, 〈간단한 이야기〉
	혼나다	혼구멍나다 혼꾸녕나다	경비아저씨한테 걸려서 혼구멍[혼꾸녕] 날라구!! 오늘 외운 팔단 구단, 내일 또 대답 못하면 혼구녕[혼꾸녕] 날 줄 알어!	〈내조의 여왕〉 11부 〈공부의 신〉 3회
	화병	홧병	자네 때문에 홧병으로 죽은 거라구!	〈아름다운 날들〉 1회
	흥겹다	흥겨웁다	사랑하는 사람들 모두 함께 모여서 흥겨웁게 춤을 춥시다	계은숙, 〈노래하며 춤추며〉

참조

이곳에서는 구어형 단어와 그 용례만 제시하고 이에 대한 설명은 앞에서 부류별로 간략히 제시한 것이 전부이다. 平香織(다이라 가오리), 「朝鮮語における話しことば形に關する預備調査(1) (한국어 구어형에 관한 예비조사(1))」(『韓國語學年報』9, 神田外語大學韓國語學會, 2013, pp.99-122)에서는 어휘형태소를 중심으로 한국어 구어형태를 제시하고 개별 항목마다 설명을 덧붙였다. 같은 형식으로 문법형태소 중 일부를 제시한 것은 平香織, 「朝鮮語における話しことば形に關する預備調査(2) (한국어 구어형에 관한 예비조사(2))」(『韓國語學年報』10, 神田外語大學韓國語學會, 2014, pp.45-60)이다. 둘 다 일본어로 되어 있다. 위에서 부류별로 제시한 구어형들에 대한 언어학적 설명 중 일부는 유필재, 「서울지역어의 음운변화 몇 가지」(『서울말 연구』2호, 2003, pp.69-98)를 참조할 수 있다.

참고 문헌

高永根(1974), 「現代國語의 終結語尾에 대한 構造的 研究」, 『語學研究』 10-1(서울대).
　　[高永根(1989)에 「終結語尾의 構造的 特性」으로 재수록.]
高永根(1989), 『國語形態論研究』, 서울大學校 出版部.
郭忠求(1984), 「體言語幹末 舌端子音의 摩擦音化에 對하여」, 『국어국문학』 91, pp.1-22.
곽충구(1994), 「系合 內에서의 單一化에 의한 語幹 再構造化」, 『국어학연구』(南川朴甲洙先生華甲紀念論文集), 태학사.
구종남(2000), 「'뿐이'의 형태와 통사에 대하여」, 『언어학』 8-2, pp.197-216.
김성규, 정승철(2013), 『소리와 발음』(개정판), 한국방송통신대학교 출판부.
김유림(2021), 「'-요'의 분포와 변이형」, 울산대학교 대학원 석사학위논문.
김정순, 유필재(2024), 「'하다' 용언 축약의 조건에 대하여」, 『한국어학』 103, pp.205-226.
김중섭 외(2017), 「국제 통용 한국어 표준 교육과정 적용 연구」, 국립국어원 연구보고서.
김창섭(1996), 『국어의 단어형성과 단어구조 연구』, 태학사.
배주채(1995), 「'그러다'류의 활용과 사전적 처리에 대하여」, 『한일어학논총』(남학 이종철 선생 회갑기념논총), 국학자료원. [배주채(2008)에 재수록.]
배주채(2008), 『국어음운론의 체계화』, 한국문화사.
배주채(2013), 『한국어의 발음』(개정판), 삼경문화사.
송철의(2004), 「'ㅎ'변칙과 '어'변칙에 관련된 몇 가지 문제」, 『조선어연구』 2, 조선어연구회(일본). [송철의(2008)에 재수록.]
송철의(2008), 『한국어 형태음운론적 연구』, 태학사.
안소진(2017), 「'피동접미사 + -아/어지-' 구성에 대하여」, 『언어와 언어학』 74(한국외국어대학교 언어연구소), pp.207-228.
안예리(2015), 「'-단'과 '-다는'과의 관계에 대한 재고찰」, 『韓民族語文學』 71, pp.45-72.
유필재(2002), 「'뵙다'류 동사의 형태음운론」, 『韓國文化』 29(서울대), pp.43-63.
유필재(2003), 「서울지역어의 음운변화 몇 가지」, 『서울말 연구』 2호, 박이정, pp.69-98.
유필재(2004), 「'말다(勿)' 동사의 음운론과 형태론」, 『국어학』 43, pp.97-118.
유필재(2005), 『음운론 연구와 음성전사』, 울산대학교출판부.
유필재(2006a), 『서울방언의 음운론』, 月印.
유필재(2006b), 「한국어 교육에서의 규범과 실제」, 『人文論叢』 25(울산대 인문과학연구소), pp.161-174.
유필재(2007), 「후기중세국어 부사파생접미사 '-이'의 형태음운론」, 『국어학』 49, pp.3-32.
유필재(2009a), 「ㄷ不規則動詞의 歷史的 變化」, 『어학연구』 45-1(서울대), pp.157-175.

유필재(2009b),「現代國語 하오체 語尾의 異形態와 交替 條件」,『語文研究』144, pp.117-136.
유필재(2014),「현대국어 하오체의 변화에 대하여」,『국어학』70, pp.59-83.
유필재(2018),「현대국어 해라체 의문형 어미 '-느냐/으냐, -니'의 변화」,『어학연구』54-1(서울대), pp.79-96.
유필재(2019),「서울방언의 代名詞 - 사람을 가리키는 대명사를 대상으로」,『국어학』90, pp.139-172.
유필재(2023),「현대국어 의문형 어미 '-는가/-은가, -나'의 통시적 변화」,『대동문화연구』123(성균관대), pp.155-176.
유필재(2024),「현대 서울말의 변화와 표준어의 대응」,『국어학』109, pp.271-297.
유필재(2025),「'-으려'가 포함된 어미 결합형에 대하여」,『한국의 박물관 속 국어사 자료』(국어사학회, 구결학회, 국립민속박물관 공동 2024년도 겨울 전국학술대회 발표자료집), pp.77-88.
이기문(1997),『국어의 현실과 이상』, 문학과지성사.
李基文(1998),『國語史槪說』(新訂版), 태학사.
李秉根(1981),「流音 脫落의 音韻論과 形態論」,『한글』173·174, 1981. [李秉根·宋喆儀 編(1998)에 재수록.]
李秉根·宋喆儀 編(1998),『音韻Ⅰ』(國語學講座 4), 태학사, 1998.
이운영(2002),「『표준국어대사전』의 연구 분석」, 국립국어원.
이익섭, 이상억, 채 완(1997),『한국의 언어』, 신구문화사.
이익섭, 채완(1999),『국어문법론강의』, 學硏社.
이희승(1955),『國語學槪說』, 민중서관.
이희승, 안병희, 한재영(2010),『한글맞춤법강의』(증보), 신구문화사.
정연표(2010),「한자어의 사이시옷에 대한 연구」, 울산대학교 대학원 석사학위논문.
조남호(2003),「한국어 학습용 어휘 선정 결과 보고서」, 국립국어원.
팽이립(2024),「현대 한국어 어미 결합형에 관한 연구」, 울산대학교 대학원 박사학위논문.
菅野裕臣(간노 히로오미) 외 편(1991),『コスモス朝和辭典(코스모스한일사전)』(제2판), 白水社(일본).
平香織(다이라 가오리)(2013),「朝鮮語における話しことば形に關する預備調査(1) (한국어 구어형에 관한 예비조사(1))」,『韓國語學年報 9』(神田外語大學韓國語學會), pp.99-122.
平香織(다이라 가오리)(2014),「朝鮮語における話しことば形に關する預備調査(2) (한국어 구어형에 관한 예비조사(2))」,『韓國語學年報 10』(神田外語大學韓國語學會), pp.45-60.
小學館, 金星出版社 共編(1993),『朝鮮語辭典』, 小學館(일본).
Samuel E. Martin, 이양하, 장성운(1967),『韓美大辭典(New Korean-English Dictionary)』, 민중서림.